성품

하나님의 형상을 찾아서

크리스천
르네상스

성
품

하나님의 형상을 찾아서

2024년 4월 24일 초판 1쇄
2024년 11월 20일 초판 2쇄

지은이   임경근
펴낸이   정영오
펴낸곳   크리스천르네상스
출판등록   2019-000004(2019. 1. 31)
주소   경기도 안산시 단원구 와동로 5길 301호(와동, 대명하이빌)
표지디자인 디자인집(02-521-1474)

ISBN 979-11-980535-8-9 (03230)

값 21,000원

성
품

하나님의 형상을 찾아서

임경근 지음

XR〉
크리스천
르네상스

필자는 네 명의 자녀를 홈스쿨링(Homeschooling) 했습니다. 홈스쿨링의 동기와 목적은 신앙훈련이었습니다. 그중에 중요한 생활훈련은 성품입니다.

성품은 일반적으로 인성이라고 부릅니다. 지식과 기술이 중요하지만, 그것을 다루는 사람의 인성과 성품이 더 중요하다는 것은 삼척동자(三尺童子)도 압니다. 하지만, 현실은 그렇지 않습니다. 당장 결과가 수치로 나타나지 않는 성품은 늘 뒷전으로 밀려납니다. 지식과 기술 습득에만 모든 관심을 집중합니다.

개인 성취도(Personal Accomplishment)는 기본 능력(Basic Capacity)과 태도(성품, Attitude)로 결정될 것입니다. 성취도는 능력과 태도가 만날 때 나타나는데, 그 상관관계는 태도에서 결정됩니다. 아래 사례를 보십시오.

사례1 IQ 135 × 성품 0.7 = 94.5점 〈 IQ 115 × 성품 1.5 = 172.5점

사례2 IQ 135 × 성품 -2 = - 270점 〈 IQ 115 × 성품 1.5 = 172.5점

한 사람의 성품이 사회적 성취를 배가시킬 수도 있고, 반감될 수도 있습니다. 능력은 좋은데 성품이 엉망인 사람은 미치는 악영향이 큽니다. 반대로 능력도 좋고 성품도 좋은 사람은 사회에 주는 선한 영향이 큽니다. 현대인이 문명의 이기로 시간을 많이 벌지만, 그 시간을 얼마나 잘 선용할까요? 최근 우리나라 청소년의 하루 평균 주중 핸드폰 사용 시간은 4.7시간이고, 주말에는 6.7시간이라고 합니다. 그 시간은 잘 사용되고 있는 걸까요? 인간은 중요한 일에 게으르고, 감각적인 것에 쉽게 끌립니다. 삶의 태도와 사람의 성품이 얼마나 중요한지요.

교사의 권위가 무너졌다고 염려합니다. 학생이 교사의 권위를 인정하지 않으니, 교사의 가르침과 지도에 순종할 리가 없습니다. 동료 간의 관계도 문제입니다. 친구 간에 다툼과 싸움도 빈번합니다. 분노를 다스리는 성품을 연습한 적이 없기 때문입니다. 연령대가 높아지면 거짓말의 빈도가 낮아지기는커녕 높아진다고 합니다. 특히 가정에서 거짓말을 가장 많이 한다니, 놀랄 일입니다. 절제하지 못하고 인내하지 않아 가정이 파탄에 이르는 경우도 많습니다. 그 피해는 고스란히 아이들에게 갑니다. 책임 있는 부모를 찾아보기 힘듭니다.

국가는 이런 성품의 문제를 사회문제로 보고 여러 방안을 찾아 실행합니다. 하지만, 성품 문제를 국가가 해결할 수 있을까, 의문입니다. 정부는 자녀를 가정으로부터 떼 내어 전문 기관에 맡깁니다. 이런 것은 전체주의 국가가 잘하는 것이었습니다. 정부가 탁아소를 만들어 운영하고 부모를 산업전선으로 내몰았습니다. 가정이 해야 할 성품 훈련을 정부 기관이 잘할 수 있을까요?

필자는 네덜란드 유학 시절 개혁교회 성도들이 자녀를 많이 낳고, 좋은 성품으로 양육하는 것을 지켜보았습니다. 자녀들이 가정에서 좋은 성품으로 자라고 있었습니다. 참 부럽고 신기했습니다. 아이들이 순수하고 예의 바르고 형제와 잘 지내고 어른과도 대화를 잘했습니다. 그에 비해 암스테르담 근처에 있는 한인교회에 출석하는 한국인 아이들은 너무나 달랐습니다. 성품과 태도가 훈련받지 못했다는 것을 금방 느낄 수 있었습니다. 그 차이가 너무 커 보였습니다.

샘물 기독학교에서 일할 때 성품 교육을 어떻게 할지 많이 고민했습니다. 고민 끝에 일반 학교에서 도덕 과목이 있듯이 교육 과정에 성품 과목을 넣었습니다. 1달에 한 가지 성품을 배우고 연습했습니다. 부모도 참여하게 했습니다. 가정에서 성품을 연습하거나 받아본 경험이 없는 상황을 전제로 한 자구책이었습니다. 나름대로 열매가 있었습니다.

2014년 〈교리와 함께하는 365가정예배〉(세움북스)라는 책을 출판했습니다. 하이델베르크 요리문답을 313편 풀어 설명하고, 52편은 1주에 1편의 성품 주제를 다루었습니다. 독자들 가운데 성품 주제가 참 좋았다는 피드백을 자주 들었습니다. 성품을 어디에서 배울 기회가 없었던 것이 이유일 것입니다.

2011년 필자는 다우리 교회를 개척했습니다. 한 달에 한 주일은 성품 주제를 가지고 설교했습니다. 주제 설교인 셈입니다. 보통 성경 강해를 연속 시리즈로 하는데, 한 달에 한 번 있는 성품 설교를 성도들이 좋아했습니다. 이 책은 그 결과물입니다.

하나님의 형상을 찾아서

용어

'성품'(성품 性品/性稟 Character)은 '품성'(品性/稟性)이라고도 합니다. 같은 뜻의 다른 표현입니다. 성품이든 품성이든 의미의 차이는 없지만, 어감이나 느낌의 차이는 있습니다. 둘 다 사전적으로 인간의 됨됨이와 성질과 품격을 말하는 단어이기 때문입니다. 이 책에서는 그냥 '성품'이라고 부르겠습니다.

성품에는 '타고난 성품(性稟)'과 '습득된 성품(性品)'이 있습니다. 한글로는 같은 글자나, 한자는 다릅니다. 타고난 성품(性稟)은 유전적 성격이고, 습득된 성품(性品)은 학습된 태도입니다. 일반적으로 성품이라고 할 때 두 가지 모두 포함된 형태를 생각합니다. '저분은 성품이 참 좋아'라는 말은 '유전적으로 온순한 성격을 가졌다'는 뜻일 수 있습니다. 혹은 '저 아이는 성품이 참 좋아'라는 말은 '부모님에게 훈련을 잘 받았구나'라는 의미일 수 있습니다. 필자가 이 책에서 다루려는 성품은 후자입니다. 전자는 교육으로 바꾸기 어렵지만, 후자는 변화를 시도할 수 있기 때문입니다. 물론 선천적 성품인지 후천적 성품인지를 명확히 구분하기 쉽지 않습니다. 두 성품은 서로 상호 유기적으로 작용할 것입니다. 그래도 변화의 가능성이 없어 보이는 기질로서의 성품은 다루지 않겠습니다. 필자는 잃어버릴 수도 있고 다시 찾아 훈련할 수 있는 성품을 다루겠습니다.

성품 파괴

요즘 어른들이 '아이들 버릇이 없다'라고 말하곤 합니다. 이런 현상은 어제오늘의 일이 아닙니다. 주전 1700년대 고대 메소포타미아 수메르 점토판에는 '요즘 애들이 버르장머리가 없다'라는 문장이 있다고 합니다. 주전 5세기를 살았던 소크라테스도 그와 비슷한 말을 남겼습니다. '요즘 아이들은 버릇이 없다. 부모에게 대들고, 음식을 게걸스럽게 먹고, 선생에게 대든다.' 아이들의 성품에 대한 염려는 어제오늘의 일이 아님을 알 수 있습니다.

성품 문제는 아이만의 문제가 아닙니다. 어른도 성품이 파괴되고 왜곡되어 고통을 주고 문제를 일으킵니다. 부부 사이에 성품의 파괴로 인한 어려움이 발생합니다. 형제지간에도 성품으로 인한 갈등으로 힘들어합니다. 부모와 자녀 사이에도 나쁜 성품으로 문제가 생깁니다.

말세의 현상

성경은 이런 성품의 파괴가 말세의 징조라고 합니다. 디모데후서 3장 2-5절을 보십시오. 여기에 나열된 말세의 징조는 사람 내부에서 나오는 것들입니다. 파괴된 성품입니다.

> 네가 이것을 알라! 말세에 고통 하는 때가 이르리니, 사람들은 자기를 사랑하며, 돈을 사랑하며, 자긍하며, 교만하며, 훼방하며, 부모를 거역하며, 감사치 아니하며, 거룩하지 아니하며, 무정하며, 원통함을 풀지 아니하며, 참소하며, 절제하지 못하며, 사나우며, 선한 것을 좋아 아니하며, 배반하여 팔며, 조급하며, 자고하며, 쾌락을 사랑하기를 하나님 사랑하는 것보다 더하며, 경건의 모양은 있으나, 경건의 능력은 부인하는 자니, 이 같은 자들에게서 네가 돌아서라. (딤후 3:2-5)

20가지 태도가 말세의 징조입니다. 자기를 사랑하는 것과 돈을 사랑하는 것은 '사랑'과 관계된 성품에, 자긍하며 교만한 것은 '겸손' 성품에 문제가 생긴 것입니다. 훼방하는 것은 '온유' 성품에 문제가 있음을 나타냅니다. 부모를 거역하는 것은 '순종'에 문제가 있는 경우입니다. 그 외에도 감사, 거룩함, 무정함, 절제, 사나움, 속임, 조급함, 등 삶에서 사람 관계와 일에 나타나는 성품과 관련된 것들입니다. 이러한 것을 볼 때 말세를 살아가는 성도가 무엇에 관심을 가져야 할지 알 수 있습니다. 성품은 선택이 아니라 필수입니다. 말세를 살아가는 그리스도인이면 누구나 성품에 관심을 가지고 배우고 실천해야 합니다.

잃어버린 형상과 회복된 형상

기독교적 관점에서 성품의 파괴는 죄로 인해 하나님의 형상을 잃어버린 결과입니다. 성품의 파괴는 구속받아야 할 대상입니다. 죄인은 예수님의 구속을 믿음으로 죄책을 용서받습니다. 인간은 영과 육이 온전히 구속받을 것을 바라봅니다. 성경은 인간이 예수 안에서 믿음으로 전인격이 변화를 받아 새사람이 된다고 선언합니다. 신자는 하나님의 형상을 회복합니다. 신자는 하나님의 보물 곳간에서 좋은 성품을 꺼내 사용할 수 있습니다. 하나님은 구원받은 성도에게 "하나님의 씨"(요일 3:9)를 심으셨습니다. 하나님의 씨는 발아하여 잎사귀가 나고 자라 무성하고 열매를 맺습니다(시 1편). 그리스도인은 잃어버린 하나님의 형상 곧 그리스도의 형상을 회복하여 살아갈 수 있습니다. 이 일은 그리스도께서 직접 시작하셨고, 또 미래에 친히 완성하실 것입니다(빌 1:6, 롬 8:29). 그러므로 성품은 현재에 주어진 복이며 동시에 미래를 향한 소망이며 성도에게 주어진 과제이기도 합니다. 잃어버린 하나님의 형상인 성품을 회복하고 증진하기 위해 교육하고 훈련해야 합니다.

성령 하나님의 도우심이 없이는 아무것도 할 수 없습니다. 성품 훈련은 인간의 힘으로는 하나님의 성품대로 살아갈 수 없음을 깨닫는 것입니다.

하나님이여, 내 속에 정한 마음을 창조하시고 내 안에 정직한 영을 새롭게 하소서.(시 51:10)

이미, 그러나 아직 아닌 하나님 나라

잃어버린 하나님의 형상을 되찾은 신자는 이제 좋은 성품으로 아무런 문제도 일으키지 않고 완전한 삶을 세상에서 살 수 있는 것 아닐까요? 그렇습니다. 예수 믿고 거듭난 신자는 삶에서 많은 변화를 겪습니다. 하지만, 신자의 성품은 완전하지 않습니다. 신자의 성품에 부족함이 있습니다. 왜 이럴까요? 그 이유는 하나님 나라의 성격 때문입니다. 하나님 나라는 이미(already) 신자에게 임했지만, 아직 완전하지 않다(but not yet)는 특징이 있습니다. 구원받은 성도의 성품은 예수 그리스도를 믿음으로 새로워졌지만, 동시에 말씀으로 계속 성장해야 합니다. 신자는 좋은 성품을 연습해 가야 합니다. 불신자와 구별되는 거룩한 모습으로 거듭나 발전해야 합니다. 이것이 바로 성도의 성화에 속하는 부분입니다. 믿음이 있다고 하면서 옛사람처럼 살아간다면 성도라고 보기 어렵습니다. 야고보 사도는 믿음이 삶에서 성품으로 드러나지 않는 성도에게 그 믿음을 보이라고 강력하게 도전합니다(약 2:14). 성도는 그 믿음을 짠 삶 가운데 나타내야 합니다. 이것이 신앙 인격으로 나타나고 성품으로 드러납니다. 이런 의미에서 성품은 하나님 나라의 백성이 그 나라의 왕이신 '그리스도를 닮아가는 것'이라고 할 수 있습니다.

성품 연습

중생한 성도는 새사람입니다. 하지만 아직 옛 습관들이 남아 있어 하나님의 말씀과 성품대로 사는 것이 익숙하지 않습니다. 어릴 때부터 성품 연습이 잘되지 않은 사람은 더 힘듭니다. 연습하지 않았으니 생겨나는 어려움입니다. 훈련병이 군인으로 훈련받아야 하듯, 언약의 자손은 하나님의 성품으로 훈련받아야 합니다. 운동선수가 연습을 게을리하지 않듯이 말입니다.

성경은 "마땅히 행할 길을 아이에게 가르치라. 그리하면 늙어도 그것을 떠나지 아니하리라."(잠 22:6)고 명령합니다. "마땅히 행할 길"에서 "길"(דֶּרֶךְ)은 '태도' 곧 '성품'을 의미합니다. 마땅히 행할 성품을 아이에게 가르치라고 합니다. 성품 훈련을 명령합니다. '가르치다'라는 동사는 단순히 지식 전달에 그치지 않습니다. 이 단어는 'train up'(חָנַךְ), 곧 '훈련하다'라는 뜻입니다. 부모에게 주어진 명령입니다. 마땅한 성품을 훈련하라는 명령입니다. 아이가 성품을 잘 연습하면 습관이 됩니다. 나쁜 성품이 계속되면 잘못된 습관이 됩니다. 이것은 일반 세상에서도 동일하게 적용되는 원리입니다. '세 살 버릇 여든까지 간다'라는 속담은 이것을 말해 줍니다. 그리스도인의 성품도 예외가 아닙니다.

> 너희는 내게 배우고 받고 듣고 본 바를 행하라 그리하면 평강의 하나님이 너희와 함께 계시리라. (빌 4:9)

성품은 가지고 태어나지만 연습으로 성장합니다. 성품은 윽박지르거나 강압으로 만들어지지 않습니다. 연습은 징벌과 다릅니다. 연습은 긍정의 지지만으로 되지 않습니다. 연습은 징계나 긍정보다 훨씬 더 적극적 방법입니다. 징계도 연습이라는 측면이 있지만, 연습은 징계 이전에 예방하는 조치입니다. 아무리 좋은 사후 징벌도 사전 연습을 따라갈 수 없습니다.

성품은 성도가 모든 사람과 화평함으로 거룩함을 따라야 하기에 중요합니다. 이것이 없이는 주님을 보지 못할 것입니다(히 12:4). 또 성품은 결국 하나님을 영화롭게 하기에 중요합니다. 그리스도를 닮아 변화할 때 우리는 성육하신 그리스도의 형상을 갖게 될 것입니다. 우리가 그리스도의 형상을 닮으면 닮을수록 하나님은 더 많이 영광 받으십니다. 사도 바울이 하나님께 영광을 돌린 것이 단순히 선교의 열정이 아니라, 그 마음속에 품고 있던 내면의 열매들 때문입니다. 대부분 외면적 수단으로 복음을 전하려 합니다. 그것도 필요합니다. 그러나 신자의 내면적 성품을 통해 복음을 전한다면 얼마나 더 효과적일까요! 바울도 믿지 않는 남편을 둔 여자들에게 권고하길 그리스도의 형상을 품은 마음에서만 나올 수 있는 내면의 친절로 남편을 설득하라고 했습니다.

연습은 고통을 동반

예수님의 형상을 닮아가는 과정, 곧 연습은 쉽지 않습니다. 연습은 고통스러운 과정입니다. 변화의 과정에서 분명히 세상과 사단의 육체로부터 저항을 경험합니다. 성품 연습에 나타나는 고통과 어려움은 극복할 과제입니다. 먼저 부모 스스로 연습이 되어 있지 않기에 어렵습니다. 부모가 먼저 자녀에게 좋은 성품의 모범을 보일 수 있게 연습해야 합니다.

연습하지 않은 자녀의 반항 또한 만만치 않을 것입니다. 사회적 환경도 성품을 바르게 교육하는 데 장애입니다. 성품 훈련은 살을 도려내는 피나는 노력이 필요합니다. 먼저 과거의 나쁜 성품을 인식해야 합니다. 자신의 나쁜 성품을 인정한다는 것은 어렵습니다. 그리고 그 성품을 바꾸는 노력을 해야 합니다. 결코 쉬운 일이 아닙니다. 성품 훈련을 하다가 작심삼일로 끝나는 경우가 많습니다. 어렵고 힘들기 때문입니다.

그래서 성품은 어릴 때 가정에서 훈련해야 효과가 큽니다. 성품은 갓난아이 때부터 훈련되어야 합니다. 성품은 가정에서 부모가 훈련하는 것이 가장 좋습니다. 성품은 자연스러운 신앙의 표현이어야 합니다. 가정에서 부모와 자녀와의 관계, 형제자매의 관계, 그리고 친구들과의 관계, 어른과의 관계에서 지켜야 할 성품이 훈련되어야 합니다. 인사하는 법, 말하는 법, 자세, 태도, 마음가짐, 관계성 등등이 가정에서 자연스럽게 훈련되어야 합니다.

성품 연습에 대한 반감

일반 교육학은 인간을 낙관적으로 봅니다. 아동은 백지(존 로크의 'tabula rasa', 백지설)와 같다고 믿습니다. 깨끗한 백지 위에 그림을 그리는 것이라고 봅니다. 아동 중심 교육이니 아동의 자율성을 강조합니다. 훈련은 아동의 자아를 억압하게 되면 심리학적으로 자아의 정상적 발달이 방해받고 왜곡된 성장을 초래한다고 염려합니다. 현대 교육철학과 현대 심리학이 가정 교육과 학교 교육을 지배하고 있습니다. 아무리 좋은 것도 강요하는 것은 아동의 심리를 억압하여 좋지 않은 결과를 낳게 된다고 봅니다. 자연스러운 아동의 욕구와 능력을 펼치라고 요구합니다.

그러나 성경은 분명하게 아이들을 부지런히 교육하고 훈련하라고 말합니다(신 6:6-9). 성경은 인간이 죄인이라고 가르칩니다. 아동의 죄성이 순간순간 솟아 올라와 잘못된 습관을 고착시킵니다. 성경은 이것을 말씀으로 훈련해야 한다고 말합니다. 아이들의 성품을 훈련하고 교육해야 합니다.

패러다임의 전환

한국 가정에서는 자녀들을 신앙 인격으로 훈련하는 것이 자연스럽지 않습니다. 한국 교회는 다른 서구 나라에 비하면 아직 젊습니다. 복음이 전파된 지 120년을 갓 넘었을 뿐입니다. 예수 믿고 구원받아 세상적 복을 받는 것에만 급급했고 전도에만 관심있는 것이 사실입니다. 구원받고 삶의 현장에서 어떻게 살 것인가에 대한 관심이 적습니다. 이제 한국 교회는 스스로 설 수 있을 뿐만 아니라 세계 교회를 향하여 기여할 수 있을 정도로 커서 성인이 되었습니다. 한국 교회는 어른다운 수준의 신앙의 질이 절실하게 필요합니다. 신앙의 질적 성장은 신앙 인격에서 시작합니다. 이것은 우선 가정에서 시작되어야 하지만 교회가 이 부분에서 깨어 있지 않으면 그 실현이 요원할 수밖에 없습니다. 교회는 가정을 바로 세우기 위해 교회 중심의 프로그램을 줄여 나가야 합니다. 가정에서 건강한 부부생활과 자녀들과의 관계 그리고 자녀를 잘 교육하고 연습하도록 교회의 프로그램을 변화해야 합니다. 교회 패러다임의 전환이 절실합니다.

성품과 삶

사실 성경적 성품은 말씀대로 살고 실천하면 자연스럽게 형성됩니다. 좋은 성품은 특정 프로그램을 통해서 가능한 것이 아닙니다. 하나님의 말씀에 순종하며 살면 자연스럽게 좋은 성품이 형성됩니다. '성품 훈련'이라는 프로그램과 '성품 훈련'에 대한 책 그리고 세미나가 있어 도움이 됩니다. 하지만, 그때 뿐인 경우가 많습니다. 성품 훈련 프로그램에 있는 것처럼 각 성품의 정의를 외운다고 저절로 익혀지는 것이 아니기 때문입니다. 성품은 삶입니다. 그리스도인에게는 신앙적 삶이 신앙적 인격으로 나타납니다. 성품 훈련을 프로그램으로만 이해하면 안 됩니다.

신앙 연습이 곧 성품 연습입니다. 가정에서 실제적 삶의 현장에서 성품이 하나하나 연습되어야 합니다. 지속적이고 일관성 있게 지켜보는 부모만이 할 수 있는 훈련입니다. 어떤 수련회나 며칠간의 세미나에서 성품이 형성되는 것은 아닙니다. 성품 연습은 신앙과 사랑과 신뢰와 친밀감이 있는 가정에서 가능합니다.

하지만 가정에서 성품을 잘 연습해도 학교에서 망가질 수 있기에 학교도 성품에 관심을 기울여야 합니다. 굳이 교과목에 넣지 않아도 연습은 가능합니다. 수업 시간에 약속을 정하고 실천할 때 가능합니다. 기독교 학교에서는 학교의 행정과, 수업과, 그룹 활동과 학생 자치 활동 가운데 이러한 성품이 훈련되어야 합니다. 도덕은 이론 수업에 그칩니다. 지적 훈련일 뿐입니다. 실제로 성품을 실천하는 것은 수업과 개인 지도를 통해서 가능합니다. 단순히 교과목을 만든다고 할 수 있는 것이 아닙니다.

성품 연습의 부작용을 고려하라

성품 연습은 아무리 강조해도 지나치지 않습니다. 하지만 자칫 잘못하면 성품 연습이 율법주의로 왜곡됩니다. 성품 정의를 암송하고 실천 과제를 실행한다고 만사 능통일까요? 문제는 다른 곳에서 발생합니다. 잘 훈련받은 성품을 자신에게 적용하지 않고 타인을 판단하고 비판하는 도구로 사용하는 부작용입니다. '선생님, 제가 참을성이 없어요!' '엄마, 언니가 거짓말했어요!' '아빠도 교통 신호 어겼잖아요!' 성품 연습은 철저하게 자신을 향해야 합니다.

또 성품에서 주의해야 할 위험이 있습니다. 좋은 성품은 구원받은 백성에게 의무입니다. 구원받은 성도가 구원에 감격하여 '주께서 내게 주신 은혜를 무엇으로 보답할꼬'하는 마음의 감사 표현입니다. 그런데, 구원의 감격이 없거나 적은 사람에게 이런 성품을 요구하고 강제한다면, 이것은 또 하나의 율법 조문이 될 수 있습니다. 성품은 하나님의 당연한 요구이기 때문에 죄인의 양심에 호소하여 죄를 깨닫게 하는 요소가 있습니다. 하지만, 하나님을 가슴 깊이 받지 않는 사람에게 높은 수준의 성품을 강요하게 될 때 여러 가지 부작용이 발생할 수 있음도 알아야 합니다. 성품 연습을 하면서 인간의 죄성을 고려하여 공의의 하나님을 가르치되, 사랑의 하나님과 은혜의 하나님을 잊지 말아야 합니다. 바른 성품은 하나님을 만난 사람들 가운데서 자연스럽게 자원하는 마음으로 훈련되고 형성됩니다.

차례

성품이란

겸손 순종 책임 온유 경청
기쁨 조심 절제 용서

베드로후서 1:1-11

1 예수 그리스도의 종이며 사도인 시몬 베드로는 우리 하나님과 구주 예수 그리스도의 의를 힘입어 동일하게 보배로운 믿음을 우리와 함께 받은 자들에게 편지하노니 2 하나님과 우리 주 예수를 앎으로 은혜와 평강이 너희에게 더욱 많을지어다 3 그의 신기한 능력으로 생명과 경건에 속한 모든 것을 우리에게 주셨으니 이는 자기의 영광과 덕으로써 우리를 부르신 이를 앎으로 말미암음이라 4 이로써 그 보배롭고 지극히 큰 약속을 우리에게 주사 이 약속으로 말미암아 너희가 정욕 때문에 세상에서 썩어질 것을 피하여 신성한 성품에 참여하는 자가 되게 하려 하셨느니라 5 그러므로 너희가 더욱 힘써 너희 믿음에 덕을, 덕에 지식을, 6 지식에 절제를, 절제에 인내를, 인내에 경건을, 7 경건에 형제 우애를, 형제 우애에 사랑을 더하라 8 이런 것이 너희에게 있어 흡족한즉 너희로 우리 주 예수 그리스도를 알기에 게으르지 않고 열매 없는 자가 되지 않게 하려니와 9 이런 것이 없는 자는 맹인이라 멀리 보지 못하고 그의 옛 죄가 깨끗하게 된 것을 잊었느니라 10 그러므로 형제들아 더욱 힘써 너희 부르심과 택하심을 굳게 하라 너희가 이것을 행한즉 언제든지 실족하지 아니하리라 11 이같이 하면 우리 주 곧 구주 예수 그리스도의 영원한 나라에 들어감을 넉넉히 너희에게 주시리라

신의 성품을 본받는 나

성경 벧후 1:1-11 **찬송** 455장 주님의 마음을 본받는 자

매년 한 해를 보내고 새해를 맞을 때면 송구영신예배(기도회)에서 다짐의 기도를 하곤 합니다. '성도다운 성도가 되자!' 혹은 '부모다운 부모가 되자!', '자녀다운 자녀가 되자!' 하나님의 사랑을 받은 사람은 하늘 아버지를 본받아 서로 사랑하며, 서로 진리만을 말하며, 서로 희생하며 섬기려고 합니다.

> 그러므로 사랑을 받는 자녀같이 너희는 하나님을 본받는 자가 되고, 그리스도께서 너희를 사랑하신 것같이 너희도 사랑 가운데서 행하라. 그는 우리를 위하여 자신을 버리사, 향기로운 제물과 희생제물로 하나님께 드리셨느니라. (엡 5:1-2)

성도다운 성도는 부족하지만, 하나님을 본받으려 합니다. 하나님의 성품을 본받으려 합니다. 하나님을 닮고자 하지요. 그래서 첫째, 성도는 하나님의 사랑을 '받은 자'입니다. 둘째, 성도는 하나님의 성품에 '참여자'가 됩니다. 셋째, 성도는 삶에서 '넉넉 자'가 됩니다. 이 부분에서 사도 베드로의 말씀은 우리에게 큰 깨달음을 줍니다. '신의 성품을 본받는 자'는 신의 성품을 받고, 신의 성품에 참여하고, 신의 성품에 넉넉한 자가 됩니다.

받은 자

베드로전·후서는 핍박받던 시기에 쓰였습니다. 베드로는 네로(Nero, 주후 54-68) 황제의 박해 때 순교한 것으로 보는데, 그때가 주후 67년경입니다. 베드로후서는 베드로의 순교 직전에 기록된 것으로 보입니다. 박해의 시대에는 많은 순교자도 배출했지만, 많은 배교자도 생겨났습니다. 믿음이 없는 자는 힘든 박해를 견뎌내지 못하고 교회를 떠나기도 했으니까요. 교회 가운데 거짓 교훈과 교리를 가르치는 선생이 많이 있었습니다. 특히 예수를 적당히 믿어도 된다는 유혹이 심했습니다. 로마 황제를 '주님'이라고 부르거나 국가적 '제사의식'에 참여하는 것이 죄가 아니라, 국가 예절일 뿐이라고 타협하는 거짓 선지자들이 있었죠. 그런 가르침은 연약한 신자의 마음을 흔들고, 믿음에서 떨어지게 했습니다.

'너무 완벽하게 살려고 하지 마!' '너만 잘 났어?' '잘난 체하지 마!' '적당하게 살아!' '너무 별나게 살지 마!'

교회 안의 신자의 삶이 교회 밖의 불신자 삶과 별다르지 않습니다. 생각하는 것이나, 말하는 것이나, 행동하는 것이 구별되지 않는 까닭은 교인의 삶이 세속화된 것입니다. 성도(聖徒)라는 단어의 뜻은 거룩한 제자입니다. '거룩'은 '구별'입니다. 성도가 불신자가 구별되지 않는다면, 심각한 문제입니다.

'교인이나 불신자나 별 차이가 없어!' '실망이야! 교인이 더 나빠!' '더 나쁘다고요'

많은 경우 그런 비난이 지나치거나 오해에 비롯되기도 합니다. 하지만, 그런 비난이 전혀 근거 없지 않은 경우도 많은 것이 문제입니다. 오늘 우리는 '그냥 신자'가 아니라, '참 신자'가 어떠해야 하는지 사도 베드로의 권고를 들어

봅시다.

> 예수 그리스도의 종이며 사도인 시몬 베드로는 우리 하나님과 구주 예수 그리스도의 의를 힘입어 동일하게 보배로운 믿음을 우리와 함께 받은 자들에게 편지하노니, 하나님과 우리 주 예수를 앎으로 은혜와 평강이 너희에게 더욱 많을지어다. 그의 신기한 능력으로 생명과 경건에 속한 모든 것을 우리에게 주셨으니, 이는 자기의 영광과 덕으로써 우리를 부르신 이를 앎으로 말미암음이라. (1-3절)

성도란 누구입니까? 어릴 때부터 종교 생활을 열심히 해 신앙생활을 갈고닦은 사람을 말하는 것일까요? 성도란 누구입니까? 교회에 꼬박꼬박 출석하는 사람입니까? 베드로가 말하는 성도란 하나님으로부터 '아주 특별한 보배로운 뭔가를 받은 자'입니다. 하나님으로부터 뭘 받았을까요? 바로 '믿음을 받은 자'입니다. 성도는 '보배로운 믿음을 받은 자'입니다. 이것이 신자와 불신자를 구분 짓는 것입니다. 본문 1-3절에 나오는 동사를 눈여겨보십시오. 하나님 편에는 '주시다'와 '부르시다'라는 동사가 등장합니다. 성도 편에는 '받다'와 '알다', 그리고 '힘 입다'라는 표현이 나옵니다. 하나님께서 주시고 성도는 받습니다. 이처럼 믿음은 우리가 가지거나 공로로 얻은 것이 아닙니다. 하나님이 주신 선물입니다. 우리가 받은 은혜(엡 2:8)입니다. 심지어 우리 속에서 솟아나는 힘과 능력(1절)조차도 하나님이 주신 것입니다.

> 그의 신기한 능력으로 생명과 경건에 속한 모든 것을 우리에게 주셨으니. (3절)

하나님을 아는 지식(3절)도 하나님이 주신 것입니다.

> 자기의 영광과 덕으로써 우리를 부르신 이를 앎으로 말미암음이라. (3절)

성도는 열심히 노력해 당당히 '얻은 자'가 아니라, 공짜로 하나님으로부터 선물을 '받은 자'입니다. 그것이 신자와 불신자를 구별하는 것입니다. 그러면, 받은 자는 주신 분에게 뭘 어떻게 하면 좋을까요? 좋은 선물로 되갚아 주면 좋을까요? 이렇게 생각해 봅시다. 부모가 태어난 어린 자녀에게 필요한 모든 것을 제공해 줍니다. 그러면 아이는 부모에게 어떻게 해야 할까요? 그 은혜를 열심히 갚아야 할까요? 부모 자식 사이에는 그럴 필요가 없습니다. 자녀는 주신 부모의 사랑에 감사하고, 그분이 주신 것을 잘 누리면 됩니다. 그것이 은혜를 갚는 것입니다.

이처럼 보배로운 믿음을 받은 성도는 주신 하나님의 선물을 감사하면 됩니다. 그리고 그분이 주신 은혜를 잘 누리면 됩니다. 자녀가 부모의 행동을 따르고, 흉내 내며, 본받듯이 신자는 하나님을 본받으면 됩니다. 하나님이 부르시고 택한 성도에게 보배로운 믿음을 주신 것은, 하나님을 본받아 그분 닮은 사람이 되도록 하기 위함입니다. 하나님으로부터 보배로운 믿음을 받은 성도로서 하나님의 성품을 흉내 내고 성도다운 성도가 되시기 바랍니다.

참여 자

사도 베드로는 하나님이 우리에게 보배로운 믿음을 주신 궁극적인 이유가 무엇인지를 말합니다.

> 너희가 정욕 때문에 세상에서 썩어질 것을 피하여 신성한 성품에 참여하는 자가
> 되게 하려 하셨느니라. (4절)

하나님께서 우리에게 보배로운 믿음을 주신 이유는 우리가 "신성한 성품에 참여하는 자"가 되게 하려는 것입니다. '신성한 성품'은 '정욕 때문에 세상에서 썩어질 것'과 정반대입니다. 둘은 대척점에 서 있습니다. 세상이 거룩하지

않다면 성도는 거룩합니다. 정욕대로 사는 사람과 하나님 닮은 모습대로 사는 사람이 비교됩니다. 세상 사람은 자기가 좋아하는 것만 쫓아갈 것입니다. 하지만, 그리스도인은 그리스도를 닮은 자로 살아갈 것입니다.

베드로는 그런 신자를 '신성한 성품에 참여한 자'로 표현합니다. 다시 말하면 성도는 하나님 닮은꼴로 살아가는 자여야 합니다. 또 그런 자가 보배로운 믿음을 가진 자라는 것을 알 수 있습니다. 아무리 믿음을 가졌다고 해도 열매가 없는 자는 보배로운 믿음을 가진 자라고 보기 어렵습니다. 자 그러면 '신성한 성품'이 무엇인지 봅시다.

신의 성품을 가진 자

'신성한 성품'이란 옛날 개역성경에는 '신의 성품'으로 번역했습니다. 그 번역이 더 나아 보입니다. '신성한 성품'이라는 번역은 의미가 좀 불분명합니다. '신성한'이라는 표현이 좀 애매합니다. 하지만, '신의 성품'이라면 분명합니다. 하나님이 가진 성품을 의미하니까요! 세상 사람은 자신이 믿는 세상 신을 따라합니다. 그들은 '세상을 본받는 자'입니다. 세상은 육체적 쾌락과 욕망을 본받습니다. 세상은 헛된 재물에 목을 매고 그것을 얻기 위해 폭력도 불사합니다. 들의 꽃의 영광처럼 쉬 사라질 명예를 얻기 위해 보복하고 원수를 갚습니다. 자신의 명예가 조금이라도 손상당하면 분노를 뿜어냅니다. 그에 비해 그리스도인은 신의 성품을 가진 자이고, 또 그 성품에 참여할 수 있는 자격과 능력을 받은 자들입니다. 그리스도인은 '하나님을 본받는 자'입니다.

그런데 문제는 신자도 죄 가운데 있고 연약하다는 점입니다. 그리스도인답게 살지 못한다는 것입니다. 유명한 신자나 지도자도 실망을 안겨줍니다. 우리 가까이에도 그런 일들이 종종 발생합니다. 도대체 왜 이러는 걸까요? 신자가 하나님의 자녀답게 거룩한 삶의 모습을 보여주기도 하지만, 그렇지 못한 경우도 있습니다. 그런 일을 발견하면 충격받고 실망하고 비난도 합니다.

그런데 더 심각한 것은 자기 속에 있는 부끄러운 모습을 보지 못한다는 것입니다. 남의 눈에 있는 작은 티는 보지만, 자기 눈에 들어 있는 들보(집 지붕을 받치기 위해 두 기둥에 가로질러 걸쳐 놓은 매우 굵고 큰 나무 둥치)는 깨닫지 못하는 격입니다.

왜 그런 일이 일어날까요? 보배로운 믿음을 주신 하나님이 문제일까요? 문제는 인간에게 있습니다. 성도는 약한 질그릇입니다. 성도는 금방 넘어지고 부서지고 실수합니다. 그래서 사탄의 유혹에 넘어져 악에 빠지기도 합니다. 신자는 하나님 나라에서 살고 있지만, 아직 완전한 천국 삶은 아닙니다. 그래서 생겨나는 문제입니다. 성도는 하나님의 자녀입니다. 자녀는 아버지를 따라 본받고 싶습니다. 아버지 하나님은 우리에게 '나를 본받으라고 명령'하십니다. 우리는 정말 성도답게 살고 싶습니다. 베드로 사도는 오늘 우리에게 보배로운 믿음을 주신 이유가 바로 하나님의 성품에 참여할 수 있게 하기 위함이라고 말합니다. 신의 성품이 어떤 것입니까? 그것이 5-7절에 열거됩니다.

> 그러므로, 너희가 더욱 힘써 너희 믿음에 덕을, 덕에 지식을, 지식에 절제를, 절제에 인내를, 인내에 경건을, 경건에 형제 우애를, 형제 우애에 사랑을 더하라.

베드로가 예시로 든 여덟 가지 '신의 성품'입니다. 믿음, 덕, 지식, 절제, 인내, 경건, 형제우애, 사랑, 이렇게 총 8개입니다. 바울은 성령의 열매를 아홉 가지로 열거했습니다.

> 오직 성령의 열매는 사랑과 희락과 화평과 오래 참음과 자비와 양선과 충성과 온유와 절제니 이같은 것을 금지할 법이 없느니라. (갈 5:22-23)

베드로의 성품 목록과 바울의 성품 목록을 보니, 겹치는 부분이 네 개(사랑, 믿음, 절제, 인내)가 됩니다. 앞으로 우리는 성품 주제를 가지고 하나씩 살펴보겠습니다. 우리는 성도답고 교회답기를 원합니다. 그래서 '신의 성품에 참여하는 자'가 되고 싶습니다.

성품이란

성품은 무엇일까요? 성품은 영어로 캐릭터(Character)인데, '품성'이라고 번역되기도 합니다. '품성'과 '성품'은 교차로 사용해도 됩니다. '품성'이든 '성품'이든 뜻은 같습니다. 둘 다 '인간의 됨됨이'와 '성질과 품격'을 말하는 단어입니다. 단지 성품은 한자어로 두 가지 다른 뜻을 가집니다. 타고난 품성으로서의 성품(性稟)이 있고, 습득된 품성으로서의 성품(性品)이 있습니다. 한글로는 하나의 같은 단어이지만 한자로는 다릅니다. '타고난 성품'(性稟)은 유전적 측면이 강조된 성격입니다. '타고날 稟'자를 씁니다. '습득된 성품'(性品)은 자라면서 가정과 사회적 환경에 의해서 학습 혹은 습득된(만들어진) 것을 말합니다. '물건 品'자를 씁니다. 일반적으로 성품이라고 할 때 두 가지 모두 포함된 형태를 생각하지만, 교육적 차원에서는 후자의 경우와 많이 관련됩니다. 그렇지만 성품이라는 것이 선천적인 것과 후천적인 것으로 명확하게 구분하기는 어렵습니다. 두 종류의 성품은 서로 상호 유기적으로 작용한다고 보아야겠지요. 우리가 생각할 것은 후천적으로 습득되고 훈련할 수 있는 성품입니다.

성품의 파괴

바울은 특별히 성품의 파괴에 대해 말세를 만난 우리에게 경고합니다. 에베소 교회에서 목회하던 디모데에게 보낸 편지, 디모데후서 3장에는 말세의 징조에 대해 경고합니다. 그것은 외적인 것보다 내적 징조입니다.

네가 이것을 알라! 말세에 고통 하는 때가 이르리니, 사람들은 자기를 사랑하며, 돈을 사랑하며, 자긍하며, 교만하며, 훼방하며, 부모를 거역하며, 감사치 아니하

며, 거룩하지 아니하며, 무정하며, 원통함을 풀지 아니하며, 참소하며, 절제하지
못하며, 사나우며, 선한 것을 좋아 아니하며, 배반하여 팔며, 조급하며, 자고하며,
쾌락을 사랑하기를 하나님 사랑하는 것보다 더하며, 경건의 모양은 있으나, 경건
의 능력은 부인하는 자니, 이 같은 자들에게서 네가 돌아서라. (딤후 3:2-5)

총 20가지의 파괴된 성품이 나열됩니다. '자기를 사랑하는 것'과 '돈을 사랑
하는 것'은 사랑과 관계된 성품에 문제가 발생해 생긴 것입니다. '자긍'하며
'교만한 것'은 겸손의 성품에 문제가 생긴 것입니다. '훼방하는 것'은 온유한
성품에 문제가 있음을 나타냅니다. '부모를 거역하는 것'은 순종 성품에 문제
가 있는 경우입니다. 그 외에도 '감사하지 않는 것', '거룩하지 않은 것', '무정
한 것', '절제하지 않는 것', '사나운 것', '속이는 것', '조급한 것', 등등 삶에서
사람과의 관계와 일을 하는데 나타나는 성품과 관련된 것들에 문제가 발생
합니다.

　　말세를 살아가는 우리가 관심을 기울여야 할 성품입니다. 성품은 보배로
운 믿음을 받은 자의 선택 사항이 아닙니다. 필수 요소입니다. 말세를 살아가
는 그리스도인이면 누구나 배워 훈련하고 실천해야 할 필수 불가결한 덕목입
니다.

든든 자

그리스도인이 '신의 성품 참여자'가 되면 어떤 유익을 얻게 될까요? 베드로는
아주 분명하고도 실제적 유익을 명시합니다.

이런 것이 너희에게 있어 흡족한즉, 너희로 우리 주 예수 그리스도를 알기에 게으
르지 않고 열매 없는 자가 되지 않게 하려니와, 이런 것이 없는 자는 맹인이라 멀
리 보지 못하고 그의 옛 죄가 깨끗하게 된 것을 잊었느니라. 그러므로 형제들아

더욱 힘써 너희 부르심과 택하심을 굳게 하라. 너희가 이것을 행한즉 언제든지 실족하지 아니하리라. 이같이 하면 우리 주 곧 구주 예수 그리스도의 영원한 나라에 들어감을 넉넉히 너희에게 주시리라.(벧후 1:8-11)

첫째 이유는 신의 성품 참여자가 될 때 우리 주 예수 그리스도를 알고 사랑하여 열매를 많이 맺게 되는 것입니다. 신의 성품에 참여하지 않는 신자에게는 어떤 일이 생길까요? 그런 신자는 "맹인(盲人)이라 멀리 보지 못하고 그의 옛 죄가 깨끗하게 된 것을 잊"어버리게 됩니다. 자기의 죄가 용서받았다는 것을 어느 순간부터 잊어버리게 됩니다. 무슨 뜻일까요? 구원을 확신하지 못하게 된다는 뜻입니다. 맹인은 앞을 보지 못합니다. 영적 맹인은 볼 수 없기 때문에 가까운 주변에 잡히는 것만 만지며 추측할 뿐입니다. 하나님의 성품을 본받지 않는 신자는 세상에서 늘 불안한 마음으로 살아갑니다. 이기적이고 자기를 사랑하는 자는 세상 부귀영화를 즐기겠지만, 구원에 대한 확신이 점점 멀어질 것입니다. 그들의 삶은 늘 불안하고 초조할 뿐입니다. 그것이 행복한 삶일까요?

둘째 이유는 신의 성품 참여자가 될 때 실족하지 않고 굳건히 서는 것입니다. 베드로는 신의 성품을 "더욱 힘써…부르심과 택하심을 굳게"(10절) 하는 것과 연결합니다. 하나님의 소명과 선택이 그리스도인의 성품을 통해 굳건하게 된다는 뜻입니다. 인간은 하나님의 선택과 소명을 결정할 권한이 없습니다. 전적으로 하나님의 은혜로만 가능합니다. 다만, 그 선택과 소명은 연약한 인간에게 흐릿해질 수 있습니다. 만약 신자가 스스로 신의 성품에 참여하기 위하여 성품을 훈련하며 자신을 다듬어 간다면 실족하지 않고 굳건하게 설 수 있을 것입니다.

셋째 이유는 신의 성품 참여자가 될 때 하나님 나라에 넉넉히 들어가는 것입니다. 베드로의 말을 들어보십시오.

이같이 하면, 우리 주, 곧 구주 예수 그리스도의 영원한 나라에 들어감을 넉넉히
너희에게 주시리라.(11절)

그렇습니다. 신의 성품에 참여하는 자는 넉넉히 그리스도의 나라에 들어가는
자입니다. 많은 그리스도인이 부끄러운 구원(고전 3:15)을 받을 것입니다. 하지
만, 우리는 신의 성품에 참여함으로 넉넉히 하나님 나라의 백성으로 걸어 들
어갈 것입니다. 이것이 성도에게 주어진 복입니다.

읽고 나누기

❶ 읽고 배운 것을 자기 말로 요약해 봅시다.

❷ 성도란 누구입니까?

❸ 베드로와 바울이 말한 신의 성품에는 어떤 것이 있습니까?

❹ '신의 성품 참여자'가 되면 어떤 유익을 얻습니까?

겸손

겸손은
하나님께 전적으로
의존해야 하는 존재임을
인식하고 시인하며,
모든 결정에
하나님의 뜻을 찾는 것

빌립보서 1:12-21

12 형제들아 내가 당한 일이 도리어 복음 전파에 진전이 된 줄을 너희가 알기를 원하노라 13 이러므로 나의 매임이 그리스도 안에서 모든 시위대 안과 그 밖의 모든 사람에게 나타났으니 14 형제 중 다수가 나의 매임으로 말미암아 주 안에서 신뢰함으로 겁 없이 하나님의 말씀을 더욱 담대히 전하게 되었느니라 15 어떤 이들은 투기와 분쟁으로, 어떤 이들은 착한 뜻으로 그리스도를 전파하나니 16 이들은 내가 복음을 변증하기 위하여 세우심을 받은 줄 알고 사랑으로 하나 17 그들은 나의 매임에 괴로움을 더하게 할 줄로 생각하여 순수하지 못하게 다툼으로 그리스도를 전파하느니라 18 그러면 무엇이냐 겉치레로 하나 참으로 하나 무슨 방도로 하든지 전파되는 것은 그리스도니 이로써 나는 기뻐하고 또한 기뻐하리라 19 이것이 너희의 간구와 예수 그리스도의 성령의 도우심으로 나를 구원에 이르게 할 줄 아는 고로 20 나의 간절한 기대와 소망을 따라 아무 일에든지 부끄러워하지 아니하고 지금도 전과 같이 온전히 담대하여 살든지 죽든지 내 몸에서 그리스도가 존귀하게 되게 하려 하나니 21 이는 내게 사는 것이 그리스도니 죽는 것도 유익함이라

빌립보서 2:3

3 아무 일에든지 다툼이나 허영으로 하지 말고 오직 겸손한 마음으로 각각 자기보다 남을 낫게 여기고

남을 낮게 여기는 것

성경 빌 1:12-21, 2:3 **찬송** 424장 아버지여 나의 맘을

신자는 성도답게 신의 성품에 참여하는 자가 되고 싶어 합니다. 베드로후서 1장의 말씀을 통해 신의 성품에 참여하는 자로서 얻는 유익을 세 가지 배웠습니다. 첫째, 성령의 열매를 맺을 것입니다. 둘째 든든히 설 수 있습니다. 셋째 하나님 나라에 넉넉히 들어갈 것입니다.

　이제 이런 놀라운 유익을 누리기 위해 가장 먼저 '겸손'을 배우려 합니다. 우리는 왜 많은 성품 가운데 '겸손'을 제일 먼저 살피려는 것일까요? 여러 성품이 다 중요하지만, 필자는 '겸손'이 예수 그리스도의 가장 귀한 성품이라고 생각합니다. 겸손이야말로 성도가 본받아야 할 중요한 성품이기 때문입니다.

겸손한 자의 특징

겸손한 자는 어떤 사람일까요? 겸손은 자신을 낮추는 자입니다. 그런데 무조건 자신을 낮추기만 하면 겸손한 사람일까요? 어떤 사람의 고학력을 칭찬했을 때, '아이코, 저는 아는 게 없습니다.'라고 낮추면 겸손한 사람일까요? 반대로 '제가 이래 봬도 일류대학 출신입니다.'라는 말을 하면 무조건 교만한 사람일까요? '나는 축구를 잘해요'라고 말하면 겸손하지 않은 것일까요?

　겸손과 교만을 구분하기가 쉬운 것 같지만, 그리 만만하지 않습니다. 어

떨 때는 구별하기 어렵습니다. '제가 이래 봬도 일류대학 출신입니다'라는 말이 교만해 보이지만, 어떤 문맥에서 나왔느냐에 따라 달라질 수도 있습니다. 예를 들면, 바울이 '나는 바리새인 중에 바리새인입니다'라는 말을 했습니다. 이 말은 바울의 자랑이 아닙니다. 오히려 반대입니다. 이 말은 그런 것들은 배설물 같다는 문맥에서 한 말입니다. 어린이가 '저는 축구를 잘합니다'라고 어른에게 말해도 교만하다고 느끼지 않습니다. 오히려 귀여움을 받을 겁니다. 하지만 친구에게 한다면 잘난체한다는 소리를 듣기 쉬울 것입니다.

교회 안에서도 교만과 겸손을 구별하기 쉽지 않습니다. 교회 안에 겸손으로 가장한 교만도 있습니다. 교만한 사람이 겸손이라는 아름다운 옷을 입고 활동하기도 합니다. 실제로 교만을 분별하는 것은 복잡하고 어렵습니다.

여러분은 어떤가요? 교만합니까? 아니면 겸손합니까? '저는 겸손합니다'라고 생각하면, 좀 교만한 느낌이 들지 않습니까? '저는 교만합니다'라고 생각하려면, 좀 억울한 것 같지 않습니까? 한 번 생각해 보십시오. 아래 질문1에 '아니오'라고 바로 대답하지 못하고, '그렇네요'라고 한다면, 우리 가운데 교만이 존재한다는 것을 인정해야 할 것입니다. 맞으면 ○, 아니면, ×를 해 보십시오.

□ 나는 다른 사람이 나의 의견에 동의하지 않으면 기분이 상하고 나에게 도전한다는 생각이 듭니다.

□ 나는 나를 무시하는 사람과 관계를 끊는 경향이 있습니다.

□ 나는 내가 싫어하는 사람이 존경받을 때 마음이 안 좋습니다.

□ 나는 내 잘못을 인정하기 어렵습니다.

□ 나는 남이 나를 비난하면 속에 반작용이 일어납니다.

---

1   IBLP, *The Power for True Success: how to build character in your life*, 116쪽 참고.

☐ 나는 남의 견해를 묻기 전에 나의 의견을 말하는 경향이 있습니다.

☐ 나는 내가 잘한 일에 관해 얘기하기를 좋아합니다.

☐ 나는 듣는 것보다 말하는 것을 좋아하는 경향이 있습니다.

☐ 나는 나에 대한 하나님의 평판보다 다른 사람의 평판에 관해 더 관심이 많은 것 같습니다.

☐ 나는 문제가 전혀 없다는 인상을 남에게 주려 합니다.

☐ 나는 겸손해지기 위한 방법(기술)을 찾고 있는 나를 발견합니다.

☐ 나는 은근히 칭찬받고 높임 받는 것을 좋아합니다.

☐ 나는 다른 사람이 잘못할 때 참지 못하고 즉시 그것을 교정하고 싶은 마음이 있습니다.

☐ 나는 당연히 받아야 할 신뢰를 받지 못할 때 기분이 나쁩니다.

☐ 나는 스스로 중요하다고 생각합니다.

☐ 나는 자신을 다른 사람과 비교 평가하는 경향이 있습니다.

이 중에서 하나라도 '아니오'라고 대답할만한 항목이 있습니까? 하나도 없을 것입니다. 겸손은 생각만큼 쉽지 않습니다. 우리는 교만하고 아주 친근하고 가까이 살고 있습니다. 우리는 어쩌면 교만을 겸손으로 멋지게 포장하는 기술에 능한 것입니다. 우리는 '겸손'을 잘 배워 '교만'과 멀어져 성숙한 그리스도인이 되고 싶습니다. 이제 출발해 봅시다.

빌립보 교회의 문제, 다툼과 허영

빌립보 교회는 루디아라는 여성을 통해 설립되고 꾸준히 성장했습니다. 빌립보 교회는 바울을 경제적으로 도움을 주기도 했습니다(빌 4:15). 바울이 빌립보 교회와 상당히 친밀하고 믿음직한 관계에 있다는 것을 암시합니다. 빌립보 교회는 일단 재정적으로 탄탄하고 비교적 안정된 교회였던 것으로 보입니다.

특히 고린도 교회(고전 9:12)나, 데살로니가 교회(살전 2:9), 그리고 갈라디아 교회처럼 교리적 문제로 어려움을 겪지 않았던 것으로 보입니다. 빌립보서를 읽어보면 사랑과 기쁨이라는 단어가 많이 등장하고 따뜻하고 포근한 분위기를 느낄 수 있습니다.

하지만 빌립보 교회는 "투기와 분쟁"(1:15)과 "겉치레"(1:18), 그리고 "다툼이나 허영"(2:3)의 문제를 가지고 있었습니다. 이 중에 "분쟁"과 "다툼"은 교회에는 치명적인 것들입니다. 일반적으로 다툼이 있으면 교회는 와해되고 맙니다. 성도들이 교회를 떠납니다. 싸움을 좋아할 사람이 없습니다. 주변에 교회가 널려있으니까요. 하지만, 초대 교회 때는 한 지역에 교회가 하나밖에 없었습니다. 교회에 문제가 생겨도 쉽게 떠날 수 없습니다. 갈 곳이 없기 때문이죠. 싫은 교인과도 같이 생활하며 지내야 합니다. 성도는 하나님 나라의 시민으로 서로 격려하고 사랑하고 용납하고 회개하고 용서하며 살아야 합니다. 그렇게 서로 성화되어 갑니다. 교회를 옮기거나 떠나는 것이 문제의 해결은 아닙니다. 사실 교회를 떠난다는 것은 예수님을 떠나 불신자가 된다는 말입니다.

교회 내부의 '분쟁과 다툼'은 쓰라리고 아프고 고통스럽습니다. 차라리 불신자와의 다툼이라면 낫습니다. '저 사람은 불신자니까!'라는 위로가 가능합니다. 오히려 불신자에게 받는 핍박의 고통은 영광이 됩니다. 하지만 신자 사이의 다툼은 처참합니다. 누구도 승리할 수 없습니다. 둘 다 패하는 싸움입니다. '분쟁과 다툼'은 없어야 합니다. 그런데, 실제는 '분쟁과 다툼'같은 치고받는 싸움보다 훨씬 더 예민한 문제에서 나타납니다.

빌립보 교회에는 바울을 대적하는 자들이 있었습니다. 그들은 바울이 로마 옥에 갇혀 있을 때 순수하지 못한 마음, 곧 "겉치레"(18절)로 교회를 섬겼습니다. "겉치레"(πρόφασις, prophasis)라는 단어는 바리새인의 "외식"(外飾, 막 12:40)을 말하는 것과 같은 단어입니다. 바울의 대적자들은 순수하지 못한 마음으로 외식함으로 열심인 체했습니다. 그들은 바울을 시기하고 질투했습니다. 그래서 교회 봉사에 겉치레로 힘썼습니다. 그들은 자신들이 열심히 일하면 옥에 갇혀 있는 바울이 괴로울 것이라고 여겼습니다. 그러면 그들은 빌립보 교회에서 높임을 받고 교회의 주도권을 쥐게 될 거라고 판단했던 것 같습니다. 그들은 자신들의 왕국을 만들고 싶었습니다. 이처럼 바울의 대적자들이 겉치레로 한 것은 "다툼이나 허영" 때문이었습니다. 그래서 바울은 이렇게 권면합니다.

> 아무 일에든지 다툼이나 허영으로 하지 말고(3절)

여기서 "다툼"은 '이기적 야망'을 말합니다. 이기적 야망(욕심)을 이루기 위해 일할 때 다툼이 생깁니다. 그리고 "허영"은 헛된 영광을 추구하는 것입니다. 이것들이 모두 교만과 관련이 있습니다. 겸손과는 거리가 먼 것들입니다.

오늘 이 시대에도 교회에 헛된 야망으로 일하는 자들이 있습니다. 이런 자들은 열심과 열정이 대단합니다. 그들은 앞에 나서고 큰소리치길 좋아합니다. 교회 일에 적극적입니다. 하나님의 영광과 교회의 성장과 성숙이라는 거룩한 대의명분도 내세웁니다. 그들은 거룩해 보이고 위대해 보이기까지 합니다. 또 겸손한 척 말하고 행동합니다. 겸손을 가장한 겉치레로 행동합니다. 그들에게 신앙생활은 꾸며낸 연극 같습니다.

그런데 왜 '겸손' 성품을 다루면서 왜 "투기와 분쟁"과 "다툼이나 허영"과 "겉치레"를 말하고 있는 것일까요? 그것은 바로 빌립보서 2장 3절 하반절 때문입니다.

> … 오직 겸손한 마음으로 … (3절)

바울은 빌립보 교회 성도들이 "오직 겸손한 마음"을 품길 원합니다. 투기나 분쟁, 그리고 다툼이나 허영 같은 것들은 "겸손"과는 거리가 먼 '교만'임을 말해주고 싶은 것입니다. 겸손하지 않은 사람은 교만한데, 교만한 사람의 특징이 투기하고 분쟁을 일삼고, 다투고 허영에 빠진다는 것입니다.

하나님께서는 정말 교만을 싫어하십니다. 하나님은 교만한 자를 대적하십니다(약 4:6; 벧전 5:5). 만약 인간이 하나님을 대적하면, 하나님도 그를 대적하실 것입니다. 교만한 자는 하나님의 심판을 받을 것입니다. 교만한 사탄은 하나님의 자리에 앉으려 했습니다. 사탄은 불 심판을 피하지 못할 것입니다. 그러니, 교만한 사람도 하나님의 심판을 받을 것입니다.

겸손은 구체적으로 어떤 모습인가?

그러면, 겸손의 구체적 모습과 행동은 어떤 것일까요? 바울은 빌립보 교회 성도에게 겸손을 권면하면서 구체적 행동을 소개합니다.

> … 오직 겸손한 마음으로 각각 자기보다 남을 낫게 여기고(3절)

겸손하기 위한 방법은 '자기보다 남을 낫게 여기는 것'입니다. 다른 사람이 자기보다 나은 경우 '남을 낫게 여기는 것'은 쉽겠죠. '나보다 머리가 좋다'거나, '나보다 인물이 좋다'거나, '나보다 돈이 많다'거나, '나보다 운동을 잘한다'거나 할 때는 '나보다 남을 낫게 여기는 것'이 어렵지 않습니다. 남이 나보다 나으면, 굳이 경쟁의 대상으로 삼지도 않습니다. 아예 올라가지 못할 나무 쳐다보지도 않는 것이죠. '그래! 네가 나보다 낫다.' 이렇게 쿨하게 인정하기 쉽습니다.

바울이 '남을 나보다 낫게 여기라'라고 명령하는 것은 그 반대 경우일 것입니다. 다른 사람이 나보다 못한 경우이겠지요. 다른 사람이 나보다 성경 지식도 부족해 보이고, 다른 사람이 나보다 믿음이 약해 보이고, 다른 사람이 나보다 교회에 다닌 햇수도 적고, 다른 사람이 나보다 말도 잘 못해 보이고, 다른 사람이 나보다 상식도 없어 보이고, 다른 사람의 자녀가 내 자녀보다 못하다고 판단되는 경우입니다. 그런 경우 '자기보다 남을 낫게 여기라'는 것입니다. 그것이 겸손이라는 것입니다. 그런 자세는 쉽지 않습니다. 이 정도가 하나님이 원하시는 수준입니다.

교만한 자는 어떻게 처신할까요? 교만한 사람은 자기보다 남을 낮게 여깁니다. '낫게 여기는 것'과 '낮게 여기는 것'은 받침 하나 차이입니다. '낫다'의 받침이 'ㅅ'(시옷)이고, '낮다'의 받침이 'ㅈ'(지읒)입니다. 글자 'ㅅ'과 'ㅈ'의 차이는 아주 작지만, 그 의미는 하늘과 땅의 차이입니다. 겸손과 교만의 차이도 그와 같습니다. 별 차이 없어 보이지만, 그 결과는 천국과 지옥의 차이가 납니다. '남이 나보다 낮은 것'을 '낮다'고 하는 것을 반드시 교만하다고 하기는 어렵습니다. 지금 단계에서는 그렇게 판단하기 쉽지 않습니다. 하지만, '남이 나보다 낮은 것'을 '낮다'라고 한다면 적어도 겸손한 자세는 아닙니다. 대신 교만의 한 모습일 수 있습니다.

"낮게 여기고"에서 '여기라'는 말은 '그렇게 생각하라'는 뜻입니다. '여기다'라는 단어는 '헤게모니'(Hegemony), 곧 '주도권'(Leading)이라는 단어와 어원이 같습니다. 즉 '어떤 물건을 끌고 이쪽에서 저쪽으로 인도해 가다'라는 의미입니다. 생각을 이쪽에서 저쪽으로 끌고 간다는 것인데, 그것을 우리는 '간주하다'(consider 혹은 regard)라고 표현합니다. 따라서 '낮게 여기라'라는 의미는, 남이 나보다 낮지 않지만 '낮다'고 '생각하라'는 것입니다. 다시 풀어서 설명하면 '비록 남이 나보다 못하지만, 나의 생각을 억지로 끌고 가서라도 그렇게 생각하라'는 의미입니다. 남이 나보다 못하지만, 나보다 낫다고 여기라는 권면입니다.

이런 겸손은 어렵습니다. 사실을 왜곡하라는 뜻으로 보입니다. 그렇게까지 해서라도 겸손을 실천해야 한다는 것일까요? 남이 나보다 낮지 못한데 '나보다 낫다'고 생각하는 진실이 아닌데 말입니다. 이것은 강요된 겸손이 아닐까요?

바울에게 배우는 겸손!

그래서 바울은 한 가지 겸손의 예를 보여줍니다. 빌립보 교회에는 바울을 반대하며 대적하는 자들이 있었습니다. 그들은 바울을 괴롭히려고 순수하지 못한 동기로 투기와 분쟁, 그리고 다툼과 허용으로 교회에 봉사했습니다. 그들의 섬김과 봉사는 겉치레일 뿐이었습니다. 순수하지 못했습니다. 사실 바리새인과 같은 가증한 행동이라고 비난받을 수 있습니다. 교회는 그런 봉사와 섬김을 용납할 수 없습니다. 순수한 마음이 아니고 더럽고 불순한 봉사이기 때문입니다. 바울도 그런 그들의 행동을 얼마든지 비난할 수 있습니다. 하지만, 바울은 그렇게 하지 않았습니다. 바울은 심판자의 자리에 앉지 않습니다. 그들의 교만을 들추어내 비난하지 않습니다. 오히려 그들을 형제로 여기고 자기보다 나은 점을 보려 합니다. 놀랍게도 바울은 그들의 사역으로 그리스도가 전파된다고 하면서 기뻐하고 기뻐합니다.

> 그러면 무엇이냐, 겉치레로 하나 참으로 하나 무슨 방도로 하든지 전파되는 것은 그리스도니 이로써 나는 기뻐하고 또한 기뻐하리라. (18절)

바울의 이 자세가 겸손과 무슨 관계가 있을까요? 겸손은 남을 나보다 낫게 여기는 것입니다. 반대로 교만은 남을 나보다 낮게 여기는 것입니다. 바울은 대적자들을 낮게 평가할 수 있음에도 불구하고 그들을 낮게 평가하며 기뻐합니다. 이 점에서 바울의 겸손한 태도를 발견할 수 있습니다.

반대로 교만한 바울의 대적자들은 교회에서 하는 일에 열정적이었을 것입니다. 아마도 교회에서 중요한 역할을 맡았을 것입니다. 언제나 교회에는 열심있는 자들이 두각을 나타냅니다. 능력도 있어 보입니다. 멋진 계획을 세우고 실행에 옮겼을 것입니다. 하지만, 그들의 섬김은 잘못된 동기와 마음에서 우러나온 것입니다. 일의 태도가 좋지 못합니다. 투기와 분쟁, 다툼과 허영에서 나오는 봉사는 오히려 교회를 분열시키고 무너뜨리고 말 것입니다. 왜 그럴까요? '겸손'하지 않고 '교만'하기 때문입니다. 하나님은 교만한 자를 대적하십니다.

겸손, 곧 남을 낮게 여기는 비결

겸손한 태도는 자신을 구원합니다(1:19). 그리고 교회를 세우는 데 유용합니다. 사실 타인의 나쁜 점, 약점, 연약한 부분을 지적하자면 한도 끝도 없을 것입니다. 그런 교만은 하나님께서 처리하실 것입니다. 하나님이 심판자시니까요. 우리가 심판자의 위치에 서면 안 됩니다. 물론, 교회에는 성도를 돌볼 책임을 진 직분자들이 있습니다. 그들은 직분적 섬김 때문에 평가해야 할 수 있습니다. 사법부의 재판관이나 경찰은 직무상 어쩔 수 없지만, 보통의 경우 상호 간에 판단하고 비판하는 것은 옳지 않습니다. 교회도 마찬가지입니다. 우리에게 요구되는 것은 겸손입니다. 판단과 비난의 칼을 들이대는 것은 교만한 자세입니다.

문제는 타인이 아니라, 자신에게 있는 경우가 많습니다. 다른 사람에게 손가락질할 겨를이 없습니다. 죄인의 특징은 자기 자신에게 관대하다는 것이죠. 다른 사람의 잘못이 더 크게 보이고 잘 찾아냅니다. 바리새인의 특징은 자기 자신을 보지 못하고 다른 사람의 잘못만 정확하게 찾아내고 간섭했다는 것입니다. 그들은 자신도 구원하지 못하고 다른 사람을 멸망으로 인도했습니다. 세례 요한과 예수님은 그들을 아주 단호하게 야단치셨습니다.

독사의 자식들아!(마 3:7; 12:34)

우리는 그들과 다를까요? 우리도 언제든지 그들처럼 교만의 죄에 빠질 수 있는 자임을 알아야 합니다.

바울은 대적자들을 공격할 수 있었을 것입니다. 그들의 교만을 까발릴 수 있었을 것입니다. 그들의 저의와 교묘한 가식과 외식하는 행동을 다 드러내 창피를 줄 수 있었을 것입니다. 하지만, 그렇게 하지 않았습니다. 바울은 겸손한 자였기 때문입니다. 겸손한 자는 그렇게 행동하는 것이 자신의 구원과 교회의 덕을 위해서 좋지 않았다는 것을 잘 압니다.

그러면, 바울이 대적자들에게서 긍정적인 모습을 발견하고 좋게 여기며 긍정적으로 보려 했던 비결은 무엇일까요? 그렇게 겸손한 태도를 가질 수 있었던 이유를 우리는 다음 성경 구절에서 찾을 수 있습니다.

> 이것이 너희의 간구와 예수 그리스도의 성령으로 도우심으로 나를 구원에 이르게 할 줄 아는 고로…지금도 전과 같이 온전히 담대하여 살든지 죽든지 내 몸에서 그리스도가 존귀하게 되게 하려 하나니, 이는 내게 사는 것이 그리스도니 죽는 것도 유익함이라. (19-21절)

바울이 대적자들 앞에서 겸손할 수 있었던 첫째 비결은 빌립보 교회의 "간구"였습니다. 교회의 기도는 바울에게 큰 힘이었습니다. 둘째 비결은 "성령의 도움"이었습니다. 이 성령님은 예수 그리스도의 영이십니다. 셋째 비결은 "예수 그리스도"입니다. 요약하면, 빌립보 교회의 기도를 통해 성령 하나님의 도움으로, 예수 그리스도께서 우리 가운데 살아 계시기 때문에 바울이 교만한 자들을 향해 겸손한 태도를 유지할 수 있었던 것입니다. 바울은 그리스도 때문에 그 모든 시기와 질투를 이겨낼 수 있었습니다. 바울은 대적자들의 공격에도 초연할 수 있었습니다. 바울은 공격자의 교만한 행동에 휘둘리지 않고 겸손했습니다. 그 힘과 비결은 바로 그리스도였습니다. 바울은 그리스도만 붙

잡았습니다. 바울은 그리스도만 바라보았습니다. 그러니 자신을 죽이고 겸손의 본을 보일 수 있었던 것입니다. 바울의 고백을 들어보세요!

> 내게 사는 것이 그리스도니 죽는 것도 유익함이라. (21절)

오직 그리스도만 바라보니, 바울을 시기하고 질투하며 다툼과 허영으로 교회 일을 하는 자들 때문에 맘 상해하지 않았습니다. 교만 앞에서 겸손의 모습을 보이며 기뻐하고 기뻐할 수 있는 여유가 있었습니다.

우리 모두 겸손합시다. 겸손을 배우고 훈련합시다. 교회 안에서 어렵고 힘든 여건 가운데 겸손하기 쉽지 않습니다. 그래도 겸손할 수 있습니다. 그 방법은 오직 그리스도를 바라보는 것입니다. 왜 그리스도를 바라보면 겸손할 수 있는지 다음에서 살펴보겠습니다.

빌립보서 2:5-11

5 너희 안에 이 마음을 품으라 곧 그리스도 예수의 마음이니 6 그는 근본 하나님의 본체시나 하나님과 동등
됨을 취할 것으로 여기지 아니하시고 7 오히려 자기를 비워 종의 형체를 가지사 사람들과 같이 되셨고 8 사
람의 모양으로 나타나사 자기를 낮추시고 죽기까지 복종하셨으니 곧 십자가에 죽으심이라 9 이러므로 하나
님이 그를 지극히 높여 모든 이름 위에 뛰어난 이름을 주사 10 하늘에 있는 자들과 땅에 있는 자들과 땅 아
래에 있는 자들로 모든 무릎을 예수의 이름에 꿇게 하시고 11 모든 입으로 예수 그리스도를 주라 시인하여
하나님 아버지께 영광을 돌리게 하셨느니라

그리스도인의 DNA, 겸손

성경 빌 2:5-11 **찬송** 212장 겸손히 주를 섬길 때

앞에서 우리는 '남을 나보다 낮게 여기는 것'이 겸손임을 배웠습니다. 남이 비록 나보다 못하지만 어쨌든 더 낮게 여기는 정도가 아니라(물론 이도 대단한 것이지만), 자기를 낮추신 그리스도께서, 우리를 높이시고자 내려오신 것처럼, 그들에게 당신의 값을 주셔서 그런 가치가 있는 자들이 되게 하셨으니, 사람들을 그런 가치가 있는 자로 합당하게 대우해야 합니다. 그것이 겸손입니다. 대단한 수준의 겸손입니다. 그리스도인으로서 이렇게 멋진 겸손한 사람이 되고 싶습니다. 그러면 구체적으로 우리는 어떻게 겸손할 수 있을까요? 무슨 방법이 있을까요?

겸손이 처세술?

『진정한 성공을 위한 능력』이라는 책2은 겸손을 실천하는 방법을 제시합니다.

① 다른 사람의 비평을 받아들이고, 저주하는 자를 축복하라.
② 다른 사람을 칭찬하고 존경하라.

---

2   IBLP, *The Power for True Success: how to build character in your life*, 116쪽

③ 권위자가 결정하도록 하라.

④ 어리석은 점들에 대해 다른 사람에게 물어보라.

⑤ 잘못한 것은 즉시 용서를 구하라.

⑥ 감사를 표현하라.

⑦ 자신의 말을 하기보다 다른 사람의 얘기를 들으라.

⑧ 천한 일을 자원하라.

⑨ 나를 찬양하는 것을 피하라.

⑩ 기도하기 위하여 무릎을 꿇어라.

겸손하기 위한 아주 구체적인 지침입니다. 이를 실천할 때 겸손한 사람이 될 수 있을 것입니다. 하지만 이렇게 행하기만 하면 겸손할 수 있을까요? 10가지 지침만 행하면 되니 너무 쉬운 것 같습니다. 우리는 회사에서 일정 금액의 연봉을 받으면서 회사가 요구하는 지침을 지킵니다. 마음에 들지 않지만, 이런저런 규칙을 따릅니다. 굴욕적으로 느끼는 부분도 있지만, 그까짓 것 할 수 있습니다. 겸손도 그렇게 할 수 있는 것일까요?

만약 겸손이 구원을 얻는 조건으로서의 처세술이라면, 억지로라도 그렇게 하려 할 것입니다. 실제로 세상 사람은 겸손을 하나의 처세술로 여기는 경향이 있습니다. 고귀하고 격조 있는 삶을 살기 위해 말하는 법과 행동하는 법을 배웁니다. 인성 훈련도 합니다. 품격있게 말하는 법도 배웁니다. 어떤 모임에서 이렇게 말하면 겸손하다는 평가를 들을 것입니다.

"존경과 명예를 한 몸에 받기에 합당하신 의장님! 본인은 고귀하신 의장님을 만나게 된 것이 저의 생에 큰 영광입니다."

훈련만 잘 받아도 이런 식의 겸손은 가능합니다. 선생님이 학생에게 공부를 잘한다고 칭찬하면, "다 선생님 덕분입니다"라고 말하는 학생은 겸손해 보입니다. 그렇게 훈련된 학생이 겸손할까요? 겸손과는 거리가 멀 수도 있습니다. 겸손은커녕, "선생님은 아는 게 뭔가요?"라는 식으로 말하는 버릇없는 학생도 있습니다. "선생님, 제가 좀 똑똑해요!"라는 당돌한 아이도 있습니다. 그들은 교만한 학생일까요? 겉으로는 그렇게 보입니다. 하지만, 내면은 어떤지 알 수 없습니다.

　사회는 종종 '교만'을 당당함의 미덕으로 허용합니다. 교만을 자신감과 능력으로 간주합니다. 정치인을 보십시오. 과장과 확신으로 시민을 선동합니다. 자신의 좋은 점만 부각하고 자주 뻥튀기합니다. 여기다 겸손까지 더하면 완벽해 보입니다. '겸손'도 성공적 삶을 위한 처세술로 여깁니다. 겸손은 성공 가도를 위한 방법으로 취급됩니다. 성경이 가르치는 겸손도 그런 것일까요? 그리스도인은 어떤 겸손으로 무장해야 할까요?

겸손으로 옷 입으려면?

성경이 가르치는 겸손은 다릅니다. 하나님께서 원하시는 겸손은 세상과 질적으로 다릅니다. 그리스도인은 그리스도께서 새롭게 창조한 존재입니다. 중생하여 완전히 새로운 사람으로 태어납니다. 그리스도인은 영적 DNA가 완전히 바뀌고 영적 체질이 새로워집니다. 그리스도인은 신의 성품에 참여할 수 있는 자가 되었습니다(벧후 1장). 신자라면 누구나 신의 성품인 겸손으로 살아갈 수 있습니다.

　그렇기에 겸손은 삶의 처세술이 아닙니다. 삶 그 자체입니다. 그리스도인의 체질이 겸손으로 바뀌었습니다. 성경은 이것을 신분의 변화로 표현합니다. 그리스도인은 하나님의 자녀로 입양됩니다. 그리스도인은 하늘 아버지에게 입양된 입양아(入養兒)입니다. 자녀가 된 그리스도인은 하늘 아버지가 마련해 주신 영광스러운 옷들을 입을 수 있습니다. 많은 옷 중에 '겸손이라는 브랜드

(brand)'의 옷도 있습니다. 변화된 신분으로서 '겸손'을 옷 입고 겸손한 삶을 살 수 있게 된 것입니다. 그래서 바울은 이렇게 말했습니다.

> 그러므로 너희는 하나님이 택하사 거룩하고 사랑받는 자처럼 … 겸손 … 을 옷 입고(골 3:12)

그러니, 그리스도인은 '겸손' 상표 옷을 벗지 말아야 합니다. '겸손'이라는 옷을 입고 외출합니다. 누가 봐도 그리스도인은 세상이 감당치 못할 성품을 가진 자입니다.

백화점에 가면 겸손이라는 브랜드의 옷이 있을까요? 당연히 없습니다. 그런데 하나님께서는 우리에게 그런 옷을 준비해 입으라고 명령하십니다. 겸손이라는 브랜드의 옷은 무지무지하게 비쌉니다. 몇십억 몇백억으로 살 수 있는 옷이 아닙니다. 그런데 그 옷을 사 입어야 천국에 들어갈 수 있습니다. 하나님 나라의 백성이 될 수 있습니다. 인간이 겸손이라는 브랜드의 옷을 사 입을 돈이 있습니까? 돈 주고 살 수 없습니다. 놀랍게도 우리는 그 비싼 겸손이라는 브랜드의 옷을 입게 되었습니다. 하나님께서 당신의 하나밖에 없는 아들을 십자가에 죽게 해 피를 흘리는 값으로 '겸손'이라는 옷을 사서 우리에게 입혀 주셨습니다. 인간은 그것을 믿음으로 공짜로 받을 수 있습니다. 누구나 예수 그리스도를 믿는 자는 '겸손'이라는 옷을 공짜로 받아 입을 수 있습니다. 겸손은 돈으로 살 수 있는 것이 아니라, 믿음으로 은혜로 얻습니다.

> 영접하는 자 곧 그 이름을 믿는 자들에게는 하나님의 자녀가 되는 권세를 주셨으니(요 1:12)

진정 겸손하기 원한다면, 예수님을 믿어야 합니다. 그러면 겸손이라는 브랜드의 옷을 입을 수 있습니다. 아니, 사실은 반대로 얘기해야 하지요. 예수님을 믿으면, 겸손할 수 있습니다. 겸손을 주제로 얘기하다 보니, 겸손하기 위해 예수님이 필요한 것처럼 보이네요! 사실 겸손 때문에 예수님을 믿는 것이 아니지요. 겸손을 다루다 보니, 그렇게 말하게 된 것입니다. 예수님을 믿고 그리스도인이 되지 않고서는 진정한 겸손을 알 수도 없고, 행할 수도 없음을 말하려한 것입니다.

그리스도로 인한 영적 DNA, 겸손

그리스도인은 누구든지 그리스도 표 옷을 입고 있습니다. 바울의 말을 들어보십시오.

> 누구든지 그리스도와 합하기 위하여 세례를 받은 자는 그리스도로 옷 입었느니라.(갈 3:27)

그리스도인은 그리스도 안에서 영적으로 새롭게 태어났습니다. 하나님의 집 안에 입양되어 그리스도 표 옷을 입고 살게 된 자입니다. 그리스도인은 하나님의 아들 예수 그리스도처럼 살 수 있게 되었습니다. 영적 DNA가 달라졌습니다. 사람이 영적으로 변한 것입니다. 육적 DNA는 여전히 교만을 옷 입으려하지만, 영적 DNA는 완전히 바뀌어 겸손을 옷 입으려 합니다. 물론, 교만과 겸손의 만만치 않은 싸움이 아직 이 땅에서 존재하긴 합니다. 하나님 나라가 완전하게 임한 것은 아니기 때문입니다. 그리스도인이 그리스도로 옷 입는다는 말이 겸손으로 옷 입는 것과 같은 것인가요? 그렇습니다. 그리스도 그분이 겸손 그 자체이시기 때문입니다. 예수님은 친히 이렇게 말씀하셨습니다.

> 나는 마음이 온유하고 겸손하니 … (마 11:29)

그리스도는 겸손 그 자체이십니다. 그리스도로 옷 입은 자는 '그리스도인'(Christ+人=Christian)이고, '겸손인'(謙遜人)입니다. 그리스도인은 영적 태생이 겸손하니 겸손할 수밖에 없습니다. 그리스도인은 그리스도의 모습, 곧 겸손의 향기를 풍길 수 밖에 없습니다.

빌립보 교회의 성도들은 그리스도 안에 있는 권면, 사랑, 위로, 성령의 교제, 긍휼, 그리고 자비의 봉사를 했습니다(1절). 그런데 그들 중 일부는 그렇게 복되고 아름다운 일에 자기의 이름을 내려고 했습니다. 자기 허영을 추구했습니다.

교회 일을 하다 보면, 여러 사람을 만납니다. 어떤 사람은 자아실현을 위해 봉사합니다. 사회에서 이루기 어려운 것을 교회에서 성취하려고 합니다. 교회에는 많은 조직과 모임이 있습니다. 거기에는 직책과 책임과 권한이 주어집니다. 무슨 회장, 부회장, 총무, 서기 부서기, 회계, 부회계, 그리고 각 부장이 있습니다. 작은 교회에는 '전군의 간부화'(?) 같은 현상이 생기기도 합니다. 그러다보면 온갖 이기적 욕망이 가미되기도 합니다. 사람들은 그런 봉사와 행사, 그리고 프로그램에 참여하면서 성취감과 소속감을 얻습니다. 자기 이름이 드러나는 일에 더 많은 관심을 기울입니다. 대형교회를 선호하는 이유도 이런 것과 무관하지 않습니다.

그에 비해 사람들은 겸손으로 옷 입는 것에는 무관심합니다. 겸손은 인기가 없습니다. 이름 없이 섬기는 부분에는 사람들이 몰리지 않습니다. 빛 없이 섬기는 것에는 관심이 없습니다. 겸손을 배우기 위해 하나님과 그분의 구원사역에 대해 배우려고 교리교육을 한다고 하면 심드렁합니다. 내용이 어렵다고 합니다. 설교와 강의가 지겹다고 합니다. 참아내지 못합니다. 몇 번 참여하다가 포기해 버립니다. 이런 분위기에서 겸손을 배우고 연습하고 실천할 수 있을까요? 교회에서 '겸손'을 설교하거나 가르치니 겸손 흉내를 내긴 합니다. '예, 목사님! 그런데 제가 잘 몰라서요!'라고 하지만, '그래요? 그러면 다른 분을 찾아봐야겠네요!'라고 하면 서운해합니다. 참 겸손이 아닌 것이지요. 참 겸손은 어떻게 얻을 수 있을까요? 겸손은 오직 그리스도로부터 옵니다.

그리스도로부터 오는 겸손

겸손은 예수 그리스도로부터 오며, 그분에게 겸손을 배워 익혀야 합니다. 우리는 예수 그리스도가 얼마나 겸손하신지를 알아야 합니다. 그래야 겸손을 알 수 있고 실천할 수 있습니다. 바울이 빌립보 교회를 향한 다음의 권면을 들어보십시오. 오늘 우리를 향한 말씀이기도 합니다.

> 너희 안에 이 마음을 품으라. 곧 그리스도 예수의 마음이니, 그는 근본 하나님의 본체시나 하나님과 동등 됨을 취할 것으로 여기지 아니하시고, 오히려 자기를 비워 종의 형체를 가지사, 사람들과 같이 되셨고, 사람의 모양으로 나타나사 자기를 낮추시고 죽기까지 복종하셨으니, 곧 십자가에 죽으심이라. (빌 2:5-8)

예수 그리스도가 겸손 그 자체이십니다. 겸손은 예수 그리스도로부터 시작되고 흘러나옵니다. 인간 속에는 겸손이 없습니다. 인간에겐 교만이 가득합니다. 겸손한 사람이 있는 것 같기는 합니다. 하지만, 그것은 겸손한 척하는 수준일 뿐입니다. 그런 겸손은 교만의 다른 측면일 뿐입니다. 인간은 지식으로 다른 사람을 판단하고 비난하는데 얼마나 정확하고 빠른지요. 다른 사람이 나의 감정과 기분을 상하게 하면 일단 적으로 생각하고 공격 자세를 취합니다. 논리적이지 않고 합리적이지 않은 부분을 금방 찾아낼 수 있습니다. 다른 사람에게 문제가 많고 자기에게는 아주 작다고 생각합니다. 이런 자세가 교만입니다. 자기중심적 사고와 삶은 교만의 아버지인 사탄으로부터 배운 것이며 습관화된 것입니다. 이런 교만한 인간에게는 희망이 없습니다. 참 겸손은 인간 내부에서 찾을 수 없습니다. 겸손은 인간 외부로부터 와야 합니다. 외부에서 겸손이 들어와 인간의 영적 체질을 완전히 바꿔야 합니다.

그 새로운 영성은 오직 예수 그리스도로부터만 공급받을 수 있습니다. 우리가 그리스도에게 연결되고 연합될 때 그리스도로부터 "마디와 힘줄로 공급함"(골 2:19)을 받아 겸손으로 자라갈 수 있습니다. 예수 그리스도로 옷 입으면 비로소 겸손할 수 있는 능력을 부여받습니다. 예수님의 겸손은 곧 구원이고, 예수님의 구원은 곧 겸손입니다.3 겸손은 예수님에게 배우고 훈련해야 합니다. 예수님의 마음은 온유하고 겸손합니다. 그리고 "내게 배우라"(마 11:19) 말씀하십니다. "내게 배우라"는 말은 '나에 대해 배우라'는 뜻이기도 합니다. 예수님을 깊이 알아야 겸손할 수 있습니다. 예수 그리스도는 "자기를 낮추시고 죽기까지 복종"(8절)하셨습니다. 성자 하나님은 인간이 되셨습니다. 하나님이 인간이 되셨으니, 겸손의 극치입니다. 예수 그리스도께서는 승천하고 난 이후에도 여전히 겸손하십니다. 하나님의 보좌 우편에 앉아계시지만, 여전히 하나님의 어린양이십니다.

예수 그리스도의 겸손이 우리를 교만에서 구원하셨습니다. 교만으로 가득한 자를 겸손케 하셨습니다. 중생한 신자는 '교만의 옷'을 벗어던지고, 이제는 '겸손의 옷'을 입고 있습니다. 그리고 또 계속 겸손의 옷을 착용하고 있어야 합니다. 자꾸만 그 위에 교만의 옷을 입으면 안 됩니다. 예수 그리스도에게 가서 겸손을 배웁시다. 예수님은 도대체 어떻게 겸손을 실천하셨습니까? 성자 예수 그리스도는 성부 하나님께 온전히 자신을 드리고 순종하셨습니다. 겸손입니다. 그리스도께서는 자기 능력, 자기 뜻, 자기 영광, 자기 사역과 가르침이 오직 아버지 하나님에게 의지한다고 인정했습니다. 겸손입니다. 자신을 포기하고, 죽이고, 절대 복종으로 사셨습니다. 겸손입니다. 그리스도의 이런 겸손이 우리에게 희망과 소망과 구원입니다.

---

3   『겸손』, 16쪽.

그리스도인은 이런 그리스도의 형상을 닮으려 합니다. 그리스도인이라면, 자기 재산, 자기 명예, 자기 건강, 자기 지식, 자기의 의로움, 자기 정직, 자기 선행 등 모든 것을 부정해야 합니다. 그것이 그리스도께서 행하신 겸손의 모습입니다. 겸손한 척하는 것이 아니라, 완전히 자신을 부정하는 겸손에 이르러야 합니다. 예수님이 제자들의 발을 씻기며 스승의 자리에서 종의 자리로 내려오셨던 것처럼 우리도 인정받고 섬김을 받으려는 자리에서 존경하며 섬기는 자리로 내려가야 합니다. 이것이 겸손입니다. 예수님이 자신의 생명을 바쳐 성부 하나님이 선택하신 자들을 위해 대속의 죽음으로 사랑을 베푸셨습니다. 이처럼 우리도 하나님이 얼마든지 부르시는 자들을 섬기며 사랑을 베풀어야 합니다. 이것이 겸손입니다.

그리고 겸손은 단순한 말이나 몇 가지 행동 지침으로 만족할 수 없습니다. 그리스도의 삶 전체가 겸손이었던 것처럼, 우리의 삶 전체가 겸손으로 옷 입어야 합니다. 낮은 자리로 내려가십시오. 더 낮은 자리로 내려가십시오. 인정받으려 하지도 말고, 칭찬을 기대하지도 마십시오. 그것은 하나님이 하실 부분입니다. 그것보다 스스로 자신을 낮추고 겸손하기를 애써야 합니다. 하나님과 사람 앞에서 종의 자리 외에 다른 자리를 탐하지 마십시오. 겸손하십시오! 그것이 우리가 할 일입니다.

보상과 상은 이 땅에서 받을 수도 있지만, 그렇지 않을 수도 있습니다. 저 세상에서 상을 받을 수도 있습니다. 만약 우리가 겸손하고 그렇게 살고 있다면, 그 자체가 복이라는 것을 명심하십시오. 겸손은 하나님이 가장 기뻐하시는 성품이기 때문입니다. 겸손한 모습이란 특별한 무엇이 아닙니다. 일상에서 일어나는 삶에서 나타납니다. 자기와 성격이 다른 사람과 교제할 때 인내하고 사랑하고 성령의 평안의 묶는 줄로 하나 된 것을 지키는 것이 쉽지 않습니다. 정말 어렵습니다. 서로 사랑하고 기뻐해야 할 형제자매이고 동역자인데 오히려 방해자이고 골치 아프고 피곤케 하기도 합니다. 왜 그럴까요? 이 모든 일의 원인은 한 가지입니다. 겸손의 부재 때문입니다. 겸손으로 옷 입지 않았기 때문입니다. 자신을 아무것도 아닌 것으로 여기고, 가장 낮은 자가 되고, 가장 낮은 자로 여김을 받는 것을 기뻐하고, 예수님과 같이 가장 비천한 사람들의 종이 되어 도와주고 위로해 주고자 애를 쓰는 겸손이 없기 때문입니다.

예수 그리스도를 위해 모든 것을 포기한다고 찬양과 기도로 고백하는 사람들이 이웃을 위해 자신을 포기하는 것은 힘들어합니다. 겸손이 부족해서입니다. 겸손으로 옷 입으십시오. 그리스도의 보물창고에서 겸손이라는 브랜드의 옷을 꺼내 입으십시오. 겸손한 사람은 시기하지 않습니다. 질투하지 않습니다. 겸손한 사람은 다른 사람이 잘 되고 칭찬받을 때 축복하고 감사합니다. 겸손한 사람은 자신을 낮추고 다른 사람을 자기보다 낫게 여깁니다. 겸손한 사람은 자신이 무시 받아도 참습니다. 겸손한 사람은 교회의 형제와 직장 동료의 실수와 죄에 대해 까다롭게 굴지 않습니다. 겸손한 사람은 완고한 생각을 가지고 모진 말을 하고 싶은 유혹받을 때 참으며 잘못했다고 하는 자에게 용서를 베풉니다. 그리스도께서 우리를 용서하셨기 때문입니다.

겸손은 단순한 도덕 이상입니다. 겸손은 자신을 하나님 앞에서 아무것도 아닌 존재임을 인정하고 말하고 행동하는 것입니다. 겸손의 선구자이신 예수 그리스도를 바라보며 그분에게서 겸손을 배웁시다. 겸손으로 옷 입고 복된 삶을 살아갑시다.

읽고 나누기

❶ 읽고 배운 것을 자기 말로 요약해 봅시다.

❷ 교만과 겸손을 구별해 봅시다.

❸ 바울이 말하는 겸손의 구체적인 모습과 행동은 어떤 건가요?

❹ 참 겸손은 어떻게 얻을 수 있습니까?

순종

순종은
나를 책임지고 있는
사람들의 말을 경청하고
즐거운 마음으로
즉시 행하는 것

사무엘상 15:22-23

22 사무엘이 이르되 여호와께서 번제와 다른 제사를 그의 목소리를 청종하는 것을 좋아하심 같이 좋아하시겠나이까 순종이 제사보다 낫고 듣는 것이 숫양의 기름보다 나으니 23 이는 거역하는 것은 점치는 죄와 같고 완고한 것은 사신 우상에게 절하는 죄와 같음이라 왕이 여호와의 말씀을 버렸으므로 여호와께서도 왕을 버려 왕이 되지 못하게 하셨나이다 하니

하나님이 요구하시는 순종은?

성경 삼상 15:22-23 **찬송** 449장 예수 따라가며

우리는 먼저 성품 그 자체에 대해 배움으로 하나님의 온전한 성품을 발견할 수 있습니다. 첫 성품으로 겸손을 두 번에 걸쳐 다루었습니다. 하나님 앞에서 겸손하고, 사람에게 겸손해야 한다는 것을 배웠습니다. 이제 '순종' 성품을 살펴보겠습니다. 순종에는 대상이 있습니다. 첫째는 하나님에 대한 것이고, 둘째는 인간 권위자에 대한 순종입니다. 그러면 하나님은 어떤 순종을 요구하실까요? 우리는 어떻게 하나님께 순종해야 할까요?

온전의 순종

첫째는 '온전의 순종'입니다. 사울은 하나님으로부터 아말렉 족속을 멸하라는 명령을 받았습니다.

> 그들의 모든 소유를 남기지 말고 진멸하되, 남녀와 소와 젖 먹는 아이와 우양과 낙타와 나귀를 죽이라. (삼상 15:3)

사울은 하나님께 순종해야 했습니다. 출애굽 할 때 아말렉 족속이 길에서 이스라엘을 대적했기 때문입니다. 하나님은 "여호와가 아멜렉과 더불어 대대로

싸우리라"(출 18:16)고 말씀하셨습니다. 사울은 하나님의 명령에 순종했습니다. 아말렉 백성을 공격했습니다. 그런데 사울의 순종은 온전하지 않았습니다. 아각 왕과 가장 좋은 양과 소를 남겨 두었습니다. 온전하지 않은 순종입니다. 말하자면, '최상급 1등급, A++등급' 소와 양을 남긴 것입니다. 가치 없고 하찮은 것만 멸했습니다(9절). 사울은 스스로 '잘했다'라고 평가하고 승리의 기쁨을 "기념비"(12절, 승전비)를 세워 표현했습니다.

하나님은 어떻게 판단하셨을까요? 하나님은 이 사건 이후로 사울 왕을 버리셨습니다(23절). 하나님은 "사울을 왕으로 세운 것을 후회"(11절)하셨다고 전합니다. 하나님은 사울에 대해 실망하고 아주 서운하셨습니다. 그런 하나님의 반응에 대해 사울은 매우 억울했습니다. 사울의 변명 섞인 주장을 들어 보십시오.

> 나는 실로 여호와의 목소리를 청종하여, 여호와께서 보내신 길로 가서 아말렉 왕 아각을 끌어왔고, 아멜렉 사람들을 진멸하였으나, 다만 백성이 그 마땅히 멸할 것 중에서 가장 좋은 것으로 길갈에서 당신의 하나님 여호와께 제사하려고 양과 소를 끌어 왔나이다.(20-21절)

사건을 바라보고 평가하는 온도가 어떻게 이렇게나 다를 수 있을까요? 사울은 '잘했다'고 항변합니다. 뭐가 문제입니까? 삼척동자라도 문제를 파악할 수 있지만, 사울만 그 원인을 모릅니다.

하나님이 요구하는 순종의 수준과 사울이 생각하는 순종의 기준이 다릅니다. 사울은 하나님의 명령에 순종했다고 확신합니다. "나는 실로 여호와의 목소리를 청종"(20절)하였다고 강변했습니다. "아말렉 사람들을 진멸"(20절)하라는 명령에 순종했다는 것입니다. 사울의 순종은 하나님의 기준에 도달했을까요? 사울은 '미니멈'(Minimum) 순종을 했을 뿐인데 말입니다. 사울의 주장,

'아말렉 사람들을 진멸했잖아요!'라는 주장이 맞을까요? 사실 확인을 해야 합니다. 사울이 사용한 "진멸"(盡滅)은 '모조리 멸한다'는 뜻입니다. 사울은 일부는 살리고, 일부는 진멸했습니다. 그러니, 사울의 주장은 정당성을 가질 수 없습니다. 사실, 불순종한 사울이 변명하는 어투일 뿐이었습니다.

유명한 영국의 한 설교자는 "Almost Christian"이라는 제목의 설교를 했습니다(J. Wesley, Oxford 대학 채플에서 설교, 1741. 7. 15). '거의 순종'에 만족하는 그리스도인을 말합니다. 사울은 전쟁을 했고, 나가 싸워 이겼고, 힘써 죽였으니, 순종했다고 여긴 'Almost Christian'이었습니다.

사울의 온전하지 못한 순종은 왜 일어난 것일까요? 사울은 "아말렉 왕 아각"을 살려서 끌고 왔습니다. 왜 그랬을까요? 백성에게 자랑하고 싶었을까요? 그럴 수 있습니다. 그리고 "가장 좋은…양과 소"(21절)를 죽이지 않고 데리고 왔습니다. 하나님께 제사하기 위함이었다고 변명했습니다. 목적이 선하니 방법은 좀 봐줘도 되지 않느냐는 주장입니다. 하나님께 가능한 이유일까요? 하나님이 원하는 삶은 '미니멈'(Minimum)이 아니라, '맥시멈'(Maximum)입니다. '이 정도'가 아니라, '100%까지' 순종해야 합니다. 'Almost Christian'이 아니라, 'Altogether Christian'이 되기 위해 애써야 합니다.

물론 우리는 아무리 힘써도 온전히 순종하기 힘듭니다. 순종하기 어렵습니다. 그것이 우리의 약함이고 현실입니다. 하지만, 인간의 약함과 악함 때문에 하나님의 기준을 바꿀 수 없습니다. 종종 성도들이 목사에게 불평 아닌 불평을 하기도 합니다.

> "목사님, 제발 성도들의 삶의 어려움과 팍팍함을 이해하시고 부담이 되거나 정죄하는 설교를 하지 말아 주세요! 세상이 달라졌습니다. 그리스도인이 세상 살아가기 얼마나 어려운지 알기는 하세요? 목사님은 세상을 몰라도 너무 모르세요!"

목사도 인간이기에 그런 얘기를 들으면 흔들립니다. '교인에게 부담이 되는 말은 되도록 하지 말자. 위로하고 격려하고 칭찬하자.'라는 생각이 들기도 합니다. 하지만, 하나님은 온전하신 분이십니다. 하나님은 온전한 것을 요구하십니다. 하나님이 온전하니 우리도 온전해야 합니다. 하나님에게는 온전하지 못한 것이 죄입니다. 웨스트민스터 소요리문답에서는 성경적 죄의 정의를 이렇게 했습니다.

> 죄는 하나님의 율법을 조금이라도 부족하게 지키거나 그 법을 어기는 것입니다.(WSC 14)

물론 인간이 능력에 한계가 있고 100% 순종하기 어렵습니다. 그러면 어떻게 해야 할까요? 일단 '다 순종했습니다'라며 우기며 고집부리지 말아야 합니다. 그리고 부족한 부분에 대해 인정하고 회개하며 은혜와 긍휼과 용서를 구해야 합니다. 다음에 온전하게 하겠다는 자세를 가져야 합니다. 그것이 온전하고 충분한 순종입니다. 이제 사무엘이 사울에게 말했습니다.

> 여호와께서 번제와 다른 제사를 그의 목소리를 청종하는 것을 좋아하심같이 좋아하시겠나이까? 순종이 제사보다 낫고 듣는 것이 숫양의 기름보다 나으니 (22절)

여기에서 '순종'은 온전한 순종을 의미합니다. 부족함이 없는 순종이어야 합니다. 사울의 순종은 수준 미달이었습니다. 이 점에서 사울은 다윗과 비교 됩니다. 다윗은 "마음을 온전히 하고 바르게 하여 내 앞에서 행하며 내가 네게 명령한 대로 온갖 일에 순종"(왕상 9:4)하였으니까요. 이런 불순종의 모습이 사울에게만 있을까요? 우리는 어떠할까요? 사울 같은 불순종은 없나요? 혹시

'Almost Christian'은 아닌가요?

예배를 한번 생각해 봅시다. 우리는 예배에 대해 'Almost Christian'입니까? 아니면 'Altogether Christian'입니까? 예배에 온전한 순종을 하고 있습니까? 우리는 '예배에 참석하는 것만으로 충분하다'라고 생각하지 않습니까? 예배 가운데 졸지는 않습니까? 전날 불필요한 것들을 한다고 충분한 잠을 자두지 않았기 때문은 아닙니까? 예배 가운데 딴생각하지는 않습니까? 예배에 늦지는 않습니까? 찬송할 때 뜻을 생각하며 마음으로 찬양합니까? 여러분의 헌금 생활은 어떻습니까? 온전한 헌금을 하십니까? 약속한 헌금을 하고 계십니까? 힘껏 헌금하십니까. 아니면, 인색함으로 억지로 하십니까? 주중의 삶은 어떠합니까? 삶으로서의 예배는 말씀대로 잘 순종하며 살아가고 있는 것입니까? 하나님이 요구하는 예배에서의 순종은 온전함입니다. 온전한 예배를 드리기 위해 애쓰기 바랍니다. 하나님께 'Almost Christian'입니까? 아니면 'Altogether Christian'입니까? 깊이 고민해 보시기 바랍니다.

들음의 순종

둘째, '들음의 순종'입니다. 22절을 한 번 더 보겠습니다.

> 여호와께서 번제와 다른 제사를 그의 목소리를 청종하는 것을 좋아하심 같이 좋아하시겠나이까? 순종이 제사보다 낫고 듣는 것이 숫양의 기름보다 나으니

여기에 나오는 "청종"(聽從)이라는 표현은 '들을 聽'과 '좇을 從'인데 참 좋은 번역이라고 생각합니다. 히브리어 '샤마'(Shama, שָׁמַע)라는 단어를 번역한 것입니다. 신기한 것은 22절 한 절 안에서 똑같은 히브리어 단어를 다르게 번역했습니다. 앞에는 "청종"이라 하고, 뒤에는 "순종"이라 번역했습니다. 번역에는 의역도 있으니까요.

22절에는 "청종"과 "순종" 이외에 같은 의미로 사용된 또 다른 표현이 있습니다. 그것이 무엇일까요? 그렇습니다. "듣는 것"(בקשׁה)입니다. "듣는 것이 숫양의 기름보다 나으니"에서 "듣는 것"이 곧 '순종'과 '청종'과 동의어로 사용됩니다. '청종'·'순종'·'들음'이 같은 의미의 다른 표현입니다. 여기서 결론 내릴 수 있는 한 가지는 '들음'과 순종이 같은 의미라는 사실입니다. 우리가 잘 아는 "이스라엘아 들으라…"(신 6:4)의 "들으라"라는 명령어가 '쉐마'(shema)인데 이 명령어가 바로 같은 동사 '샤마'에서 유래했습니다. 들음은 순종으로 나아가고, 순종은 들음에서 시작됩니다. 들음과 순종은 분리할 수 없는 일체입니다.

신약성경에 등장하는 '순종'이라는 단어, 헬라어 '휘파쿠오'(ύπακούω, listen to)는 '휘포'(ύπο, 아래)와 '아쿠오'(ακούω, 듣다)의 합성어입니다. '아래에서 듣는다'는 의미입니다. 권위 아래 있는 자가 권위자의 명령에 '순종'하는 모습을 담고 있습니다. '순종'은 자세를 낮추어 겸손히 권위자의 명령과 지시를 듣고 따른다는 의미입니다. 게르만어(독일과 네덜란드)의 '순종'이라는 단어도 '들음'이라는 말에서 유래했음이 흥미롭습니다. 독일어 'Gehorsamkeit'(<gehorchen <horchen '듣다')와 네덜란드어 'Gehoorzamheid'(<gehoren <horen '듣다')가 그렇습니다. 모두 '들음'에서 유래한 '순종'(혹은 '복종')이라는 단어입니다. 한글도 '들음'은 '순종'을 의미합니다. '애야, 제발 말~~좀~~ 들으라!' '좋은 말할 때 들어!' 이렇게 말할 때 '들으라'는 '순종해라'는 뜻입니다. 여기에서 순종은 '들음'과 '행함'과 만납니다. 듣는 사람은 행하고, 행하기 위해서는 들어야 합니다. 이렇게 순종은 듣고 행하는 것의 종합체입니다.

그런데 '들음'과 '순종' 사이가 좀 허전합니다. 이 사이에는 중요한 징검다리 같은 교리가 하나 숨어 있습니다. 그것은 바로 '믿음'입니다. 사도 바울의 표현으로 살펴봅시다.

믿음은 들음에서 나며, 들음은 그리스도의 말씀으로 말미암았느니라. (롬 10:17)

여기서 '들음'은 '믿음'을 낳습니다. 그리고 '믿음'과 '순종'의 연결고리는 로마서 1장 5절에서 발견할 수 있습니다.

> 그로 말미암아 우리가 은혜와 사도의 직분을 받아 그의 이름을 위하여 모든 이방인 중에서 믿어 순종하게 하나니. (롬 1:5)

여기서 "믿어 순종하게"라는 표현은 '믿음의 순종'의 의역입니다. '믿음'은 '순종'으로 나아갑니다. 믿음과 순종은 분리할 수 없는 하나입니다(마 7:24-27; 요 10:27; 롬 2:13; 약 1:22).

기독교는 들음의 종교입니다. 말보다는 들음이 중요합니다. 교회에서는 성경을 읽으면서도 하나님의 음성을 듣는다고 표현합니다. 설교를 듣습니다. 가르침을 귀로 듣습니다. 하나님은 말씀하시고, 인간은 듣습니다. 말씀이 없고, 들음이 없고, 믿음이 없이는 순종이 일어나지 않습니다. 그래서 인간 편에서 '듣기'는 아주 중요합니다. 예배 가운데 듣는 시간이 얼마나 많습니까! '복의 선포', '성경읽기', '십계명 낭독'이 그렇습니다. 가장 긴 시간이 '설교'입니다.

성경에 나오는 "이르시되"라는 단어가 수없이 반복됩니다. 그런데, 하나님은 형상도 없고 모양도 보여주지 않으십니다. 하나님은 시각보다는 청각, 곧 듣는 방식으로 인간과 소통하시고 교제하십니다. 하나님은 '비디오'(video, 내가 본다)보다는 '오디오'(audio, 내가 듣는다)를 더 선호하신 것이 분명합니다. 구약시대에는 선지자들의 입을 통해 생명의 말씀을 선포(신 6:4; 겔 1:1-8; 2:1-9)했습니다. 백성은 듣고 믿음으로 순종해야 했습니다. 신약시대에 예수님은 "말씀"으로 이 땅에 오셨습니다. 예수님은 "들을 귀 있는 자들은 들으라"(막 4:23)라고 말씀하셨습니다. 사도들이 생명의 말씀을 선포했습니다. 지금도 설교를 통해 말씀이 선포되고 있는 것은 변함없습니다. 하나님은 분명히 비디오보다는 오디오를 좋아하십니다.

순종은 들음에서 시작됩니다. 듣고 배우고 믿음을 가지는데 투자하시기 바랍니다. 이를 위해 기도하며 준비해야 합시다. 예배를 예로 들었으니, '들음의 순종'을 생각하며 잘 듣기 위해 기도하시기 바랍니다. 예배에 일찍 오셔서 듣는 준비를 하시기 바랍니다. 들음에서 믿음이 생기고, 믿음은 순종으로 나아가기 때문입니다.

태도의 순종

마지막 셋째는 '태도의 순종'입니다. 사울은 왜 하나님의 말씀을 온전히 따르지 않고 불순종했을까요? 사울은 정말 제사를 위해 좋은 양과 소를 죽이지 않고 살린 것일까요? 사울이 하나님께 불순종했을지 몰라도 그가 한 일은 칭찬받을 만하지 않을까요? 괜히 살찐 좋은 짐승을 죽이면 크나큰 낭비가 아닐까요? 사울은 매우 합리적인 사람이 아닐까요?

인간은 순종하지 않을 수만 가지 이유가 있습니다. 순종하지 못하는 변명거리는 얼마든지 있습니다. 순종에는 겉으로 드러난 것 말고 눈에 잘 드러나지 않는 중요한 한 가지가 있습니다. 그것은 인간의 '태도'입니다. 다시 사울의 불순종으로 돌아가 봅시다. 사무엘의 말을 주목해 보십시오.

> 이는 거역하는 것은 점치는 죄와 같고, 완고한 것은 사신 우상에게 절하는 죄와 같음이라. (23절)

"거역한 것"(Rebellion)이 불순종의 행동을 표현한 것이라면, "완고한 것"(Arrogance)은 불순종의 태도를 표현한 것입니다. 불순종의 행동은 거역으로 나타나고 불순종의 태도는 완고함입니다. 일상용어로 '고집'입니다. 자기주장이 강하고 고집이 센 태도 말입니다. 사무엘은 '완고한 것'을 사신 우상에게 절하는 죄와 같다고 했습니다. '사신(邪神) 우상'은 '어리석고 무가치한 드라빔'을 의미합니다. 그러니까, 완고한 자는 어리석으며, 무가치한 사람이라는 뜻입니다. 완고한 것은 다른 대상이 아니라, 바로 자기 자신을 우상으로 섬기는 것과 같으니, 더 심각한 죄입니다. 죄와 비참으로 가득한 인간이 자기 자신을 믿는 자기 확신은 우상숭배보다 더 악한 죄일 것입니다.

본래 '순종'은 아랫사람이 윗사람의 명령을 따르는 것입니다. 그런데 '완고한 것'은 대체로 윗사람에게 많이 나타납니다. 하나님과 인간 사이에서 인간의 완고한 태도는 전혀 어울리지 않습니다. 권위 아래 있는 인간이 완고하고 고집을 부리면 부조화입니다. 참 이상합니다. 자신감이 넘치니 완고하고, 그래서 자기 생각과 판단을 믿고 확신합니다. 다음 표현을 보십시오.

> "이웃 동네 순이 할아버지는 완고하셔서 절대로 밤에 바깥에 나가는 것을 허락하지 않으셔!"

권위자가 권위 아래 있는 자에게 완고합니다. 종이 주인에게 완고하다는 표현 자체가 없습니다. 버릇이 없을 수도 있겠지요. '자식이 아버지에게 완고하다'라는 말은 어울리지 않습니다. 그런데 유독 하나님과 사람 사이에서는 인간이 완고한 행동을 합니다. 그것은 하나님을 무시하고 자신이 하나님과 같이 되거나 하나님보다 위에 있으려는 태도와 관련이 있습니다. 뭔가 어디 익숙한 모습이 아닙니까? 그렇습니다. 아담과 하와가 하나님과 같아지려는 욕망과 태도와 같습니다. 그러니 '완고한 것'은 무서운 죄이지요! 하나님 앞에 불순종하는 대부분의 태도는 바로 이 완고함입니다. 하나님 앞에 완고함을 버리십시오. 완고함은 불순종의 어미입니다. 완고한 자는 자신을 우상으로 섬기는 죄를 범하는 것입니다. 자신의 완고함을 살피고 하나님께 회개하며 겸손함을 되찾을 수 있기 바랍니다.

로마서 13:1-2

1 각 사람은 위에 있는 권세들에게 복종하라 권세는 하나님으로부터 나지 않음이 없나니 모든 권세는 다 하나님께서 정하신 바라 2 그러므로 권세를 거스르는 자는 하나님의 명을 거스름이니 거스르는 자들은 심판을 자취하리라

베드로전서 2:11-3:6

11 사랑하는 자들아 거류민과 나그네 같은 너희를 권하노니 영혼을 거슬러 싸우는 육체의 정욕을 제어하라 12 너희가 이방인 중에서 행실을 선하게 가져 너희를 악행한다고 비방하는 자들로 하여금 너희 선한 일을 보고 오시는 날에 하나님께 영광을 돌리게 하려 함이라 13 인간의 모든 제도를 주를 위하여 순종하되 혹은 위에 있는 왕이나 14 혹은 그가 악행하는 자를 징벌하고 선행하는 자를 포상하기 위하여 보낸 총독에게 하라 15 곧 선행으로 어리석은 사람들의 무식한 말을 막으시는 것이라 16 너희는 자유가 있으나 그 자유로 악을 가리는 데 쓰지 말고 오직 하나님의 종과 같이 하라 17 뭇 사람을 공경하며 형제를 사랑하며 하나님을 두려워하며 왕을 존대하라 18 사환들아 범사에 두려워함으로 주인들에게 순종하되 선하고 관용하는 자들에게만 아니라 또한 까다로운 자들에게도 그리하라 19 부당하게 고난을 받아도 하나님을 생각함으로 슬픔을 참으면 이는 아름다우나 20 죄가 있어 매를 맞고 참으면 무슨 칭찬이 있으리요 그러나 선을 행함으로 고난을 받고 참으면 이는 하나님 앞에 아름다우니라 21 이를 위하여 너희가 부르심을 받았으니 그리스도도 너희를 위하여 고난을 받으사 너희에게 본을 끼쳐 그 자취를 따라오게 하려 하셨느니라 22 그는 죄를 범하지 아니하시고 그 입에 거짓도 없으시며 23 욕을 당하시되 맞대어 욕하지 아니하시고 고난을 당하시되 위협하지 아니하시고 오직 공의로 심판하시는 이에게 부탁하시며 24 친히 나무에 달려 그 몸으로 우리 죄를 담당하셨으니 이는 우리로 죄에 대하여 죽고 의에 대하여 살게 하려 하심이라 그가 채찍에 맞음으로 너희는 나음을 얻었나니 25 너희가 전에는 양과 같이 길을 잃었더니 이제는 너희 영혼의 목자와 감독 되신 이에게 돌아왔느니라 3:1 아내들아 이와 같이 자기 남편에게 순종하라 이는 혹 말씀을 순종하지 않는 자라도 말로 말미암지 않고 그 아내의 행실로 말미암아 구원을 받게 하려 함이니 2 너희의 두려워하며 정결한 행실을 봄이라 3 너희의 단장은 머리를 꾸미고 금을 차고 아름다운 옷을 입는 외모로 하지 말고 4 오직 마음에 숨은 사람을 온유하고 안정한 심령의 썩지 아니할 것으로 하라 이는 하나님 앞에 값진 것이니라 5 전에 하나님께 소망을 두었던 거룩한 부녀들도 이와 같이 자기 남편에게 순종함으로 자기를 단장하였나니 6 사라가 아브라함을 주라 칭하여 순종한 것 같이 너희는 선을 행하고 아무 두려운 일에도 놀라지 아니하면 그의 딸이 된 것이니라

권위자에게 순종

성경 롬 13:1-2 벧전 2:11-3:6 **찬송** 449장 예수 따라가며

요즘 시대를 '권위의 상실'로 표현하는 경우가 많습니다. 심각한 시대를 살고 있습니다. 학생은 선생님에게 더 이상 순종하지 않습니다. 선생님이 학생들에게 '제발 말 좀 들으세요!'라고 읍소를 하는 형국이 되었습니다. 과거 선생님의 학생에 대한 비인격적이고 일방적 폭력을 근절한다고 학생의 권익을 너무 놓여 높은 탓이라고 합니다. 그러다 보니, 이제 학생이 선생님을 권위자로 인정하지 않고, 순종하지 않는 상황이 전개되고 있습니다.

자녀가 부모에게 순종하지 않고 무시 혹은 멸시합니다. 부모의 직무 유기도 문제겠지만, 자녀의 불순종은 무섭습니다. 회사에서 하급 직원이 상사를 존경하지 않습니다. 하급 직원들이 모여 농담처럼 재미 삼아 상사의 흠결을 가지고 뒷담화합니다. 그런 가운데 순종은 기대하기 어렵습니다. 직장 상사의 갑질도 문제이지만, 하급 직원의 불손과 불순종도 문제입니다. 이런 분위기가 당연하다고 여기는 사회도 이상합니다. 권위자의 권위 오용도 큰 문제이지만, 권위 아래 있는 자에게 당연한 순종의 부재도 큰일입니다.

두 가지 문제 모두 타락한 인간에게 발견됩니다. 우리는 '순종 성품'을 설교하면서 '권위자의 책임'에 대한 부분은 살짝 내려놓고, 특별히 '권위 아래 있는 자'에 해당하는 '순종'을 다루려 합니다. 순종이란 '나를 책임지고 있는 사

람들의 말을 경청하고 즐거운 마음으로 즉시 행하는 것'⁴입니다. 이번에 다룰 부분은 순종의 대상이 하나님이 아니라, 인간입니다. 하나님이 세우신 권위자에 대한 순종을 살펴보겠습니다.

권위의 수여자

순종의 대상을 결정짓는 것은 어떤 권위 체계 속에 있느냐와 관련이 있습니다. 권위 체계는 국가, 회사, 가정, 단체가 있습니다. 그 속에 권위자가 존재합니다. 우리는 대한민국 국민이면서 동시에 하나님 나라에 속한 천국 시민입니다. '천국 시민'은 '세상 시민'과 삶이 상당히 겹치지만, 그 성격이 완전히 다릅니다. 예를 들면, 세상 나라에는 가정의 부모, 회사의 상사, 국가의 위정자가 권위자입니다. 하나님 나라도 부모, 상사, 위정자를 권위자로 인정합니다. 하지만, 세상이 그들을 권위자로 인정하는 이유가 하나님 나라 백성과 다릅니다.

'세상'은 권위자에게 순종해야 할 이유가 옛날부터 그래왔기 때문이라고 합니다. '관습'(慣習) 혹은 '인륜'(人倫)입니다. 혹은 그것이 '이익'(利益)이 되기 때문이라고 합니다. 예를 들면 '정직이 최선의 방책이다'(Honest is the best policy)라는 유명한 말이 있습니다. 이것은 '정직'이라는 성품이 결국이 이익이 되기에 해야 한다는 뜻입니다. 그렇다면, 상황이 바뀌면 불순종이 이익이 되니, 순종하지 않아도 된다는 결론이 날 수도 있습니다. 관습과 인륜이라는 것도 시대에 따라 변하기에 순종하지 않는 것이 미덕인 시대가 올 수도 있습니다. 그러면 순종하지 않아도 될까요?

'천국 시민'은 다릅니다. 하나님 나라의 법이 시행됩니다. 하나님이 권위자를 주셨고, 순종하라고 명령하셨기 때문에 순종합니다. 이 명령은 상황에 따라 바뀌지 않습니다. 영원한 하나님의 명령입니다. 사람이 만든 법과 관습

---

4   IBLP, 〈진정한 성공의 길〉(한국 품성 개발원)

이 아닙니다. 권위자에 대한 순종은 실리를 따라 행해야 할 처세술이 아닙니다. 권위자에 대한 순종은 하나님이 만들어 주신 법입니다. '천국 시민'은 아무에게나 순종할 수 없습니다. 신자는 하나님이 세우신 권위자에게만 순종해야 합니다. 하나님이 우리에게 세워준 권위자가 누구입니까? 우리가 순종해야 할 권위자는 누구일까요? 바울은 로마교회에 보낸 편지에서 모든 권세는 하나님이 정해 세우셨으니, 세상에 존재하는 권위자에게 순종하고 복종해야 한다고 말합니다. 아주 강력하고 분명한 명령입니다.

> 각 사람은 위에 있는 권세들에게 복종하라. 권세는 하나님으로부터 나지 않음이 없나니, 모든 권세는 다 하나님께서 정하신 바라. 그러므로 권세를 거스르는 자는 하나님의 명령을 거스름이니, 거스르는 자들은 심판을 자취하리라. (롬 13:1-2)

권위자, 위정자!

그리스도인은 로마 황제에게도 복종해야 합니까? 이 질문은 오늘 우리에게도 여전히 유효합니다. 나와 정치적 입장이 다른 위정자의 권위에도 복종해야 할까요? 성경은 무엇이라고 대답할까요? 베드로는 자신을 핍박한 왕에게 순종하라고 권합니다. 초대 예루살렘 교회를 핍박하며 '사도 야고보'를 죽였던 헤롯 아그리파 1세에게 그리스도인이 순종하고 존대해야 한다고 가르쳤습니다. 베드로는 복음 때문에 옥에 갇히기도 했습니다(행 12장). 그런 그가 이렇게 말했습니다.

> 인간의 모든 제도를 주를 위하여 순종하되, 혹은 위에 있는 왕이나, 혹은 그가 악행 하는 자를 징벌하고 선행하는 자를 포상하기 위하여 보낸 총독에게 하라 … 하나님을 두려워하며 왕을 존대하라. (벧전 2:13-17)

베드로는 '권세는 하나님으로부터 난다'(롬 13:1-2)고 말합니다. 불의한 정부의 권세도 하나님으로부터 난 것일까요? 이해하기 어렵지만, 그렇습니다. 왜냐하면 '모든 권세는 하나님이 정하신 것'(롬 13장)이기 때문입니다. 대한민국 대통령도 하나님이 세우셨습니까? 우리가 투표해 선택한 것이 아니던가요? 예, 그렇습니다. 우리가 투표해 대통령을 세우지만, 사실은 하나님이 투표라는 방식을 통해 임명하신 것입니다. 하나님이 세상의 모든 권위자를 정하십니다. 비록 우리의 경험과 우리의 두려움과 우리의 편견이 세상 권위자를 받아들이기 어렵게 만들지만, 하나님이 온 세상 권위자를 세우고 섭리하고 다스리십니다. 단지 우리가 이성과 지식으로 그 깊은 하나님의 뜻을 다 이해할 수 없을 뿐입니다.

성경의 역사를 살펴봅시다. 이스라엘 백성을 압제하고 핍박했던 이집트의 파라오는 누가 세운 권위자입니까? 하나님은 '내가 너를 세웠다'(출 9:16)고 하십니다. 주전 586년 예루살렘을 처참하게 멸망시켰던 바빌론의 느부갓네살(대상 6:5; 렘 25:9; 27:6)은 사탄이 세운 왕이고, 70년 포로생활을 끝내고 다시 유다로 돌아가도록 허락한 페르시아의 왕 고레스(사 45:1)는 하나님이 세운 권위자일까요? 아닙니다. 둘 다 모두 하나님이 직접 그 자리에 세운 권위자들이었습니다. 하나님의 사람 다니엘과 세 친구들은 느부갓네살 왕의 권위를 인정하고 순종했습니다. 그들은 혁명군이나 비밀결사대를 조직해 바빌론 정부를 무너뜨리려 하지 않았습니다. 바빌론 포로 생활은 하나님의 심판이었기 때문입니다. 참 어려운 일이었겠지만, 자기 민족을 멸망시킨 왕을 권위자로 인정하고 바빌론에 살아야 했습니다. 민족주의자의 관점에선 '매국노'라 비난받을 수도 있었습니다.

하지만, 언약 백성은 세상 나라를 초월하는 '하나님 나라'의 시민입니다. 하나님 나라 백성은 어느 나라에 살든지, 어떤 민족이든지, 어떤 정부 밑에 있든지 상관이 없습니다. 하나님 나라는 세상 나라를 초월하기 때문입니다. 유대인에게는 조국으로 돌아가 사는 것이 최고의 소원이지요. 하지만, 다니엘과 세 친구들은 바빌론 국가 아래서 왕에게 충성하며 순종하며 살았습니다. 그들의 나라는 세상 나라가 아니라, 하나님 나라이기 때문입니다. 그리스도인은 핍박과 고난 가운데도 하나님 나라에 살고 있습니다. 하나님 나라는 세상 나라가 파괴할 수 없습니다. 성도는 하나님 나라 백성으로서 하나님 말씀에 순종하며 살아갑니다. 그래서 하나님이 세워주신 권위자에게 순종하고 복종해야 합니다.

주인, 남편, 부모의 권위

또 우리에게는 어떤 권위자가 있습니까? 베드로는 당시 상황에서 주인과 남편을 권위자로 제시했습니다. 바울은 여기에다 부모를 포함해 세 권위자를 말했습니다. 우리는 국가의 위정자 이외에, 세 권위자를 생각할 수 있습니다. 첫째, 주인이 사환(종/노예)에게 권위자입니다. 둘째, 남편이 아내에게 권위자입니다. 셋째, 부모가 자녀에게 권위자입니다.

첫째, "사환", 곧 '노예'의 권위자에 대한 것입니다. 그들에게는 "주인"(lord)이 권위자입니다. 그리스도인 노예는 주인을 타도해야 할 대상이 아니라, 복종해야 할 권위자로 간주해야 했습니다. '주인도 주인 나름 아닙니까? 악한 주인에게도 복종해야 하는 것입니까?' 네 그렇습니다. 불의한 주인도 권위자입니다. 그들을 존경해야 하며 복종하고 순종해야 합니다. 모든 권위는 하나님에게서 오기 때문입니다. 물론 예외 경우가 있을 수 있지만, 여기서는 생략합니다.

사환들아! 범사에 두려워함으로 주인들에게 순종하되, 선하고 관용하는 자들에게만 아니라, 또한 까다로운 자들에게도 그리하라. (벧전 2:18)

현대에는 회사나 가게의 사장님이 권위자입니다. 그리스도인은 직장 상사에게 지혜롭게 순종해야 합니다. 혹 까다롭게 굴며 갑질을 일삼는 점주에게도 순종해야 할 의무는 예외가 될 수 없습니다.

둘째, 아내의 권위자에 대한 것입니다. 아내의 권위자는 다른 남자가 아니라, 자기 남편입니다. 불신 남편이라도 그의 권위를 인정해야 하고 순종해야 할 의무가 사라지지 않습니다. 불신 남편과 함께 사는 아내의 고통은 이루 말할 수 없습니다. 생각이 다를 뿐만 아니라 삶의 방식도 완전히 다르기 때문입니다. 그래서 성경은 불신자와 결혼하지 말 것을 명령합니다. 하지만, 이런저런 이유로 불신자와 혼인한 경우가 있습니다. 하나님은 그런 경우 그리스도인 아내가 불신 남편을 권위자로 인정하고 복종해야 한다고 말씀하십니다.

사환과 주인의 관계처럼, 남편이 가장으로서 형편없어도 남편의 권위가 사라지지 않습니다. 아내는 까다로운 남편에게도 권위자로 순종해야 합니다. 남편이 스스로 자격이 있어 권위자가 되지 않고, 하나님이 남편에게 그 권위를 주셨기 때문입니다. 모든 권세는 하나님에게서 오기 때문입니다. 아내여! 남편에게 복종하십시오! 사랑의 하나님이 명령하십니다. 아내가 남편에게 복종할 때 가정에 평화가 있을 것입니다.

셋째, 부모의 권위에 대한 것입니다.

자녀들아, 주 안에서 너희 부모에게 순종하라. 이것이 옳으니라. (엡 6:1)

이 경우에도 부모는 스스로 권위를 얻은 것이 아닙니다. 부모가 헌신해 자녀를 양육했기 때문에 자녀가 부모에게 순종해야 한다면, 그렇지 않은 부모에게는 순종하지 않아도 된다는 결론이 나옵니다. 자녀가 어릴 때는 힘과 경제력이 없으니 어쩔 수 없이 부모의 권위를 인정하는 듯 보입니다. 하지만, 자녀가 점점 커 가면서 부모의 권위를 인정하지 않으려 합니다. 요즘 자녀는 부모의 말씀에 순종하지 않으려는 경향이 많아지고 있습니다. 심각한 문제가 아닐 수 없습니다. 자녀가 부모를 '공경'하지 않고, 오히려 '공격'합니다. 자녀가 마음으로 부모의 권위에 도전합니다. 자녀가 말로 부모의 마음을 상하게 합니다. 자녀가 행동으로 부모의 말씀을 거역합니다. 이것은 말세에 나타날 현상입니다.

하나님은 모든 부모에게 권위(엡 6:1-4; 골 3:20)를 주셨습니다. 잘나고 못나고, 잘하고 못하고를 떠나 부모에게는 권위가 있습니다. 하나님이 부모를 권위자로 세우셨기 때문입니다. 자녀는 부모의 권위를 인정하고 순종해야 합니다. 자녀가 부모에게 순종하지 않으면 부모도 비참해지고, 자녀에게도 복이 없습니다. 반드시 자녀가 부모를 순종하도록 교육하고 훈련해야 합니다. 그것이 자녀에게 좋기 때문입니다. 자격 없어 보이는 부모라도 자녀는 부모에게 주어진 권위를 인정하고 공경하며 말씀에 순종해야 합니다. 물론 여기에도 예외 경우가 있지만, 여기서는 다루지 않겠습니다.

교활한 권위자는?

베드로의 권면에서 "까다로운" 권위자에 대해 말하는 부분이 있습니다. "까다로운"이라는 말은 '뒤틀린', '부정직한', '교활한', '거친'이라는 의미가 있습니다. 혹시 권위자가 뒤틀리고, 부정직하고, 교활하고 거칠면 어떻게 해야 할까요? 순종하지 않아도 될 이유가 될까요? 아닙니다. 그래도 순종해야 할 의무가 사라지지는 않습니다. 권위자의 문제는 하나님께서 처리하실 것입니다. 하나님께서 벌하시고 심판하실 것입니다. 그와 별개로 권위 아래 있는 자는 자신의 의무를 다해야 합니다. 왜 그렇습니까? 하나님 때문입니다. 베드로는 이렇게 말합니다.

범사에 두려워함으로 주인들에게 복종하되 … (벧전 2:18)

이와 비슷한 문맥에서 바울은 "그리스도를 경외함으로 피차 복종하라" (엡 5:21)고 했습니다. 권위자에게 복종해야 할 이유는 그리스도 때문입니다. 그리스도께서 권위자이신 성부 하나님께 순종하셨기 때문에 우리도 권위자에게 복종해야 한다는 것입니다. 여기에서 "경외함"이나 "두려워함"은 같은 한 단어(φόβος, phobos)에서 나온 다른 번역입니다. 최종 권위자이신 하나님이 우리에게 주신 권위자이기 때문에 두려워해야 합니다. 하나님을 두려워함으로 우리에게 주신 자리를 인정하고 그분의 명령, 곧 권위자에게 순종하는 것입니다. 왜 "그리스도"를 두려워해야 합니까? 그리스도께서 모든 만물의 머리이시기 때문입니다(엡 1:22). 그리스도는 하늘과 땅의 모든 권세를 아버지 하나님으로부터 받으셨습니다(마 28:19). 세상의 모든 일을 섭리하시며 다스리시고 마지막으로 심판하실 것입니다.

우리는 누구를 두려워합니까? 세상을 두려워합니까? 영원한 심판자이신 예수 그리스도를 두려워해야 합니다. 권위자에게 순종하는 이유는 예수 그리스도 때문입니다. 사람이 두렵고 무서워 권위자에게 순종하는 것이 아니라, 그리스도를 두려워함으로 권위자에게 순종해야 합니다. 순종의 이유는 권위자 자체에 있는 것이 아니라, 그 권위자를 보내신 예수 그리스도에게 있습니다.

권위자에게 불복종할 예외 경우

그러면, 권위자에게 불복종해야 할 예외 경우도 있나요? 예외 경우가 있습니다. 최종 권위자이신 하나님의 뜻에 땅의 권위자가 충돌할 때입니다. 그 경우에만 불복종할 수 있습니다. 그리스도인은 사람보다 하나님을 두려워하기 때문입니다. 다니엘과 다니엘의 세 친구의 경우(단 3, 6장)가 대표적인 예입니다. 베드로와 요한이 그리스도와 그분의 복음을 전하는 것을 금지하는 명령에 따르지 않은 경우(행 4:19-20)같이 말입니다. 부모님이 교회에 출석하지 말라고 명령한다든가, 혹은 회사의 상관이 불법한 일을 명령할 때입니다. 이런 경우에는 세상 권위자의 명령에 복종하지 않아도 됩니다. 그렇다고 권위자의 권위 자체를 부정할 수는 없습니다. 그 권위를 제거하시는 분은 하나님이시기 때문입니다. 물론 합법적인 방법으로 인간이 개입할 수 있는 여지를 부정하는 것은 아닙니다. 예를 들면 대통령의 권위를 인정하지만, 탄핵할 수 있는 권리도 있음을 볼 수 있습니다. 하지만, 불순종의 예외를 가지고 일반화해서는 안됩니다. 불순종의 예외 경우는 오직 성경에 기록된 명백한 하나님의 명령에 배치되는 경우에만 해당합니다. 자신의 일방적인 생각이나, 해석에 따라 순종할 것인지 불순종할 것인지를 결정해서는 안 됩니다. 분명히 말씀드립니다만, 명백한 경우에만 불순종의 예외가 인정됩니다.

당연히 애매한 상황에서는 권위자에게 순종해야 합니다. 명령의 이유를 이해하기 어려울 때도 권위자에게 순종해야 합니다. 자신의 의견과 달라도 권위자의 명령에 순종해야 합니다. 혹시 자신의 의견이 옳다고 확신해도 권위자의 명령에 순종해야 합니다. 그럴 경우 '나의 유익'이 아니라, '권위자의 유익'을 위해 일단 순종합니다. 동시에 권위자에게 '호소'(Appeal)할 권리는 있습니다. 권위자에게 바른 정보를 제공하거나 다른 대안을 제시할 수도 있습니다. 만약 권위자에게 호소했는데도 명령을 변경하지 않으면, 그 책임은 고스란히 권위자에게 있습니다. 권위 아래 있는 자가 할 일은 권위자에게 순종하는 것입니다. 그렇게 해야 하는 이유는 우리를 다스리는 왕이 예수 그리스도이시기 때문입니다. 우리는 하나님 나라의 법에 따라 살아갑니다. 하나님의 통치를 믿기 때문에 어떤 경우에도 순종할 힘을 얻습니다.

심판자 예수 그리스도께서는 우리 관계를 심판하실 것입니다. 억울한 마음을 품지 마십시오. 권위자에게 반드시 책임을 물을 것입니다. 하지만, 알아야 합니다. 권위 아래 있는 자에게는 권위자에게 순종했느냐를 물으실 것입니다. 심판자 예수 그리스도를 두려워하십시오. 그분은 우리의 머리카락까지 세시는 분이십니다(마 10:30; 눅 12:7).

히브리서 13:17

17 너희를 인도하는 자들에게 순종하고 복종하라 그들은 너희 영혼을 위하여 경성하기를 자신들이 청산할 자인 것 같이 하느니라 그들로 하여금 즐거움으로 이것을 하게 하고 근심으로 하게 하지 말라 그렇지 않으면 너희에게 유익이 없느니라

하나님 나라의 법 · 행동 · 태도

성경 히 13:17 **찬송** 573장 말씀에 순종하여

그리스도인은 땅의 나라에 소속되어 있지만, 하나님 나라의 백성입니다. 우리는 대한민국 국민이지만, 동시에 하나님 나라의 시민입니다. 우리는 세계 여러 나라에 흩어져 있는 그리스도인들과 한 시민이며 한 형제자매입니다. 필자는 어느 날 저녁에 인천공항에 두 명의 오스트레일리아(Australia)인을 마중 나갔습니다. 그들은 저와 국적이 다르지만, 하나님 나라의 같은 시민이고 한 아버지를 모신 형제자매입니다. 두 분은 호주자유개혁교회(The Free Reformed Churches of Australia)를 대표해 대한예수교장로회(고신)총회 참석차 온 교회 사절단입니다. 호주 자유개혁교회는 자매교회입니다. 신앙 안에서 하나임을 믿고 확인할 수 있었습니다. 그 교회도 현대 세속화의 물결을 거슬러 헤엄치며 믿음의 싸움을 하고 있었습니다.

첫째, 순종은 하나님 나라의 법

하나님 나라는 공평과 평등을 외치는 사회주의나 공산주의 국가와 다릅니다. 까다로운 지도자에게 순종하라고 가르치기 때문입니다. 왜 자격도 없는 지도자의 권위를 인정해야 할까요? 그런 의미에서 하나님 나라는 불공평합니다. 이런 불공평을 불평한다면, 우리는 어떻습니까? 하나님이 우리를 공평하

게 대우하셨다면, 우리는 절대로 하나님 나라 백성이 될 수 없었을 것입니다. 하나님은 우리를 불공평하게 대우하셨습니다. 다시 말하면 아주 특별하게 대우하셨지요. 하나님이 우리의 죄에 대한 저주를 예수님에게 다 쏟아부으셨으니, 불공평하지 않습니까? 벌은 죄인에게 주는 것인데 말입니다. 하지만, 우리는 이것을 불공평하다고 말하지 않습니다.

하나님 나라는 자유와 평등을 외치는 민주주의와 자본주의의 국가와 다릅니다. 하나님 나라는 권위자와 권위 아래 있는 자를 허용하기 때문입니다. 권위 아래 있는 자는 자유와 평등을 침해당할 수도 있습니다. 그런 의미에서 하나님 나라는 자유와 평등이 제한적일 수 있습니다. 하나님의 명령에 복종하고 순종하며 동시에 위에 있는 권세에 순종하고 복종해야 하기 때문입니다. 만약 하나님께서 우리 마음대로 살도록 무한한 자유를 주셨다면, 우리는 절대로 하나님 나라 백성이 될 수 없었을 것입니다. 우리는 본성적으로 하나님을 대적하기 때문입니다. 예수 그리스도는 우리를 위해 대신 모욕을 받고, 고난을 받음으로 자유와 평등을 포기하셨습니다. 만약 예수님의 그런 자유와 평등을 버리지 않으셨다면 우리의 구원은 불가능했을 것입니다. 그런 의미에서 권위자에 대한 순종을 자유와 평등의 침해라고 말할 수 없습니다.

우리는 하나님 나라의 시민으로서 권위자에게 순종해야 합니다. 그것이 우리를 향한 하나님의 기쁜 뜻입니다. 세상이 이런저런 경우에 순종하지 말아야 한다고 가르치지만, 성경은 분명히 말합니다. 권위자에게 순종하십시오!

둘째, 순종은 행동을 동반

우리는 하나님께 순종할 뿐만 아니라, 위에 있는 권위자에게 순종해야 한다는 것은 잘 알고 있습니다. 하지만, 행동으로 옮기는 것은 힘들고 어렵습니다. 순종, 정말로 어렵습니다. 행동하는 순종은 결코 쉽지 않습니다. 그렇다고 순종을 포기할 수 없습니다. 순종의 열매를 맺어야 합니다. 순종은 매일 행동해야 할 언약적 요구입니다. 하나님은 아브라함과 언약을 맺으시고 순종을 요구했습니다. 아브라함은 이삭을 바치라는 요구에 정말 순종하기 어려웠을 것입니다. 이 요구는 아브라함의 믿음을 테스트하는 시험이었습니다. 아브라함의 믿음은 이삭을 바치려고 한 것에서 증명되었습니다. 이렇게 믿음은 순종을 통해 확인됩니다.

존 비비어는『순종』(두란노, 75쪽)에서 "참된 믿음은 옳고 그름에 대한 인식이 아니라, 순종에서 나온다"라고 말했습니다. 필자는 "순종에서 나온다"보다 '순종으로 증명된다'로 고쳐 이해합니다. 순종을 통해 믿음의 진위를 알 수 있습니다. 이해 가능하고 설득 가능한 명령에 순종하는 것은 쉽습니다. 그것은 순종이 아니라, 내가 스스로 좋아서 하는 행동입니다. 하지만, 참 순종은 어처구니없어 보이는 명령을 들었을 때 판가름 납니다. 이해할 수 없는 하나님의 명령이나 옳지 않아 보이는 권위자의 명령에 순종하지 않는다면 진짜 믿음이 아닙니다. 우리가 이해할 수 있고 기쁜 마음이 있을 때는 권위자의 말에 순종하기 쉽습니다. 그래서 순종의 진가(眞假)는 이해불가(理解不可)의 명령에 드러납니다.

이삭을 바치라는 하나님의 명령은 아브라함에게 이해불가이고 순종하기 어렵다는 것은 누구나 아는 사실입니다. 이해되고 동의하는 명령에 순종하는 것은 쉽습니다. 하지만, 이해할 수 없는 권위자의 명령에 순종하는 것은 매우 어렵습니다. 성격이 다른 남편의 명령이 이해하기 어려운 경우, 아내가 복종하기는 어렵습니다. 농담처럼 하는 말이지만, '남편에게 순종하기가 순교하는 것보다 더 어렵습니다'라고 하기도 합니다. 자녀가 낙제 부모에게 순종하는 것은 어렵습니다. 그래도 신자는 하나님이 정해주신 권위자에게 순종해야 합니다. 이유는 하나님께서 그렇게 명령하시기 때문입니다.

사탄의 지배를 받는 점쟁이나 무당은 사람을 저주하거나 조종하기도 합니다. 하지만, 그리스도인을 그렇게 할 수는 없습니다. 대신, 사탄은 사람을 권위자에게 불순종하게끔 만들어 죄를 짓도록 만드는데 전문입니다. 발람은 이스라엘 백성을 저주할 수 없었습니다. 하지만, 발람은 이스라엘 백성 스스로 음행하도록 만들어 넘어지게 했습니다(민 25장). 사탄은 지금도 이런 불순종으로 미혹해 그리스도인을 넘어뜨리려고 합니다.

그러면, 이제 순종이 무엇인가에 대해 살펴보겠습니다.

'순종'의 헬라어 단어는 '휘파쿠오'(ὑπ+ἀκούω)로 '휘프'(ὑπ)는 '아래'라는 말이고 '아쿠오'(ἀκούω)는 '듣다'는 말입니다. '아래에서 듣다'가 순종입니다. '듣는 것'(경청)은 '순종'(행함)과 연결됩니다. 순종은 권위자 아래에서 권위자가 하는 말을 경청하여 행동하는 것을 의미합니다.

순종 Obey	ὑπακούω	아래에서 듣다	행동

순종 정의 가운데 "말을 경청하고 … 즉시 행하는 것"도 행동에 집중합니다. 권위자의 명령을 듣고 즉시 행하지 않으면 엄밀한 의미에서 '순종'이라고 할 수 없습니다. 즉각 행동으로 옮기지 않고 불순종하는 첫째 경우를 봅시다.

엄마 : 텔레비전 끄고 밥 먹자!

아이 : … (대답 없이 무시한다.)

엄마 : … (기분 나쁘지만, 귀찮으니 그냥 지나간다.)

이 경우 아이는 엄마의 말을 듣고도 행동으로 옮겨 순종하지 않습니다. 엄마도 아이의 불순종이 문제이지만, 교정하며 훈련하지 않고 내버려 둡니다. 아이나 엄마 모두 행동이 없습니다. 가만히 보면 아이는 불순종으로 훈련되고 있습니다. 둘째 경우를 봅시다.

엄마 : 텔레비전 끄고 밥 먹자!

아이 : 조금만 더 보고요!

엄마 : … (명령에 즉각 순종하지 않는데도 받아들인다.)

이 경우 아이는 즉각 행동으로 순종하지 않고 타협합니다. 그럼에도 불구하고 엄마는 그 타협을 받아들입니다. 아이에게 불순종이 훈련되고 있습니다. 셋째 경우를 봅시다.

엄마 : 텔레비전을 끄고 밥 먹자!

아이 : 조금만 더 보고요(눈치를 보며 타협을 시도한다.)

엄마 : 안 돼! 엄마가 말했지?(엄마가 양보하지 않는다.)

아이 : 예, 엄마(싫지만 명령에 순종한다.)

이 경우 즉각 순종은 아니고, 타협을 시도합니다. 하지만, 엄마는 받아들이지 않고 순종을 훈련합니다. 이렇게 선순환이 반복되면, 엄마와 아이에게 모두 좋은 관계가 이어질 것입니다.

　순종은 언제나 좋습니다. 순종은 모두에게 좋습니다. 불순종은 언제나 나쁩니다. 불순종은 모두를 어렵게 만듭니다. 아이가 부모에게 불순종하면 나중에 부모의 걱정거리가 될 것입니다. 불순종하는 아이를 그대로 내버려 두면 당장은 큰 문제가 없을지 모르지만, 나중에 불행한 아이가 될 것입니다. 부모의 허용과 용납만이 능사가 아닙니다. 자녀에게 순종을 가르치고 훈련해야 합니다. 훈련은 잠시 고통스럽습니다. 아이나 부모 모두에게 훈련은 힘듭니다. 하지만, 그 훈련의 기간을 지나고 나면, 순종은 기쁨이며 복입니다. 마치 군인이 신병훈련소 기간이 고통이지만, 마친 후에는 훌륭한 군인으로 태어나는 것과 같습니다. 권위자의 명령에 경청할 뿐만 아니라, 즉시 순종하는 아이로 훈련시켜 하나님이 주시는 복을 누리시기 바랍니다.

셋째, 순종은 태도를 요구

순종 정의 가운데 "즐거운 마음으로"는 복종의 태도를 의미합니다. 순종의 행동이 있긴 한데, '즐거운 마음'이 없을 수 있습니다. 그것은 참 순종이 아닙니다.

복종 Submit / Subordinate | ὑποτάσσω | 아래에서 정렬하다 | 태도

"복종"은 태도를 강조합니다. "복종"이라는 헬라어 단어는 '휘포타소' (ὑποτάσσω)로 '아래에 정렬하다'(sub+arrange/ordinate)라는 뜻입니다. 로마서 13장 1절의 "모든 권세는 하나님이 정하신 것이라"에서 '정하다'(τάσσω)라는 단어가 바로, 복종이라는 단어의 '(아래에) 정렬하다'와 같은 단어입니다. 군대에서 훈련을 마치고 나면, 자대(自隊)에 배치되고, 지휘관 아래 배치하는 것과 같습니다. 그러면 그는 권위자에게 복종하는 태도를 취합니다. 지휘관이 부르면, "예, 이병 ○○○"하고 달려가서 지휘관의 명령을 기다립니다. 그리고 즉시 행동으로 옮깁니다. 기쁜 마음으로 그 명령을 수행합니다. 이것이 복종의 의미입니다. 순종의 태도의 측면은 '복종'입니다. '순종의 행동'과 '복종의 태도'는 모두 필요합니다. 하나님은 순종의 행동뿐만 아니라, 마음으로부터 나오는 태도도 요구하십니다.

권위 아래 있는 자는 권위자에게 좋은 태도로 순종해야 합니다. 자원하는 마음인 '즐거운 마음으로' 순종해야 합니다. 그에 미치지 못하면 좋은 순종이 아닙니다. '순종하는 것만으로도 힘든데 감정노동, 즉 즐거운 마음까지 요구하는 것은 너무 심한 것 아닙니까?'라는 주장을 할 수 있습니다. 그렇습니다. 하지만, 이런 복종의 태도가 없으면 순종의 행위도 제대로 될 수 없습니다. 태

도는 행동과 분리될 수 없습니다. 하나님이 우리를 타락한 지위로부터 다시 회복시켜 주셨다는 것에 대한 믿음이 없으면, 좋은 순종의 태도가 나올 수 없습니다.

그래서 바울은 '권위 아래 있는 자와 권위자의 관계' 얘기를 하면서 '하나님과 우리 관계'를 같은 선상에 놓습니다. 아내가 남편에게 '즐거운 마음으로 순종'해야 하는 이유가 바로 그리스도께서 교회를 위해 목숨을 바쳐 사랑했기 때문이라는 것입니다(엡 5:24-33). 종이 상전에게 순종하는 이유도 그리스도와 우리의 관계와 연결됩니다.

> 종들아, 두려워하고 떨며 성실한 마음으로 육체의 상전에게 순종하기를 그리스도께 하듯 하라. 눈가림만 하여 사람을 기쁘게 하는 자처럼 하지 말고, 그리스도의 종들처럼 마음으로 하나님의 뜻을 행하고, 기쁜 마음으로 섬기기를 주께 하듯 하고 사람들에게 하듯 하지 말라. (엡 6:5-9)

권위자의 정치적 견해가 다르더라도 공경과 기도와 감사의 태도를 보여야 합니다. 과거와 현재 위정자를 향해 모욕적 표현을 하는 사람은 존경의 명령을 어기는 것입니다. 하나님은 권위자에 대한 그런 태도를 좋아하지 않으십니다.

> 너희 백성의 관원을 비방하지 말라(행 23:5)

그 이유는 권위자의 위대함 때문이 아닙니다. 권위 아래 있는 자의 처지 때문이 아닙니다. 권위자를 비방하거나 원망하지 말아야 하는 이유는 하나님 때문입니다. 베드로는 이렇게 말했습니다.

> 부당하게 고난을 받아도 하나님을 생각함으로 슬픔을 참으면 이는 아름다우나

… 선을 행함으로 고난을 받고 참으면 이는 하나님 앞에 아름다우니라. 이를 위하여 너희가 부르심을 받았으니, 그리스도도 너희를 위하여 고난을 받으사 너희에게 본을 끼쳐 그 자취를 따라오게 하려 하셨느니라.(벧전 2:19-21)

여기서 "선을 행함으로 고난을 받고 참으면"에서 "선"은 복종과 순종을 의미합니다. 권위 아래 있는 자가 복종하고 순종함으로 겪게 되는 유익도 있지만, 고난과 아픔도 있습니다. 복종하고 순종하기 위해서 고난과 아픔도 참고 인내해야 합니다. 왜냐하면 그리스도께서도 우리를 위해 고난을 받으셨기 때문입니다. 더 나아가 하나님은 우리에게 은혜를 주실 때 복종하고 순종함으로 고난받는 것을 목표로 하셨기 때문이기도 합니다(롬 8:17; 빌 1:29). 이런 부담스러운 명령을 받아들이기 좋아하는 신자는 없을 테지만, 그것은 사실입니다.

권위자가 하나님께서 주신 권위를 남용하는 것은 심각한 문제입니다. 잘못된 권위 행사로 상처받는 사람이 많습니다. 그 나쁘고 아픈 경험 때문에 권위와 권위자에게 순종하기 어렵기도 합니다. 하지만, 그래도 예수 그리스도께서 불의하고 불공평하고 부자유한 십자가의 길을 가셨던 것을 기억하며 복종과 순종의 삶을 살아갑시다. 우리가 평생 훈련하며 가야 할 길입니다.

사탄은 하나님께 불순종하고, 하나님이 위임한 권위자에게 불복종할 수 많은 이유를 열거합니다. 권위자가 '불의하다', '불공평하다', '이득이 안 된다', '불순종해도 죽지 않는다', '불복종할 이유가 차고 넘친다'라며 우리를 유혹합니다. 하지만, 우리는 주님의 명령에 순종할 것입니다. 들어보십시오.

너희를 인도하는 자들에게 순종하고 복종하라. 그들은 너희 영혼을 위하여 경성하기를 자신들이 청산할 자인 것 같이 하느니라. 그들로 하여금 즐거움으로 이것을 하게 하고 근심으로 하게 하지 말라. 그렇지 않으면 너희에게 유익이 없느니라.(히 13:17)

하나님과 그분의 말씀에 순종하고 복종해야 합니다. 동시에 하나님이 세워주신 위에 있는 권위자에게 순종하고 복종합시다. 잘 안되면, 자신의 연약함과 부족함을 알고 하나님께 기도합시다. "하나님 도와주십시오. 저는 순종하고 복종하는 것이 어렵습니다." 하나님께 도와주실 것입니다.

읽고 나누기

❶ 읽고 배운 것을 자기 말로 요약해 봅시다.

❷ 하나님은 어떤 순종을 원하시며, 우리는 어떻게 순종해야 하나요?

❸ 우리에게 어떤 권위자들이 있으며 불복종할 예외의 경우를 말해 봅시다.

❹ '권위 아래에 있는 자'가 '권위자'에게 왜 순종해야 하나요?

책임

책임은
하나님과 사람이 나에게
기대하는 것을
알고 행하는 것

로마서 1:14

14 헬라인이나 야만인이나 지혜 있는 자나 어리석은 자에게 다 내가 빚진 자라

인간, 하나님 앞에 책임 있는 존재

성경 롬 1:14 **찬송** 507장 저 북방 얼음 산과

지난 성품 주제는 '순종'입니다. 순종은 권위 아래 있는 자를 향한 성품입니다. 이번에는 '책임' 성품을 살펴봅니다. '책임'은 권위자가 가질 성품에 주목합니다. 하나님이 권위자를 불러 세울 때는 이유와 목적이 있습니다. 그것이 바로 '책임'입니다.

책임 성품을 다루면서 '인간, 하나님 앞에 책임 있는 존재!'라고 제목을 만들어 봅니다. 세부적인 주제들은 다음과 같습니다. 첫째, '인간, 책임을 가진 존재'입니다. 둘째, '인간, 책임을 버린 죄인'입니다. 셋째, '인간, 책임을 얻은 의인'입니다.

인간, 책임을 가진 존재

하나님은 온 세상을 창조하고 기뻐하셨습니다. 특히 마지막 날 마지막에 인간을 창조하시고 "심히"(창 1:31) 좋아하셨습니다. '정말 좋아하셨다'는 뜻입니다. 피조물 중에서 인간이 아주 특별한 존재임을 알 수 있습니다. 피조물이라고 다 같은 피조물이 아닙니다. 소위 '반려견'이라 부르는 애완용 개가 눈과 코와 귀와 내장 기관을 가진 사람과 비슷하다 하더라도, 또 개가 사랑스럽고 소중하다 하더라도, 인간과 비교할 수 없습니다. 동물을 극성스레 사랑하는

애호가들 가운데는 장례식까지 치러준다는 어처구니없는 얘기가 들리기도 하지만, 동물은 인간과 급이 다릅니다. 일반 피조물은 인간과 비교할 수 없을 만큼 차이가 납니다.

그 대표적 차이란 바로 인간이 하나님의 형상으로 창조되었다는 점(창 1:26-27)입니다. 인간은 하나님의 피조물이지만, 모든 피조물을 다스리는 하나님의 형상을 가진 존재입니다. 모든 피조물을 다스릴 수 있는 책임을 부여받은 한 나라의 '총리'와 같습니다. 나라의 왕은 하나님이시고 인간은 총리입니다. 인간은 하나님의 형상으로 지음받았는데, 그것은 온 세상을 지정의(知情意)로 다스리시는 하나님처럼 세상을 다스리는 것입니다. 인간은 총리의 책임을 위임받았습니다. 인간은 하나님과 피조물 앞에 책임 있는 존재입니다. 창세기 1장 28절을 보십시오.

> 하나님이 그들에게 복을 주시며 하나님이 그들에게 이르시되, 생육하고 번성하여 땅에 충만하라, 땅을 정복하라. 바다의 물고기와 하늘의 새와 땅에 움직이는 모든 생물을 다스리라, 하시니라.(창 1:28)

인간은 하나님이 만드신 온 세상을 정복하며 다스릴 책임을 부여받았습니다. 인간은 책무를 받았습니다. 공짜로 받았기에 빚과 같습니다. 이 빚은 기쁨 가운데 누리는 의무입니다. 이 책임은 고통과 억압이 아닙니다. 이 책임은 어마어마한 복입니다. 인간은 무한한 자유 가운데 책임을 부여받았습니다.

아담의 의무수행의 예는 동물에게 이름을 지어주는 데서 나타납니다. 동물의 특징과 모양을 보고 분류하는 것은 쉬운 일이 아닙니다. 이름을 지으려면 전문적 지식이 필요합니다. 하나님은 아담에게 그런 지적 능력을 선물로 주셨습니다. 생각하고 계산하고 상상하고 창의적으로 만드는 능력은 하나님이 아담에 주신 것입니다. 인간은 하나님의 형상으로 창조되었기 때문입니다.

인간은 거의(nearly) 하나님처럼 일할 수 있었습니다. '거의' 하나님처럼 보이지만, 인간은 하나님이 아닙니다. 인간은 하나님을 닮았지만, 피조물일 뿐입니다. 인간은 그 점을 분명히 알아야 합니다. 하나님은 그 관계를 분명히 하기 위해 '하나의 장치'를 마련하셨습니다.

> 여호와 하나님이 그 사람을 이끌어 에덴동산에 두어 그것을 경작하며 지키게 하시고, 여호와 하나님이 그에게 명하여 이르시되, 동산 각종 나무의 열매는 네가 임의로 먹되, 선악을 알게 하는 나무의 열매는 먹지 마라. 네가 먹는 날에는 반드시 죽으리라, 하시니라. (창 2:15-17)

아담과 하와는 하나님이 부여하신 책임과 의무를 완수할 때 거의 하나님처럼 보였습니다. 하지만, 한 가지 제한이 있었습니다. 모든 것을 마음대로 먹고 다스릴 수 있었습니다만, 단 한 가지는 하지 못합니다. 아니, 하지 말아야 합니다. 금령(禁令)이 있었습니다. 이 금령은 인간 편에서 보면, 좀 이해하기 어려웠습니다.

> '굳이 그렇게 금지해야 할 필요가 있었을까?' '다 먹게 하시면서 왜 한 가지는 금지하셨을까? 하나님은 좀 장난이 심하시다.' '괜히 그런 금단의 열매를 만드서서 인간이 죄에 빠지도록 하시다니, 하나님은 나쁘시다.' '독이 든 열매를 만들어 죽게 하신 것은 하나님이시니, 하나님이 인간 타락의 책임을 져야 한다.'

하나님이 금령을 주신 이유는 의외로 간단합니다. 인간은 하나님이 아니며, 창조주에게 복종해야 할 피조물에 불과하기 때문입니다. 인간은 하나님의 명령을 받아 책임을 맡은 자임을 분명히 해야 했기에 금령을 주신 것입니다. 이 명령이 없었다면, 인간과 하나님 사이의 차이는 존재하지 않았을 것입니다.

이 명령에 복종하고 순종함으로 인간은 창조주가 아니라, 피조물임을 드러내야 했습니다. 피조물은 창조주의 명령에 순종해 책임을 다할 때만 행복하고 복을 누릴 수 있습니다. 인간은 책임 있는 존재로 창조되었습니다. 이렇게 좋은 시절이 인간에게 있었습니다. 그때가 좋았습니다. 타락 전 말입니다.

인간, 책임을 버린 죄인

그런데, 인간은 하나님의 명령을 어김으로 그 고귀한 특권을 내팽개치고 말았습니다. 책임을 다하지 않기로 한 것입니다. 선악을 알게 하는 나무의 열매를 따 먹음으로 하나님과의 관계가 끊어졌고 영적으로 죽음에 이르고 말았습니다. 인간은 책임을 다할 능력도 소유했지만, 타락 이후에는 그 능력을 잃어버렸고, 대신 죄의 책임을 져야 했고, 그 마지막은 죽음입니다. 인간은 죄에 대해 책임(죄책, 罪責)을 져야 하기에 영원히 죽게 된 것입니다. 인간은 본래 하나님의 영광을 위해 책임을 다해야 하는데, 오히려 그 책임을 던져버리고 자기의 영광을 위하여 살게 되었습니다. 인간은 책임을 완수할 수 없게 되었습니다.

인간은 선악을 알게 하는 나무의 열매를 따 먹고 본래 받은 지위에서 깊은 죽음의 수렁으로 떨어졌습니다. 인간은 본래 받았던 책임이라는 옷을 벗어버렸습니다. 인간은 벌거숭이가 되고 말았습니다. 인간은 부끄러움을 알게 되었습니다(부끄러웠습니다). 인간에게는 두려움이 생겼습니다. 책임이라는 의무의 옷을 벗으니, 가시와 엉겅퀴가 자기 몸을 찌를까 두려웠습니다. 하나님 앞에서 당당히 설 수 없을 정도로 부끄럽고 세상에서 두려움으로 살아갑니다.

책임을 버린 인간은 영적으로 죽어 하나님과의 연결이 끊어졌습니다. 랜선과 와이파이가 끊어진 컴퓨터나 핸드폰과 같은 처지가 되었습니다. 하나님의 형상으로 창조된 인간은 혼자 뭔가를 할 수는 있지만, 더 이상 하나님의 뜻을 전달받지도 못하고 힘과 능력과 지혜도 공급받지 못합니다. 책임도 다

할 수 없습니다. 생명을 낳고 소중히 여기며 땅을 정복해야 했지만, 가인은 동생을 돌로 쳐 죽임으로 하나님이 주신 책임과 반대로 살았습니다. 가인의 자손은 하나님이 주신 선물을 가지고 멋진 세계를 만들어보려고 열심히 일한 결과 멋진 도시도 만들고, 고도의 철기 문명도 이루고, 동물을 잘 기르는 노하우도 찾아냈습니다. 번영의 시대에 즐기는 방법도 찾아냈습니다. 수금과 퉁소를 개발해 음악적 세계를 발전시켰습니다. 그 모든 것은 하나님의 형상이 낳은 훌륭한 업적들이지만, 안타깝게도 모두 자기 이름과 영광을 위한 것이었습니다. 하나님의 영광에는 아무런 관심이 없습니다.

바벨탑 사건(창 11장)이 그것을 잘 보여 줍니다. 인간은 자기 이름을 내고 하늘에 닿으려 했습니다. 하나님의 이름에는 관심이 없었습니다. 아니, 자신이 하나님이 되려고 했습니다. 하나님은 인간에게 땅을 정복하고 충만하라 했지만, 흩어지지 않고 모여 살면서 힘을 합치려 했습니다. 인간의 타락은 책임과 의무의 왜곡을 가져왔습니다.

> 또 말하되 자, 성읍과 탑을 건설하여 그 탑 꼭대기를 하늘에 닿게 하여 우리 이름을 내고 온 지면에 흩어짐을 면하자 하였더니(창 11:4)

인간 스스로 책임을 던져 버린 결과는 처참했습니다. 사도 바울은 로마서 1장에서 그 점에 대해 아주 적나라하게 정리했습니다. 책임을 헌신짝처럼 버린 인간에게 하나님은 진노의 잔을 마시게 하십니다.

인간은 하나님을 알지만, 하나님을 영화롭게 하지 아니하고 감사하지도 않습니다. 그 생각이 허망하고, 미련한 마음이 어둡습니다. 스스로 지혜 있다 자랑하지만, 어리석게 되어 썩어지지 아니하는 하나님의 영광을 썩어질 사람과 새와 짐승과 기어 다니는 동물 모양의 우상으로 바꿉니다. 그들은 마음에 하나님 두기를 싫어합니다. 하나님은 그 상실한 마음으로 살도록 그대로 내

버려 두십니다. 인간이 스스로 합당하지 못한 일을 하도록 내버려 둡니다. 불의, 추악, 탐욕, 악의, 시기, 살인, 분쟁, 사기, 악독, 수군수군하는 것, 비방, 능욕, 교만, 자랑, 악을 도모하는 것, 부모를 거역하는 것, 우매한 것, 배약하고, 부정하고, 무자비한 것입니다.

받은 책임과 의무를 왜곡시킨 인간은 그 고귀한 지위도 소중한 특권도 잃어버렸습니다. 하나님의 자녀가 아니라, 사탄의 자식이 되고 말았습니다. 더 이상 하나님에 대한 책임을 수행할 수 없습니다. 고장 난 로봇(Robot)과 같습니다. 비참한 인간이 되고 말았습니다. 능력은 있지만, 책임을 다하지 못하는 인간입니다. 고장 난 인간입니다. 창조주 하나님께 감사하지 않는 인간입니다. 1618-19년 네덜란드 도르트(Dordt)에서 열린 국제적 총회는 이것을 '전적부패'(Total Depravity)라고 불렀습니다.

인간, 책임을 얻은 의인

절망 가운데 희망이 생겼습니다. 어둠 속에 빛이 비쳤습니다. 하나님께서 죽은 인간을 구해 주시기로 하셨고, 그것을 실행에 옮기셨습니다. 그 일을 이루기 위해 독생자 예수 그리스도를 세상에 보내시고, 그 어깨 위에 인간의 모든 죄의 책임(죄책)을 떠넘기(전가, impute)셨습니다. 예수님은 택한 백성의 죄를 지고 마치 죄인처럼 대신 죽었습니다. 바울은 로마서 3장에서 이렇게 요약 정리했습니다.

모든 사람이 죄를 범하였으매 하나님의 영광에 이르지 못하더니, 그리스도 예수 안에 있는 속량으로 말미암아 하나님의 은혜로 값없이 의롭다 하심을 얻은 자 되었느니라. 이 예수를 하나님이 그의 피로써 믿음으로 말미암는 화목제물로 세우셨으니, 이는 하나님께서 길이 참으시는 중에 전에 지은 죄를 간과하심으로 자기의 의로우심을 나타내려 하심이니, 곧 이때에 자기의 의로우심을 나타내사 자기

도 의로우시며 또한 예수 믿는 자를 의롭다 하심이라. (롬 3:23-26)

절망 속에 있던 인간에게 희망의 소식입니다. 그것은 예수 그리스도를 믿음으로 하나님의 구원을 얻을 수 있는 길입니다. 누구든지 차별 없이 주어지는 하나님의 은혜의 복음입니다. 예수 그리스도를 믿는 사람은 자신이 죄의 책임을 짊어질 필요가 없습니다. 예수님이 대신 신자의 빚을 다 갚았기 때문입니다. 인간이 책임을 져야 하는데, 예수 그리스도께서 책임을 대신 지셨습니다. 신자는 그것을 공짜로 하나님으로부터 선물로 받습니다. 종교 개혁가들은 이것을 '오직 은혜'(sola gratia)라고 불렀습니다.

어떤 사람은 이렇게 생각합니다. '염치가 없어! 어떻게 자기 빚을 몽땅 예수님에게 떠넘겨버린단 말입니까?' 네덜란드 신학자 아르미니우스(J. Arminius)는 자기 스스로 빚을 갚을 수 있을 것이라고 확신했습니다. '우리도 뭔가 할 수 있고 내가 잘못한 것은 내가 책임지면 됩니다.'라고 주장했습니다. 아르미니우스는 구원에 있어서 인간의 기여와 책임이 결정적 역할을 한다고 말했습니다. 인간 스스로 하나님의 은혜를 거절할 수도 있고 받아들일 수도 있다고 주장했습니다.

하지만, 도르트 총회 정통 신학자들은 성경에 근거해 '그것은 사실이 아니라'고 말했습니다. '인간은 하나님의 은혜를 거절 할 수 없다'(저항할 수 없는 은혜, Irresistible Grace)라고 했습니다. 하나님이 은혜로 택한 자에게 믿음을 선물하시면, 바로 그 믿음으로 예수님이 주시는 구원을 얻을 수 있습니다. 그래서 종교 개혁가들은 '오직 믿음으로'(sola fide)를 크게 외쳤습니다. 인간이 책임을 다해, 자신의 죄책을 해결함으로 구원 얻는 것이 아니라, 오직 그리스도 예수의 공로(功勞)를 믿음으로 구원을 얻는다는 것을 고백했습니다.

하나님과 죄인 사이에 존재하는 죄책은 예수 그리스도 안에서 사라집니다. 인간이 책임질 그 어떤 것도 존재하지 않습니다. 예수 그리스도께서 그 죄의 책임을 다 해결하셨기 때문입니다. 우리는 그것을 믿음으로 받습니다. '책임'이라는 말은 '마땅히 해야 하는 것'을 의미합니다. 죄인이 마땅히 져야할 죄책(죄의 책임)을 예수님이 대신 지신 것입니다. 본래 '책임'이라는 말은 '빚을 지다'에서 왔습니다. 바울이 로마서 13장 8절에서 이렇게 말했습니다.

> 피차 사랑의 빚 외에는 아무에게든지 아무 빚도 지지 말라. 남을 사랑하는 자는 율법을 다 이루었느니라. (롬 13:8)

여기에서 "빚"이 바로 '책임'이라는 말입니다. 그리스도인은 그리스도의 사랑의 빚을 지고 있습니다. 사랑의 책임이 있다는 것이지요. 왜 그리스도인은 사랑의 빚을 지고 있을까요? 그렇습니다. 그리스도인은 하나님의 사랑, 곧 예수 그리스도의 구속으로 구원받았으니, 사랑의 빚을 지고 있습니다. 예수님은 그것을 일만 달란트 빚진 자의 비유(마 18장)에서 말씀해 주셨습니다. 일만 달란트를 갚아야 할 채무를 진 자(빚진 자)는 주인의 큰 은혜로 자신의 모든 채무를 탕감받았습니다. 일만 달란트 빚진 자 같았던 사람이 하나님의 은혜로 죄로 인한 죽음의 빚을 갚지 않아도 됩니다. 그리스도께서 그 빚을 다 갚아 주셨기 때문에 그리스도인은 사랑에 빚진 자입니다.

　신자는 사랑에 빚진 자로서 자신에게 사랑의 빚진 자에게 사랑의 빚을 탕감해 주어야 할 책임을 부여받습니다. 그래서 그리스도인이 맡은 가장 큰 책임은 사랑입니다. 그리스도인은 사랑할 책임을 얻고 또 그렇게 할 능력도 약속받았습니다. 수직적으로 하나님에게 사랑을 빚진 자는 수평적으로 사람 사이에서 그 빚을 갚으면 됩니다. 자신이 죄책을 탕감받은 자이니, 다른 사람의 죄책도 탕감해 줄 수 있고, 또 그 책임을 다해야 합니다. 바울이 말하는 책임을 들어보십시오.

헬라인이나 야만인이나 지혜 있는 자나, 어리석은 자에게 다 내가 빚진 자라(롬 1:14)

바울은 사랑에 빚진 자로서 자신이 해야 할 것이 무엇인지 알았습니다. 복음에 빚진 자로서 바울은 복음을 다른 사람에게도 전해야 함을 알았습니다. 사랑에 빚진 자로서 바울은 다른 사람을 사랑해야 함을 알았습니다. 바울은 '하나님이 죄의 책임을 예수 그리스도를 통해 다 해결하셨다'는 복음을 부끄러워하지 않았습니다. 복음은 모든 믿는 자에게 구원을 주시는 하나님의 능력임(롬 1:16)을 이방인들에게 전했습니다. 그러므로 '그리스도인이 하나님 앞에 책임을 진다'는 말은 '무슨 대단한 선이나 업적을 이루며 구원을 얻기 위해 많은 노력을 해야 한다'는 뜻이 아닙니다. 오히려 반대입니다. 우리의 구원을 위한 책임은 예수 그리스도께서 대신 다 해결하셨습니다. 우리는 겸손히 죄를 고백하고 회개하여 예수 그리스도의 구원을 믿음으로 받아들이기만 하면 됩니다.

이렇게 구원받은 신자는 이제 아무렇게나 살아도 될까요? 그 어떤 책임도 면제되는 것일까요? 아닙니다. 신자는 그리스도 안에서 새로운 책임을 얻습니다. 그것은 영광스러운 책임입니다. 인간의 죄책을 해결하신 예수 그리스도에 대한 기쁜 소식을 다른 사람에게 전하는 것입니다. '더 이상 인간 스스로 죄책을 해결하겠다고 고집부리지 말고 예수 그리스도께서 그 죄책을 십자가의 속죄 제사로 다 해결하셨음을 믿으십시오'라고 복음을 전하는 것, 그것이 우리가 새로 받은 책임입니다. 그렇습니다. 그리스도인이 새롭게 얻은 책임은 '복음을 전하는 것'입니다. 복음을 전하는 것이야말로 하나님으로부터 받은 은혜에 보답입니다.

마게도냐와 아가야 지방에 있는 교회는 예루살렘 교회의 가난한 자들을 구제하기 위해 기쁜 마음으로 연보를 했습니다. 이 연보는 강제하거나 부담을 줘서 얻은 것이 아닙니다. 그들은 기쁨으로 연보 했습니다.

> 저희가 기뻐서 하였거니와 또한 저희는 그들에게 빚진 자니 만일 이방인들이 그
> 들의 영적인 것을 나눠 가졌으면 육적인 것으로 그들을 섬기는 것이 마땅하니라.(
> 롬 15:27)

이 구절에서 "빚진 자"라는 단어와 "마땅하니라"라는 단어는 모두 같은 동사
에서 유래합니다. 예루살렘 교회가 복음 전파의 책임을 다했기 때문에, 복음
을 받은 마게도냐와 아가야 교회 성도들은 복음에 빚진 자입니다. 경제적 어
려움에 처한 예루살렘 교회에 구제 연보를 한 것은 '마땅히 해야 할 것', 곧 '빚
진 것을 갚는 행위'이고 '책임을 다하는 것'입니다.

그리스도 안에 있는 교회의 책무 혹은 책임의 이행은 강제가 아닙니다.
신자의 책임은 자연스러우며 자원하는 방식으로 진행됩니다. 그리스도 안에
는 자유로운 책임 이행이 가능합니다. 스스로 자원하는 구제입니다. 기쁨이
동반된 책임입니다. 억지도 아니고 강요나 협박에 의한 책임이 아닙니다.

본래 인간은 책임지는 존재로 훌륭하게 창조되었습니다. 인간의 타락으
로 죄책을 지고 죽어 비참한 처지에 빠졌습니다. 인간은 영광스러운 책임을
내팽개쳤습니다. 하지만, 예수 그리스도께서 죄책을 다 해결해 주심으로 더
이상 우리가 죄책을 위해 애쓸 필요가 없게 되었습니다. 예수 그리스도를 믿
음으로 죄책을 해결 받았으니, 이제 새로운 책임을 부여받게 되었습니다.

이제 우리는 복음에 빚진 자이니, 복음을 듣지 못하고 믿지 않는 자들에
게 복음을 전하는 새로운 책임을 다해야 합니다. 이 책임은 억지가 아니라, 자
연스럽게 내면에서 우러나오는 기쁨입니다. 또 이 책임은 자랑할 수 없습니
다. 예수님이 말씀하셨습니다.

이와 같이 너희도 명령 받은 것을 다 행한 후에 이르기를 우리는 무익한 종이라. 우리가 하여야 할 일을 한 것뿐이라 할지니라. (눅 17:10)

여기서 "하여야 할 일"이 바로 책임입니다. 책임을 다한 후에 자랑하거나 교만할 수 없습니다. 그리스도인은 그저 무익한 종일뿐입니다. 하나님으로부터 새롭게 부여받은 복음전도와 선포의 책임을 다하십시오.

누가복음 17:1-10

1 예수께서 제자들에게 이르시되 실족하게 하는 것이 없을 수는 없으나 그렇게 하게 하는 자에게는 화로다 2 그가 이 작은 자 중의 하나를 실족하게 할진대 차라리 연자맷돌이 그 목에 매여 바다에 던져지는 것이 나으리라 3 너희는 스스로 조심하라 만일 네 형제가 죄를 범하거든 경고하고 회개하거든 용서하라 4 만일 하루에 일곱 번이라도 네게 죄를 짓고 일곱 번 네게 돌아와 내가 회개하노라 하거든 너는 용서하라 하시더라 5 사도들이 주께 여짜오되 우리에게 믿음을 더하소서 하니 6 주께서 이르시되 너희에게 겨자씨 한 알만한 믿음이 있었더라면 이 뽕나무더러 뿌리가 뽑혀 바다에 심기어라 하였을 것이요 그것이 너희에게 순종하였으리라 7 너희 중 누구에게 밭을 갈거나 양을 치거나 하는 종이 있어 밭에서 돌아오면 그더러 곧 와 앉아서 먹으라 말할 자가 있느냐 8 도리어 그더러 내 먹을 것을 준비하고 띠를 띠고 내가 먹고 마시는 동안에 수종들고 너는 그 후에 먹고 마시라 하지 않겠느냐 9 명한 대로 하였다고 종에게 감사하겠느냐 10 이와 같이 너희도 명령 받은 것을 다 행한 후에 이르기를 우리는 무익한 종이라 우리가 하여야 할 일을 한 것뿐이라 할지니라

성도의 마땅한 책임

성경 눅 17:1-10 **찬송** 595장 나 맡은 본분은

책임을 잃은 인간

2003년 1월 23일 한겨레신문 기사에 의하면 미국 청소년 8명이 맥도날드 회사를 상대로 법원에 소(訴)를 제기했습니다. 그들 중에 15세 소년은 키가 160cm인데 몸무게가 무려 125kg으로 과도 비만이었습니다. 또 다른 15세 소년은 180kg입니다. 비만의 책임이 맥도날드 회사에 있다는 취지였습니다. 그들은 일주일에 서너 차례 맥도날드 음식을 사 먹었는데, 그것 때문에 비만에 이르렀으니, 손해배상을 하라는 주장이었습니다. 그들의 논리는 다음과 같습니다.[5]

> 맥도날드 음식은 육체적으로나 정신적으로 중독성이 있습니다. 맥도날드는 우리가 날씬할 수 있는 기회를 박탈했습니다. 골든 아치(맥도날드의 상징인 노란색 M자)가 손을 뻗어 우리를 끌어당겨 억지로 먹였습니다.

미국 법원은 이 고소를 받아들였을까요? 법원은 고소를 기각했습니다.

---

[5]   http://legacy.www.hani.co.kr/section-007000000/2003/01/007000000200301231120268.html

이 소의 핵심 쟁점은 책임의 문제입니다. 그들은 자신의 책임을 회피했습니다. 그 책임을 다른 곳으로 돌렸습니다. 미국 법원의 기각 이유는 분명했습니다. "자기 스스로 적정량을 넘어선 과도한 소비를 해놓고 보상해달라고 할 수는 없는 것"이라면서 "그 누구도 맥도날드 매장에서 음식을 먹도록 강요하지 않았다"라고 판단했습니다. 누구에게나 자기의 책임이 있습니다. 그들은 자기의 책임을 인정하지 않았습니다. 자신의 책임을 다른 사람이나 사물에 떠넘긴 것입니다. 이런 무책임한 모습은 오늘 우리에게도 있습니다. 무책임으로 인해 가정과 교회와 사회에 문제가 생깁니다. 인간 속에 자라난 무책임의 엉겅퀴가 인간관계를 심각하게 훼손합니다.

인간 최초의 무책임은 아담에게서 발견됩니다. 아담과 하와가 금지된 나무 열매를 먹고 하나님의 낯을 피하여 동산 나무 사이에 숨었습니다. 하나님이 아담을 부르셨습니다. 하와가 아니라, 아담을 부른 것에 주목하십시오. 아담이 책임자이기 때문입니다.

네가 어디 있느냐?(창 3:9)

사실 이 질문은 인간 존재 자체에 관한 것입니다. '너가 누구냐?' '너의 위치가 지금 어디에 있느냐?'라는 질문입니다. 아담이 대답했습니다.

내가 벗었으므로 두려워하여 숨었나이다.(창 3:10)

아담은 타락 후 지성이 멀어져, 자신이 처한 존재를 알 수 없습니다. 단지 '벗었고 두렵다'라는 현 상황만 얘기합니다. 하나님이 말씀하십니다.

누가 너의 벗었음을 네게 알렸느냐? 내가 네게 먹지 말라 명한 그 나무 열매를 네

가 먹었느냐?(창 3:11)

아담이 대답했습니다.

> 하나님이 주셔서 나와 함께 있게 하신 여자 그가 그 나무 열매를 내게 주므로 내
> 가 먹었나이다.(창 3:12)

바로 이 지점입니다. 아담은 자기 책임을 회피합니다. 자기 잘못을 여자 탓합
니다. 비겁합니다. 더 나아가 하나님을 탓합니다. 타락한 남자의 무책임한 모
습은 비열합니다. 추합니다. 나쁩니다. 하와는 좀 나을까요? 책임이라는 측면
에서 여자는 남자보다 낫다고 볼 여지가 있긴 합니다. 책임이 덜 하니까요. 하
지만, 남자보다 먼저 죄를 지은 하와(딤전 2:14)는 이렇게 대답했습니다.

> 뱀이 나에게 꾀므로 내가 먹었나이다.(창 3:13)

뱀 탓을 합니다. 죄인의 전형적 모습은 무책임입니다. 남자나 여자나 인간은
하나같이 무책임합니다. 에덴의 첫 인간의 무책임한 모습은 정확하게 맥도날
드 회사를 상대로 고소했던 8명의 젊은이의 고소에서 발견할 수 있습니다.

> … 골든 아치(맥도날드의 상징인 노란색 M자)가 손을 뻗어 우리를 끌어당겨 억지
> 로 먹였습니다.

인간은 책임을 버린 존재입니다. 본래 하나님이 의도하셨던 문화명령(창 1:28
"하나님이 그들에게 복을 주시며 하나님이 그들에게 이르시되 생육하고 번성하여 땅에 충만하라, 땅을
정복하라, 바다의 물고기와 하늘의 새와 땅에 움직이는 모든 생물을 다스리라 하시니라.")은 왜곡되

었습니다. 하나님은 땅을 정복하라 했지만, 인간은 파괴했습니다. 하나님은 다스리라 했지만, 인간은 억누르고 군림했습니다. 타락한 죄인의 모습입니다. 죄가 세상에 들어오자, 스스로 책임 있는 존재이기를 포기했습니다. 무책임은 인간의 죄로 인해 등장했고 지금도 우리 가운데서 그 잔해가 남아 있습니다. 날마다 그 모습을 경험합니다.

책임을 얻은 성도

하나님은 예수 그리스도를 세상에 보내셔서 인간의 죄 문제를 해결하셨습니다. 예수님은 우리가 져야 할 죄의 책임을 십자가 위에서 대신 지셨습니다. 우리가 죽어야 했지만, 예수님이 대신 죽었습니다. 누구든지 "영접하는 자 곧 그 이름을 믿는 자들에게는 하나님의 자녀가 되는 권세"(요 1:12)를 주십니다. 예수 믿는 성도는 누구나 자신의 죄값을 청산하기 위해 책임질 것이 없습니다. 예수님이 책임을 대신 지셨기 때문입니다. 그래서 성도는 누구나 예수님에게 '은혜와 사랑'을 빚졌습니다. '빚지다'가 곧 '책임지다'는 뜻입니다. 성도는 새로운 형태의 책임을 부여받았습니다. 그 책임은 지난 '책임' 주제에서 언급한 것처럼 '복음 전도'입니다.

> 헬라인이나 야만인이나 지혜 있는 자나 어리석은 자에게 다 내가 빚진 자라.(롬 1:14)

성도는 '복음 전도'뿐만 아니라, 예수님의 '거룩하라'는 명령을 지킬 책임이 있는 자입니다. 예수님이 세상에 오신 것은 "양으로 생명을 얻게 하고 더 풍성이 얻게 하려는 것이라"(요 10:10)는 말씀처럼, 그리스도인답게 살아가라고 명령하셨습니다. 성도는 그 은혜로운 특권인 책임을 부여받았습니다.

책임을 누리는 성도

이제 그리스도인은 "누구든지 … 새로운 피조물"(고후 5:17)이기 때문에 새로운 책임을 부여받았습니다. 성도는 자신의 삶에서 하나님으로부터 부여받은 책임을 행하며 살 수 있게 되었습니다. 성도는 더 이상 자신의 옛 죄를 해결하기 위해 불필요한 노력을 기울이지 않아도 됩니다. 성도는 이제 새로운 삶을 시작했습니다.

> 이전 것은 지나갔으니, 새 것이 되었도다(고후 5:17)

성도의 삶은 더 이상 과거처럼 자기를 위해 살지 않고 그리스도를 위해 삽니다.

> 내가 그리스도와 함께 십자가에 못 박혔나니, 그런즉 이제는 내가 사는 것이 아니요, 오직 내 안에 그리스도께서 사시는 것이라. 이제 내가 육체 가운데 사는 것은 나를 사랑하사, 나를 위하여 자기 자신을 버리신 하나님의 아들을 믿는 믿음 안에서 사는 것이라. (갈 2:20)

그러기에 성도는 불신자와 완전히 다른 삶을 살 수밖에 없습니다. 더 이상 자신을 위한 삶이 아니라, 그리스도인의 삶을 살아야 하기 때문입니다. 그리스도의 명령을 행하는 삶이 최고의 행복이라고 고백하는 자가 바로 그리스도인입니다. 그리스도를 위해 살고 그분의 말씀에 순종하는 것은 구원을 얻기 위함이 아니라, 구원받은 성도의 마땅한 것입니다. 누가복음 17장 10절의 말씀이 바로 그것을 잘 말해줍니다.

> 이와 같이 너희도 명령 받은 것을 다 행한 후에 이르기를 우리는 무익한 종이라.

우리가 하여야 할 일을 한 것뿐이라, 할지니라.(눅 17:10)

여기서 "하여야 할 일"이라는 단어가 바로 '책임'이라는 단어입니다. 자신이 할 수 있고 또 해야 할 일이 책임입니다. 그리스도인은 책임을 맡은 자입니다.

성도는 일만 달란트를 탕감받은 자로서 삶의 길목에서 반드시 일백 데나리온 빚진 자를 만나야 하는 존재입니다. 그래서 일백 데나리온 빚진 자에게 탕감을 베풀어야 할 책임 있는 존재입니다. 여기에서 성도의 책임이 가치 있고 누림의 복이라는 것을 경험할 수 있을 것입니다. 하늘과 땅만큼 큰 은혜를 빚졌다는 감사가 있는 성도에게는 '책임이 누림'이지만, 그렇지 않은 신자에게는 '책임이 짐'이고 '부담'이고 '고통과 고문'일 수밖에 없습니다. 하나님은 달란트 비유에 나타난 것처럼 성도가 책임을 다하도록 은사를(선물을) 주십니다. 하나님은 그 주신 책임을 후에 셈하실 것입니다. 그리스도인의 책임은 삶의 모습을 결정짓고 형성합니다.

그러면 하나님이 성도에게 요구하는 책임 있는 모습이 무엇인지 살펴봅시다. 책임은 삶의 모든 영역에 필요합니다. 가정, 학교, 교회, 사회, 회사 등 인간과 인간이 관계를 이루는 모든 곳에 작동합니다. 자, 그러면 우리는 어떤 사람인지 평가해 봅시다. 무책임한지, 아니면 책임성이 강한지를 체크할 수 있습니다.

☐ 부인 / 늘 해야 할 일보다는 재미있는 것을 기대하고 택합니다.

☐ 회피 / 해야 할 일을 피하려 합니다. 그러면서 일할 수 없는 이유를 나열합니다. 맡은 일을 줄여 달라고 간청합니다. 자녀의 경우 부모에게 가장 취약한 감정과 불안감을 조성함으로 부모를 자기 마음대로 움직이려는 모습도 있습니다. '의기소침', '아양 떨기', '조르기', '감정표출', '뛰쳐나가기', '협박', '위장 애정 공세' 등이 있습니다.

□ 축소 / 늘 적게 일하려 합니다. 그리고 천천히 일 합니다.

□ 게으름 / 일을 제때 시작하지 않습니다. 일하기 전에 먼저 노는 것을 선택합
　　니다.

□ 비효율 / 아주 비효율적으로 일합니다. '한 손으로 일하기', '가만히 앉아서 일
　　하기', '한 번에 하나씩만 나르기'를 선택합니다.

□ 타협과 조정 / 고발하거나, 아첨하거나, 분노나 울부짖음으로 책임을 조정합
　　니다. 관심을 분산시키고, 방향을 전환합니다. 제대로 끝내지 못
　　하고 중단합니다. 책임을 다하지 못하고 권위자의 권위를 무너
　　뜨려 탈출하려 합니다. '엄마도 똑같잖아요!'

□ 책임 전가 / 구차한 변명거리를 찾습니다. 도구가 부족해서 일을 완수하지 못
　　했다고 변명합니다. 탓을 함으로 책임을 전가합니다.

□ 타성 / 자발적 의지가 아니라, 사람의 눈을 의식해 일합니다. 사람이 지켜보지
　　않으면 열심히 일하지 않습니다. 더 할 일이 없는지를 물어보는 법이 없
　　습니다.

□ 자기연민 / 자신에 대해 불쌍하다고 여기고 다른 사람을 향한 책임에 눈을 돌
　　리지 못합니다. 자기연민은 장애 아동에게 주로 나타나지만, 비장
　　애 아이에게도 있습니다. 신체적 부상이나, 감정적 상처, 거부감, 수
　　줍음에 과잉 노출된 아이들에게 나타나는 현상입니다.

이제 구체적으로 책임을 적용해 보겠습니다. 먼저 가정에서부터 시작해 봅시
다. 가정은 남자와 여자가 결혼하면서 시작됩니다. 가정의 책임자인 남편 혹
은 가장에 대해 살펴봅시다.

　남편은 가정에서 아내에 대한 책임을 다해야 합니다. 물론 남편도 피조물
로서 약하긴 마찬가지입니다. 근육질이 좀 발달하고 평균적으로 키가 여자보
다 크다손 치더라도 약점도 많습니다. 남편도 아내와 마찬가지로 죄를 지었

다는 점에서 여자와 더 나을 것이 없지만, 책임자라는 것은 무엇을 의미하는 것일까요? 아담은 에덴동산에서 하나님께 어떻게 대답했어야 했을까요?

"하나님 제가 잘못했습니다. 제가 어리석었습니다. 용서해 주십시오!"

이렇게 대답하는 것이 책임 있는 자세가 아닐까요? 아담은 오히려 아내 하와 탓을 하며 책임을 회피하려 했습니다. 하지만, 마지막 아담이신 예수 그리스도께서는 대속의 죽음을 회피하지 않고 맡은 책임을 죽기까지 다하셨습니다.

신자는 남편으로서 어떻게 해야 할까요? 남편으로서 책임을 져야 합니다. 책임을 다하지 못했다면, 그 잘못을 인정하고 회개해야 합니다. 만약 남편이 아내를 보호하지 못했다면, 그리고 아버지로서 가정에 악을 제거하기는커녕 불순종에 동조함으로 죄에 빠지게 했다면, 그 책임이 있습니다. 가정에 문제가 생기면, 그 모든 책임은 남편이 감당해야 합니다. 그것이 남편에게 주어진 책임의 의무입니다. 아내 탓을 하면 안 됩니다. 경고를 했는데도 말을 듣지 않은 자녀 탓을 하면 안 됩니다. 최종 책임은 가장에게 있기 때문입니다.

그러면 일상에서 남편이 아내를 향해 책임을 져야 하는 것이 무엇일까요? 아내에게 가장 필요한 것은 무엇일까요? 그것은 바로 '사랑'입니다. 아내는 남편으로부터 부귀영화를 누리고 싶은 마음도 있겠지만, 가장 소중한 것은 '사랑'입니다. 사랑의 책임을 다해야 합니다. 바울은 에베소서 5장 22-33절에서 남편과 아내의 책임 문제를 다루고 있습니다. 거기에서 사랑의 책임을 강조합니다. 바울은 말합니다.

남편들아! 아내 사랑하기를 그리스도께서 교회를 사랑하시고 그 교회를 위하여 자신을 주심 같이 하라 … 이와 같이 남편들도 자기 아내 사랑하기를 자기 자신과 같이 할지니, 자기 아내를 사랑하는 자는 자기를 사랑하는 것이라. 누구든지 언제나 … 그리스도께서 교회에게 함과 같이 하나니, 우리는 그 몸의 지체임이라 …

남편은 아내를 조건 없이 사랑해야 합니다. 왜 그래야 할까요? 피차 서로 사랑하는 것이 맞지 않을까요? 물론 서로 사랑해야 하지만, 먼저 그리고 주도적으로 사랑해야 할 주체는 남편입니다. 왜 그럴까요? 그 이유는 그리스도와 교회의 관계를 남편과 아내가 드러내야 하기 때문입니다. 그리스도께서 교회를 조건 없이 사랑하셨던 것을 시위(示威, demonstration)해야 합니다. 그리스도께서는 교회를 죽기까지 사랑하셨습니다. 남편은 아내를 죽기까지 사랑해야 합니다. 이것이 남편이 아내를 책임져야 할 이유입니다. 어쩌면 남편은 부당하다고 생각할 수도 있습니다. '아내가 순종하지 않는데, 어떻게 사랑합니까?' '사랑이란 서로 상호적이지 않나요?' '남편만 사랑하라니, 불공평해요.' 하지만, 곰곰이 생각해 보십시오. 그렇게 생각하는 자체가 책임지지 않겠다는 무책임한 모습입니다.

세상에서 통용되는 사랑은 조건적입니다. 하지만, 하나님의 사랑은 무조건적입니다. 교회에 주어진 책임으로서의 사랑은 무조건적(unconditional)입니다. 남편의 아내에 대한 사랑은 예수 그리스도의 교회를 향한 절대 사랑에서 배워야 합니다. 남편이여! 아내를 사랑하십시오. 조건 없이 사랑하십시오. 그것이 행복의 길입니다.

부모의 자녀에 대한 책임에 대해 살펴봅시다. 타락 후 아담과 하와가 자녀를 낳았습니다. 그 자녀들은 부모의 무책임한 행동으로 인해 큰 어려움을 겪습니다. 부모가 자녀에게 책임을 다하지 않음으로 자녀는 제대로 된 양육과 훈련을 받지 못합니다. 가인과 아벨을 보십시오. 가인은 동생을 보호해야 할 텐데 오히려 죽였습니다. 아담의 무책임이 큰아들 가인에게 그대로 나타납니다. 그 아버지에 그 아들입니다. 자녀는 커서 부모가 됩니다. 그들은 또 책임 없이 자녀를 양육하며 대를 이어 갑니다. 그렇게 오늘 우리에게까지 내려

왔습니다. 무책임한 아이를 좋아할 부모는 없습니다. 하지만, 책임 있는 자녀 양육을 포기하는 부모는 많습니다. 부모로서의 자녀 양육을 회피하는 경우 말입니다.

'자식 교육은 어려워.' '자식 이기는 부모 없지, 뭐!' '크면 좋아질 거야!'

하지만, 그리스도인 부모는 자녀를 책임 있는 자녀로 훈련하는데 최선을 다해야 합니다. "오직 주의 교훈과 훈계로 양육하라"(엡 6:4)는 명령이 주님의 지시이기 때문입니다. 하나님이 부모에게 준 마땅히 해야 할 일, 곧 책임이기 때문입니다. 자녀를 책임 있게 양육하는 세 가지 방법을 소개하려 합니다.

첫째, 아이가 스스로 해야 하는 일을 대신해 주지 마십시오. 아이의 일을 부모가 대신 하지 말라는 것입니다. 아이가 자신의 방을 어지럽혔다면 스스로 깨끗하게 청소하도록 하십시오. 부모가 대신 치워주지 마십시오. 아이 스스로 책임을 지도록 해야 하기 때문입니다. 만약 부모가 치워주면 아이는 그것이 부모의 책임인 것으로 알고 행동합니다. 그렇게 훈련됩니다. 책임 없는 아이는 부모 책임입니다.

둘째, 아이를 나약하게 대하지 마십시오. 아이를 책임 있는 존재로 대우해 주십시오. 예를 들면, 스스로 아이가 알람 시계를 조작할 수 있다면, 깨워주지 마십시오. 늦게 일어나 불이익을 당하더라도 내버려 두십시오. 숙제를 대신해 주지 마십시오. 책임에 따른 고생을 해야 합니다. 규칙을 따르지 않을 때는 책임을 지도록 하십시오. 불이익을 직접 당해 봐야 스스로 규칙을 어기지 않습니다.

셋째, 자녀에게 잔소리하지 마십시오. 규칙이 정해지면, 약속과 보상을 반복하며 일관성 있게 시행하십시오. 규칙을 어겨도 자꾸만 봐주거나 행동 기준을 반복해서 말하지 마십시오. 듣기 싫은 잔소리가 될 뿐입니다. '그 일을 다 끝내지 않으면, 같이 못 간다'라는 협박성 말을 남발하지 마십시오. 그런 것은 잠시 효과가 있을지 모르지만, 중독되면 더 이상 효과를 보지 못합니다. 단호하고도 분명하게, 그리고 일관성 있게 훈련해야 합니다.

부모는 자녀가 어린 시절 자유를 즐기고 충분히 자기 욕구를 충족하게 하고 싶어 합니다. 욕구불만은 후에 더 큰 문제를 양산할 것이라고 염려해서입니다. 하지만, 걱정하지 마십시오. 하나님은 사람보다 지혜로우십니다. 성경은 아이에게 분명하게 책임을 다하도록 양육하고 훈련해야 한다고 가르칩니다. 필요할 경우 체벌을 할 수도 있습니다. 물론 잘했을 때는 칭찬하고 격려합니다. 훈육이라는 명분으로 "자녀를 노엽게"(엡 6:4)하는 것은 허용될 수 없습니다. 자녀로 하여금 섬김으로 얻는 기쁨을 경험하도록 해야 합니다. 어떤 책은 이렇게 권면합니다.

> 만약 우리 아이들이 성공적인 어린 시절과 만족스런 인생을 영위하기 바란다면, 다른 사람들을 사랑하고 다른 사람들을 섬기는 법을 가르침으로써 책임감을 배우도록 하라.(『성공적인 자녀양육 지침서』, 150쪽)

그리스도인이면 누구나 거룩하고 소중한 책임이 있습니다. 하나님에게 빚진 것이 있지요. 그리스도인은 그리스도께 사랑을 빚졌습니다. 그러므로 모든 성도는 하나님을 사랑하고 동시에 이웃을 사랑해야 합니다. 그리스도인은 하나님의 은혜를 빚졌습니다. 그러므로 이웃에게 은혜를 베풀어야 합니다. 그리스도인은 하나님에게 용서를 빚졌으므로 이웃을 용서해야 합니다.

누구나 자신이 처한 위치에서 갚아야 할 빚이 있습니다. 성도는 다른 사람의 책임에 대해 걱정하거나 오지랖이 넓게 간섭하지 말고, 자신의 책임을 다하기 위해 애써야 합니다. 책임을 다하는 것은 쉽지 않습니다. 어렵습니다. 우리는 결핍투성입니다. 가족생활에서 발생하는 갈등과 반목으로 인한 상처로 책임을 행하기 어렵습니다. 하지만, 성도는 그런 환경을 극복해야 할 명령을 받고 있습니다. 예수 그리스도 안에서 능치 못할 일이 없기 때문입니다. 하나님은 성도에게 하늘에서 성령님을 주셔서 능히 승리할 능력을 주십니다.

한 사람이 있었습니다. 그는 어릴 때 충분한 사랑을 받지 못했습니다. 가난한 가정 형편으로 고통스러운 날을 보내야 했습니다. 어릴 때 겪은 학대로 인해 육체적·정신적 상처가 컸습니다. 그는 환경과 남 탓을 하며 책임을 회피하고 반사회적으로 살았습니다. 하지만, 그가 예수님을 믿고 난 후 삶이 변했습니다. 하나님의 사랑과 은혜를 받고 난 후 그는 전혀 다른 사람이 되었습니다. 전혀 다른 세계에 살게 되었습니다. 그의 과거, 곧 암울했던 환경과 고통스러운 관계는 하나님이 주신 선물임을 깨달았습니다. 그런 힘든 환경은 자신이 헤치고 나가도록 하나님이 주신 모험의 시간이었다고 고백했습니다. 그는 아름다운 가정을 이루고, 부모로서의 사랑과 보살핌을 자녀들에게 실천하기 위해 최선을 다했습니다.

우리가 해야 할 책임은 무거운 것이 아닙니다. 예수 그리스도께서 함께 하십니다. 지혜를 달라고 기도합시다. 우리가 처한 상황에서 책임을 다하는 사람이 됩시다.

읽고 나누기

❶ 읽고 배운 것을 자기 말로 요약해 봅시다.

❷ 하나님의 형상으로 지은 첫 사람 아담에게 주어진 책임은 어떤 것입니까?

❸ 마지막 아담인 예수 그리스도께서 대속하신 뒤 성도에게 주어진 새로운 책임은 어떤 것입니까?

❹ 지금 나에게 주어진 책임은 어떤 게 있을까요?

온유

온유는
하나님이 평안과 능력을
나타내시도록
자신의 권리를
하나님께 드리는 것

민수기 20:1-13

1 첫째 달에 이스라엘 자손 곧 온 회중이 신 광야에 이르러 백성이 가데스에 머물더니 미리암이 거기서 죽으매 거기에 장사되니라 2 회중이 물이 없으므로 모세와 아론에게로 모여드니라 3 백성이 모세와 다투어 말하여 이르되 우리 형제들이 여호와 앞에서 죽을 때에 우리도 죽었더라면 좋을 뻔하였도다 4 너희가 어찌하여 여호와의 회중을 이 광야로 인도하여 우리와 우리 짐승이 다 여기서 죽게 하느냐 5 너희가 어찌하여 우리를 애굽에서 나오게 하여 우리를 이 나쁜 곳으로 인도하였느냐 이 곳에는 파종할 곳이 없고 무화과도 없고 포도도 없고 석류도 없고 마실 물도 없도다 6 모세와 아론이 회중 앞을 떠나 회막 문에 이르러 엎드리매 여호와의 영광이 그들에게 나타나며 7 여호와께서 모세에게 말씀하여 이르시되 8 지팡이를 가지고 네 형 아론과 함께 회중을 모으고 그들의 목전에서 너희는 반석에게 명령하여 물을 내라 하라 네가 그 반석이 물을 내게 하여 회중과 그들의 짐승에게 마시게 할지니라 9 모세가 그 명령대로 여호와 앞에서 지팡이를 잡으니라 10 모세와 아론이 회중을 그 반석 앞에 모으고 모세가 그들에게 이르되 반역한 너희여 들으라 우리가 너희를 위하여 이 반석에서 물을 내랴 하고 11 모세가 그의 손을 들어 그의 지팡이로 반석을 두 번 치니 물이 많이 솟아나오므로 회중과 그들의 짐승이 마시니라 12 여호와께서 모세와 아론에게 이르시되 너희가 나를 믿지 아니하고 이스라엘 자손의 목전에서 내 거룩함을 나타내지 아니한 고로 너희는 이 회중을 내가 그들에게 준 땅으로 인도하여 들이지 못하리라 하시니라 13 이스라엘 자손이 여호와와 다투었으므로 이를 므리바 물이라 하니라 여호와께서 그들 중에서 그 거룩함을 나타내셨더라

마태복음 11:29

29 나는 마음이 온유하고 겸손하니 나의 멍에를 메고 내게 배우라 그리하면 너희 마음이 쉼을 얻으리니

마태복음 5:5

5 온유한 자는 복이 있나니 그들이 땅을 기업으로 받을 것임이요

온유의 원리

성경 민 20:1-13 마 11:29 마 5:5 **찬송** 82장 성부의 어린 양이

'저 사람 마음이 따뜻하고 부드럽다'라고 하면 '저 사람 온유하다'라는 뜻입니다. 온유한 성품을 가진 사람은 인기가 많습니다. 적이 없기 때문입니다. 온유한 사람은 대체로 평판이 좋습니다.

성령의 아홉 가지 열매에 "온유"(갈 5:23)가 포함됩니다. 예수님도 '온유한 자가 복이 있다'(마 5:5)고 말씀하셨습니다. 당신은 온유한 사람입니까? 아니면, 툭하면 분노하고 화를 잘 내는 편입니까? 요즘 온유한 사람을 찾기 어렵습니다. 자신의 감정을 가감 없이 드러내는 것이 '개성'이고 '멋지다'고 여기는 세상입니다. 화가 나면 '나 화났다', 싫으면 '싫어', 감정표현에 주저함이 없습니다. 과거 분노를 억압하는 것이 문제였다면, 지금은 분노를 너무 쉽게 표출하는 것이 문제입니다. 요즘 분노 조절 장애를 앓는 아이들이 많다고 합니다. 그런 아이에게는 친구가 별로 없습니다. 이런 시대일수록 성경이 가르치는 '온유' 성품은 귀합니다. 이번 주제는 "온유"입니다. 첫째, '온유한 사람', 둘째, '분노한 모세', 셋째, '온유한 예수'로 나눠서 생각해 봅시다.

첫째, 온유한 사람

성경 인물 가운데 온유한 자를 뽑으라면 누가 생각납니까? 예수님을 제외하

고 특별히 온유한 자라고 칭찬을 받은 사람이 있습니다. 누군지 알겠습니까? 바로 모세입니다. 모세에게 '온유'가 느껴집니까? 글쎄요! 하나님은 모세를 온유하다고 평가하셨습니다. 들어보십시오.

> 이 사람 모세는 온유함이 지면의 모든 사람보다 더하더라.(민 12:3)

형 아론과 누나 미리암이 동생 모세의 권위에 도전했던 적이 있습니다(민 12:2,6). 하나님은 두 사람에게 진노했습니다. 하나님은 미리암에게 징벌로 전염병이 생기게 했습니다. 모세는 아론과 미리암에게 분노하지 않고, 온유한 태도를 취했습니다. 모세는 자신을 대적했던 미리암의 치유를 위해 기도해 주었습니다. 하나님은 모세의 온유한 기도를 들으시고 미리암을 고쳐주었습니다.

우리는 비난하는 자를 온유함으로 대할 수 있을까요? 나의 지위를 탐내며 흔드는 사람에게 분노하지 않고 용납할 수 있을까요? 배신자를 온유함으로 받아들일 수 있을까요? 약점을 물고 늘어지며 공격하는 자를 위해 기도할 수 있을까요? '세상에 이런 법은 없어!'라며 분노하며 싸워야 하지 않을까요?

모세는 분노하지 않았습니다. 그들을 온유함으로 대했습니다. 어떻게 모세는 온유함으로 행동할 수 있었을까요? 모세는 일어나는 모든 일을 하나님의 주권에 맡기는 믿음을 가졌다고 볼 수 있습니다. 하나님께서 갚아 주실 것을 알기에 직접 대응하지 않고 온유함으로 처신했다고 봅니다. 모세는 보통 사람이 아닙니다. 그는 과연 온유의 사람이었습니다.

본디 모세가 온유한 사람은 아니었습니다. 모세는 젊은 시절 하나님의 주권을 인정하지 않고 자신의 혈기로 이스라엘을 구원하려 시도했었습니다. 이집트인이 히브리인을 폭행하는 것을 참지 못하고 완력으로 두들겨 패 죽였

---

6   "여호와께서 모세와만 말씀하셨느냐? 우리와도 말씀하지 아니하셨느냐?"(2절)

습니다. 그리고 시체를 모래에 숨기고 감추었습니다. 그 후 이번에는 히브리 사람끼리 싸우는 것입니다. 모세가 중재자로 나섰습니다. 그 때 가해자가 모세를 향해 이렇게 말했습니다.

> 누가 너를 우리를 다스리는 자와 재판관으로 삼았느냐? 네가 애굽 사람을 죽인 것처럼 나도 죽으려느냐?(출 2:14)

아뿔싸, 모세의 살인이 탄로 나고 말았습니다. 이스라엘을 구하려는 그의 계획은 완전히 실패했습니다. 그의 삶은 무너졌습니다. 그는 온유하지 못했습니다. 모세의 목에는 힘이 너무 많이 들어가 있었습니다.

하나님은 모세를 광야 미디안 땅으로 보냈습니다. 40년 동안 모세는 목자로 살며 온유를 훈련받았습니다. 목자 모세는 양의 '온유'한 성품을 보며 배웠습니다. 양은 자신의 주권을 목자에게 완전히 맡깁니다. 양은 목자를 향해 절대 순종하고 분노하지 않습니다. 양은 다른 양을 떠밀치며 공격하지 않습니다. 양은 화를 내는 법이 없습니다. 양은 온유의 상징으로 표현됩니다.

나중에 모세는 하나님의 부름을 받아 이스라엘의 위대한 해방자가 됩니다. 모세가 이스라엘 백성을 출애굽 시킵니다. 홍해가 그들을 가로막고 있습니다. 뒤에는 이집트 군대가 추격합니다. 그때 이스라엘 백성은 분노하며 모세를 원망하고 죽이려 합니다. 하지만, 모세는 그들의 불신과 분노에 온유함을 보입니다. 그는 담대하게 하나님의 주권을 믿고 백성을 안심시킵니다. 그렇고 보면, 온유는 믿음이 없이는 불가능합니다. 믿음이 온유를 낳습니다. 인간 품성이 온유를 생산하지 않습니다. 모세는 "여호와께서 오늘날 너희를 위하여 행하시는 구원을 보라"(출 14:13)고 확신 있게 외쳤습니다.

그 외에도 모세는 지도자로서 백성의 수많은 원망과 불평과 불만을 경험했지만 온유했습니다. 모세가 십계명을 받기 위해 사십 일간 시내 산에 올라가 있는 동안 이스라엘 백성이 금송아지를 만들어 "여호와"라 부르며 춤추며 뛰어놀며 죄를 지었습니다. 모세는 백성의 악한 죄를 용서해 달라고 하나님께 기도했습니다. 그는 자신의 이름을 생명책에서 지우더라도 백성을 구원해 달라고 기도하는 위대한 온유를 보였습니다(출 32:32). 이것을 보면, 모세의 온유함은 하나님께 대한 믿음에서 나왔음을 볼 수 있습니다. 모세의 온유는 하나님이 보증해 줄 정도로 확실했습니다.

> … 그는 나의 온 집에 충성됨이라. 그와는 내가 대면하여 명백히 말하고 은밀한 말로 아니하며, 그는 또 여호와의 형상을 보겠거늘 너희가 어찌하여 내 종 모세 비방하기를 두려워 아니하느냐.(민 12:7-8)

또 가데스바네아에서 가나안 땅을 정탐하고 돌아온 10명의 정탐꾼이 믿음 없는 보고를 했을 때, 백성이 모세를 돌로 쳐 죽이려 했습니다. 그러자 하나님이 나타나 이스라엘 백성을 죽이려 했습니다. 모세는 그때에도 온유함으로 대했습니다. 백성을 위하여 중보 기도함으로 하나님의 진노를 피할 수 있었습니다. 그리고 고라 당의 반역(민 16-17장)으로 인해 모세가 어려움을 겪기도 했지만 모세는 온유한 신앙으로 초연한 모습을 보여주었습니다.

이런 모세의 온유는 우리가 배워야 할 좋은 모범입니다. 모세는 온유의 사람이었습니다. 모세의 온유는 예수 그리스도의 그림자였습니다.

둘째, 분노한 모세

하지만, 모세도 인간에 불과했습니다. 모세는 완전한 자가 아니었습니다. 그도 연약한 죄인이었습니다. 모세는 치명적 실수를 저지르고 말았습니다.

어느 날이었습니다. 이스라엘 백성의 광야 생활도 이제 막바지에 다다랐습니다. 신 광야에 도착했습니다. 지난 40년의 광야 생활은 은혜의 시간이었습니다. 하나님의 인도와 보호를 상징하는 '구름 기둥과 불 기둥'을 보십시오. '만나와 메추라기'를 보십시오. 하나님은 옷과 신발이 헤지 않도록 하셨습니다. 그런데 마실 물이 부족하자 이스라엘 백성의 믿음이 곤두박질치고 말았습니다. 백성은 모세와 아론을 공격하기 시작했습니다. 당장 힘든 일이 생기자, 백성은 지난 광야 40년을 '흑(黑) 역사'로 해석했습니다. 은혜의 역사를 흑암의 시대로 보고 불평과 불만을 쏟아냈습니다. 그들에게 지난 사십 년 광야 생활은 참기 어려운 고통이었다고 흥분하며 분노했습니다. 백성의 분노는 곧바로 모세와 아론을 향했습니다.

> 너희가 어찌하여 여호와의 회중을 이 광야로 인도하여 우리와 우리 짐승이 다 여기서 죽게 하느냐? 너희가 어찌하여 우리를 애굽에서 나오게 하여 이 나쁜 곳으로 인도하였느냐? 이곳에는 파종할 곳이 없고 무화과도 없고 포도도 없고 석류도 없고 마실 물도 없도다. (4-5절)

모세와 아론은 회막 문 앞에 바싹 엎드렸습니다. '하나님! 어찌하면 좋겠습니까? 저들이 우리를 죽이려고 합니다. 하나님, 저들의 분노가 정당합니까? 하나님, 문제를 해결해 주십시오. 저들은 하나님의 은혜와 저희의 사역을 욕보입니다. 저들을 벌주셔야 하는 것 아닙니까?' 백성이 모세와 아론을 대적한 것이지만, 사실은 하나님을 불신하고 대적한 것입니다. 하지만, 하나님은 모세의 생각과 달랐습니다. 하나님은 백성을 벌하지 않고 그냥 물을 줄 생각입니다. 하나님의 한없는 긍휼, 곧 온유를 보여주려 하십니다. 백성의 마음을 어루만져 주실 계획입니다. 그래서 모세와 아론에게 명령했습니다.

> 지팡이를 가지고 네 형 아론과 함께 회중을 모으고 그들의 목전에서 너희는 반석에게 명령하여 '물을 내라'하라. 네가 그 반석이 물을 내게 하여 회중과 그들의 짐

승에게 마시게 할지니라.(8절)

모세는 하나님의 거룩한 온유를 보여주어야 했습니다. 참으로 안타깝게도, 모세는 아론과 함께 백성을 모아놓고 하나님의 거룩함을 보이기는커녕 분노를 표출하고 말았습니다. 큰 실수를 저질렀습니다.

> 모세가 그들에게 이르되, '반역한 너희여 들으라! 우리가 너희를 위하여 이 반석에서 물을 내랴!'하고 모세가 그의 손을 들어 그의 지팡이로 반석을 두 번 치니, 물이 많이 솟아나오므로 회중과 그들의 짐승이 마시니라.(10-11절)

이 사건은 출애굽기 17장에 나오는 "므리바" 사건과 비슷합니다. "므리바"는 '다툼'이라는 뜻입니다. 인간이 하나님과 다투었다는 뜻입니다. 광야 행진 첫 사건을 '제1 므리바'라고 한다면, 민수기 20장에 나오는 사건은 광야 행진 막바지에 있었던 '제2 므리바' 사건이라고 볼 수 있습니다. 이 두 사건에 대한 평가가 성경 여러 곳에 등장합니다. 시편 106편을 보십시오.

> 그들이 또 므리바 물에서 여호와를 노하시게 하였으므로 그들 때문에 재난이 모세에게 이르렀나니, 이는 그들이 그의 뜻을 거역함으로 말미암아 모세가 그의 입술로 망령되이 말하였음이로다.(시 106:32-33)

모세가 "입술로 망령되이 말"(33절)한 것이 무엇일까요? 그것은 10절에 언급된 "반역한 너희여 들으라! 우리가 너희를 위하여 이 반석에서 물을 내랴!"라는 말입니다. 모세와 아론이 어리석은 백성을 향하여 분노의 말을 퍼부은 것입니다. 모세 입장에서는 처음이 아닙니다. 광야 행군 초기 제1 므리바 사건에서 모세가 하나님의 명령에 순종해 지팡이로 반석을 쳤습니다. 하지만 분노하지 않았습니다(출 17:6). 그런데, 제2 므리바 사건에는 분노하며 망령된 말을 내뱉었습니다. 모세의 온유는 온데간데없이 사라져 버렸습니다. 대신 분노가 그 자리를 차지했습니다.

모세는 "우리가 너희를 위하여 이 반석에서 물을 내랴?"(10절)라고 말합니다. "우리"라고 말하고 있음에 주목하십시오. 마치 자기들이 물을 줄 수 있는 것처럼 말합니다. 하나님의 주권과 능력을 무시한 처사입니다. 성경은 이것을 하나님의 거룩함을 나타내지 않았다(12절)고 표현했습니다. 하나님께 영광 돌리지 않았다는 뜻입니다. 물론 백성이 성령을 근심하게 하며(사 63:10), 모세와 아론을 대적한 것은 잘못입니다. 그들의 죄입니다. 그래도 하나님은 당신의 거룩한 온유를 나타내 보이려 하셨습니다. 모세와 아론은 그 하나님의 거룩함을 드러내기만 하면 됩니다. 그런데, 마치 자신이 물을 줄 수 있는 것처럼 행동했습니다. 그 행동이 "그의 손을 들어 그의 지팡이로 반석을 두 번"(11절) 친 것입니다. 이것은 모세의 불순종이며 온유하지 않은 행동입니다. 하나님은 모세에게 회중 앞에서 반석에게 "물을 내라"(8절)라고 말하라고 명령하셨습니다. 그런데, 그들은 지팡이로 반석을 두 번이나 내려친 것입니다. 온유는 사라졌습니다.

모세의 온유는 완전하지 않았습니다. 일시적 온유일 뿐이었습니다. 그는 더 이상 온유한 사람이 아닙니다. 모세는 이 사건 때문에 가나안 땅에 들어가지 못합니다(12절). 하나님의 벌이 너무 심한가요? 그렇지 않습니다. 모세는 개인이 아니라, 이스라엘 백성을 이끄는 지도자입니다. 모세의 불신앙과 죄는 미치는 영향이 큽니다. 그래서 그 징벌도 큽니다. 교회에서 섬기는 직분자의 책임이 큰 이유도 마찬가지입니다. 직분자는 하나님 앞에서 교회를 섬기는 자이기 때문에 그 권위를 존경해야 합니다. 떠돌아다니는 얘기를 퍼 나르며 직분자를 향해 뒷담화하는 것은 큰 죄입니다. 다른 한편 직분자의 직무 유기와 죄도 큽니다. 지위와 명예가 높은 자의 죄는 그만큼 책임도 무겁습니다.

모세는 온유하지 못했습니다. 그는 분노를 표출함으로 죄를 지었습니다. 그 징벌은 가볍지 않았습니다. 모세는 가나안 땅에 들어가지 못했습니다.

셋째, 온유한 예수

우리는 모세보다 나은가요? 한순간의 분노로 스스로 징벌을 자처하고 있지 않습니까? 매 주일, 아니, 매일, 매 순간 분노를 쏟아놓으며 화내는 삶을 반복하지는 않습니까? 분노와 화풀이는 멸망으로 가는 지름길입니다. 그런 우리의 모습을 보면 절망적입니다. 소망이 없습니다. 희망이 보이지 않습니다. 분노와 화풀이 전문가인 우리는 과연 가나안 땅에 들어갈 수 있을까요?

절망하지 마십시오. 실망하지 마십시오. 우리에게 소망과 희망의 빛이 있습니다. 예수 그리스도가 우리의 빛과 소망이시기 때문입니다. 모세를 바라보면, 소망이 없지만, 예수 그리스도를 바라보면 희망이 있습니다. 예수님은 온유 그 자체이십니다. 온유의 최고봉은 모세가 아니라 예수님입니다. 예수님이 당신의 정체성에 대해 말한 것에서도 알 수 있습니다. 들어보십시오.

> 나는 마음이 온유하고 겸손하니 나의 멍에를 메고 내게 배우라. 그리하면 너희 마음이 쉼을 얻으리니.(마 11:29)

예수님은 아버지 하나님의 뜻에 온전히 순종했습니다. 그 어떤 핍박과 불의에도 묵묵히 십자가를 지셨습니다. 천사를 보내 악한 인간을 죽일 수 있지만, 분노하지 않았습니다. 우리는 예수님의 십자가에서 온유의 절정(Climax)을 봅니다. 예수님의 온유는 하나님의 권위 아래 발휘되는 강력한 능력입니다. 예수님은 인간의 아픔을 온몸으로 느끼고 치료하고 약한 자들을 품으십니다. 자신을 대적하고 핍박하는 자들을 향하여 묵묵히 인내합니다. 수많은 멸시와 시기를 받지만 죄인을 넓은 팔로 끌어안습니다. 하늘에 계신 아버지의 뜻을 이루기 위해 온전히 순종하셨습니다.

예수님은 고통의 십자가를 지기 위해 겟세마네에서 마지막으로 기도했을 때 완전한 온유의 모습을 보여주셨습니다. 예수님은 십자가가 너무 힘들어 이렇게 기도했습니다.

> … 내 아버지여 만일 할 만하시거든 이 잔을 내게서 지나가게 하옵소서. 그러나 나의 원대로 마옵시고 아버지의 원대로 하옵소서.(마 26:39)

예수님은 십자가에 죽어야 하는 하나님의 주권적 뜻에 온전히 복종함으로 인류 최고의 '온유자'가 되었습니다. 십자가에 못 박아 죽이는 사람을 위하여 '아버지여 저희를 사하여 주옵소서. 자기의 하는 것을 알지 못함이니이다'(눅 23:34)라고 기도했습니다. 자신을 죽이는 원수들을 위한 예수님의 온유한 성품을 봅니다.

예수님의 제자가 된다는 말은 다름 아닌 예수님의 온유를 소유한 자라는 말입니다. 예수님의 온유를 따르는 자라는 뜻입니다. 시편 기자가 "곧 하나님이 땅의 모든 온유한 자를 구원하시려고"(시 79:9)라고 노래한 것을 보면 온유한 자가 곧 예수님의 제자이며 구원받을 자입니다.

모세는 예수님의 그림자로 온유한 자라 칭함을 받았습니다. 하지만, 그는 결코 온유한 자가 될 수 없었습니다. 예수님만이 온유한 자이며, 온유의 최고봉입니다. 온유하신 예수님을 의지하고 믿읍시다. 그분에게 꼭 붙어 있으면 그분의 온유를 누릴 수 있습니다. 그리고 그분의 온유를 따르며 삽시다. 예수님 없이 온유는 불가능합니다. 우리 속에는 온유를 만들어 낼 수 없습니다. 혹시 흉내 낼 수 있을지 모르지만, 곧 실패하고 말 것입니다. 예수님을 믿고 의지하십시오. 그리고 그분에게 우리의 주권을 내어드리고 그분의 다스림에 복종합시다. 그러면 온유한 자가 될 것입니다.

에베소서 4:26-27

26 분을 내어도 죄를 짓지 말며 해가 지도록 분을 품지 말고 27 마귀에게 틈을 주지 말라

의로운 분노

성경 엡 4:26-27 **찬송** 529장 온유한 주님의 음성

'분노의 칼끝은 하나님을 향하고, 온유는 하나님의 주권에서 온다'라는 말이 있습니다. 분노는 온유를 이루지 못한다는 뜻이지요.

온유 성품의 본질

종종 '온유' 성품을 나약한 자의 태도라고 오해합니다. 힘센 자에게 순종하고 분노하지 말아야 한다는 논리로 사용되기도 해서 그렇게 보이는 측면도 있는 것 같습니다. 그래서 온유는 갑보다는 을에게 많이 요구되기도 합니다. 하지만, 성경이 말하는 온유는 결코 약한 자의 성품이 아닙니다. 오히려 반대입니다. 온유는 하나님의 강력입니다. 온유는 하나님의 주권에 맡기는 믿음의 능력입니다. 한국품성계발원은 『진정한 성공을 위한 능력』에서 온유 성품을 이렇게 정의합니다.

온유는 하나님이 우리를 통해 평화와 능력을 나타내시도록 우리 자신의 권리를 하나님께 드리는 것

'온유'는 하나님의 주권을 믿는 데서 출발합니다. '온유'는 우리의 권리를 하

나님에게 드리는 강력한 행위입니다. '온유'는 힘들고 무거운 삶의 짐을 쉽고 가벼운 예수 그리스도의 멍에와 바꾸는 능력의 행위입니다. '온유'(πραΰτης, meekness)는 '친절', '겸손', '유순함', '동정심'이라는 의미를 포함합니다. 그러니, 온유는 가진 자의 성품입니다. 온유는 천하 만물을 가진 자의 성품입니다. 온유는 온 천하 만물을 창조하신 우주의 왕이신 하나님의 자녀만이 가질 수 있는 여유에서 나오는 격조 있는 태도입니다.

온유의 반대는 분노

그렇다면, '온유'의 반대 성품은 무엇일까요? 그것은 바로 '성냄' 혹은 '분노'(忿怒)입니다(약 1:20-21).

> 사람이 성내는 것이 하나님의 의를 이루지 못함이라. 그러므로 모든 더러운 것과, 넘치는 악을 내 버리고, 너희 영혼을 능히 구원할 바 마음에 심어진 말씀을 온유함으로 받으라. (약 1:20-21)

'성냄'과 '온유'가 대조됩니다. 분노는 하나님의 주권을 인정하지 않는 것과 관련이 있습니다. 다시 말하면 분노하는 그리스도인은 하나님의 임재와 하나님의 다스림을 이론적으로 알지만, 실천적으로는 믿지 않는 결과입니다. 분노하는 사람을 가만히 보면, 자신이 하나님의 자리에 앉아 있습니다. 하나님의 영광과 거룩에는 무관심합니다. 자기 명예와 자존심과 상처와 손해에만 관심이 있을 뿐입니다. 자기가 마치 하나님인 것처럼 심판의 불을 뿜어내는 것이 분노입니다. 하나님의 자리에 앉아 벌까지 내리는 것이 분노입니다.

분노의 사람은 '강한 자' 같아 보입니다. 하지만, 사실 '약한 자'입니다. 분노의 사람은 믿음이 없는자입니다. 의지할 곳이 없으니, 자신의 영역이 침해당한다고 생각할 때 분노로 그 위협이나 위험을 없애 버리려 합니다. 사울이 그랬습니다. 백성이 사울보다 다윗을 더 따르자 분노했습니다.

> 여인들이 뛰놀며 노래하여 이르되, 사울이 죽인 자는 천천이요 다윗은 만만이로
> 다 한지라. 사울이 그 말에 불쾌하여 심히 노하여 이르되, 다윗에게는 만만을 돌
> 리고, 내게는 천천만 돌리니, 그가 더 얻을 것이 나라 말고 무엇이냐, 하고.(삼상
> 18:7-8)

사울은 다윗의 성취에 질투가 났고, 질투는 분노를 불러일으켰습니다. 그 후 사울은 다윗에게 창을 던지며 죽이려 했습니다. 사울의 분노는 죽음으로 생명을 마감할 때까지 이어졌습니다. 분노는 무섭습니다. 다윗은 질투의 분노로 인해 큰 고통을 겪었습니다. 분노는 무섭고 잔인하며 끈질깁니다. 온유가 하나님을 믿음으로 자신의 권리를 포기하고 하나님에게 주권을 드리는 것이라면, 분노는 하나님의 주권을 무시하는 불신앙에서 나옵니다. 그러므로 성도에게 분노는 어울리지 않습니다. 분노를 멈추고 화를 중단해야 합니다.

'온유한 사람'은 하나님의 주권을 인정함으로 하나님의 섭리와 지혜와 경영을 믿고 따릅니다. 그는 하나님에게 자신의 문제를 내려놓을 줄 압니다. 온유한 사람은 강한 사람입니다. 온유는 아무나 가질 수 없습니다. 중생한 자만이 가질 수 있습니다. 하나님의 살아계심과 자신의 죄와 비참함을 아는 자만이 자신의 권리를 하나님께 드릴 수 있습니다. 온유한 자가 되지 않으시렵니까? 아니, 우리는 이미 예수 그리스도 안에서 온유한 자입니다. 이 온유를 실행하며 누리시기 바랍니다.

의로운 분노

이제 반대 얘기를 해 보려 합니다. 방금 온유한 사람은 분노하지 않는다고 배웠습니다. 하지만, 모든 분노가 잘못된 것일까요? 분노 자체가 죄일까요? 그

런 것 같고 동시에 그렇지 않기도 합니다. '화를 내지 않는 사람은 무조건 온유한 자일까요?' 그렇다면, 유년 시절 내가 본 그 청년은 온유한 사람이었을 겁니다. 그는 꼬마들이 놀려도 화를 내지 않았습니다. 아이들이 장난으로 돌을 던져도 웃기만 하지 분노하지 않았습니다. 온유한 자일까요? 아닙니다. 그 청년은 온유한 사람이 아니라, 정신적으로 문제가 있는 사람이었습니다. 온유는 단순히 화를 내지 않는 것이 아닙니다. 온유는 분노를 넘어섭니다. 분노하더라도 온유할 수 있습니다. 분노 자체에 대해 좀 살펴보겠습니다.

분노는 무엇입니까? 성경은 분노에 대해 뭐라고 할까요? 성경은 성도가 분노할 수 있음을 인정합니다. 에베소서 4장 26-27절은 분노 자체를 근본적으로 금지하지 않습니다.

> 분을 내어도 죄를 짓지 말며 해가 지도록 분을 품지 말고 마귀에게 틈을 주지 말라.(엡 4:26-27)

언뜻 듣기에는 분노 자체를 금하는 것 같지만 그렇지 않습니다. 근본적으로 분노하지 말라는 권고가 아닙니다. 오히려 분노를 전제합니다. '분을 내어도 죄를 짓지 말라'는 권고일 뿐입니다. 분노하면 죄를 지을 가능성이 있지만, 화를 내어도 죄짓지 않는 방법이 있다는 뜻이지요. 본문을 좀 더 살펴봅시다. 26절을 직역하면 이렇습니다. '분을 내어라. 그리고 죄를 짓지 말라!'와 '분을 내어라!'는 수동형이고 동시에 명령형입니다. 그러니 '분이 생기면 표출해라!'(Be angry) 분노를 적극적으로 허용하고 있는 듯 보입니다. '화가 나면 화를 내라'는 뜻입니다. 화를 억누르는 것만이 최선이 아니라는 뜻입니다. 단지 분노할 때 죄짓기 쉬우니 '조심하라!', '죄를 짓지 말라!'는 뜻입니다. 그 비법이 뭘까요? 여기에 우리의 숙제가 있습니다. 조금 있다가 살펴보겠습니다.

분노하지 않으면 좋겠지만, 만약 분노한다면 그 분노가 해가 진 후에도 남아 있지 않도록 해야 합니다. 직역하면 '태양이 분노를 넘어 내려가지 못하게 하라'입니다. 분노의 상황이 계속 이어지면, 반드시 마귀가 틈을 타서 죄에 빠지게 할 것이기 때문입니다. 마귀에게 틈을 주게 되어 죄를 짓게 된다는 뜻입니다. 바로 여기에 지혜가 필요합니다. '분노' 자체는 죄가 아닐 수 있지만, 죄로 이어질 가능성이 있다는 뜻입니다.

하나님도 분노하십니다. 분노는 하나님의 사랑과 공의의 속성에 나오는 결과입니다. 하나님은 거룩하시기에 죄를 그냥 보고 넘어가지 않으십니다. 하나님은 언약 백성의 죄에 대해 분노하십니다. 구약성경에 분노라는 말이 455회 나오는데, 하나님의 분노가 무려 375번이나 나온다고 합니다. 정말 "하나님은 매일 악에게 분노"(시 7:11)하십니다.

예수님도 성전에서 제물을 사고파는 행위를 보고 분노하셨습니다(요 2:13-17). 바리새인과 서기관이 예수님이 안식일에 손 마른 사람을 고치는가, 지켜보는 완악함에 분노하셨습니다(막 3:5). 하나님은 긍휼과 자비가 풍성하시지만, 죄에 대해 진노하십니다. 예수 그리스도는 악과 죄에 대해서 분노하십니다. 그러니 분노 자체는 죄가 아닙니다. 하나님의 분노는 의로운 분노입니다.

하나님이 분노한다고 인간도 분노해도 되는 것일까요? 예, 인간도 분노할 수 있습니다. 인간은 하나님의 형상으로 창조되었기 때문입니다. 인간이 타락했지만, 그래도 하나님의 형상이 남아 있어 도덕적으로 판단하고 행동하기도 합니다. 아무리 나쁜 사람도 '그건 나빠! 잘 했어! 그것은 옳아!'라는 말을 합니다. 그도 하나님의 형상을 가지고 있기 때문입니다.

분노는 인간이 정서적, 생리적, 인지적 차원에서 정의롭지 않은 것과 마주칠 때 감정에 불꽃이 일어나는 것입니다. 분노 자체는 악도 아니고 죄도 아닙니다. 타락한 인간이 내는 불의한 분노도 있지만, 하나님의 공의의 속성에 속하는 의로운 분노도 있기 때문입니다. 그런 의미에서 오히려 의로운 분노가 없는 사람은 문제가 있다고 볼 수도 있습니다. 종종 분노하지 않는 사람은 도덕적 감각을 잃은 사람일 수도 있기 때문입니다. 죄에 대항해 분노하지 않으면 개혁은 일어나지 않습니다. 악에 대한 분노가 없으면 사회가 발전하지도 못하고 정의가 실현되기도 어렵습니다.

하나님이 인간에게 분노를 주신 이유나 분노의 목적은 잘못이나 불의에 대해 뭔가 하라는 뜻입니다. 개인 죄와 사회의 불의에 대해 분노해야 합니다. 만약 죄에 대해 분노하며 회개한다면, 하나님은 용서를 베푸십니다. 하나님은 니느웨 성의 죄에 대해 분노하시지만, 회개할 때 용서하고 분노를 거두셨습니다. 의로운 분노는 긍정적 개혁을 낳을 수 있습니다. 종교 개혁자 루터(M. Luther)는 중세 로마교회의 잘못된 교리와 면벌부 판매에 분노했습니다. 교회와 성직자의 불의에 대항해 분연히 일어섰습니다. 그 결과가 종교개혁입니다.

미국에는 'MADD'(Mother's Against Drunk Driver)라는 단체가 만들어졌습니다. 1980년 3월 3일, 13살 난 딸(Cari Lightner)이 음주 운전자에 의해 사망한 사건이 있었습니다. 어머니들이 분노하며 일어섰습니다. 자녀들이 음주 운전자에 의해 죽어가고 평생 불구로 살아야 하는 것에 분노했습니다. 그 결과 느슨한 법을 바꾸고 더 나은 사회를 만들었습니다. 청소년 음주운전이 50%나 감소했습니다. 이렇게 의로운 분노는 반드시 불의에 대한 건설적 행동을 위한 것이어야 합니다.

그렇다고 모든 분노가 정당할까요? 분노하는 사람들은 하나 같이 자신이 옳다고 생각하지 않나요? 자신의 판단이 의롭다고 여기고 화내고 분노하는 것이 특징이지 않나요? 그것이 문제입니다. 그렇습니다. 맞습니다. 그게 문제입니다. 분노할 수 있습니다. 하지만, 건강한 분노도 있지만, 악한 분노도 있습니다. 분노는 인간을 통과하면서 문제를 일으키거나, 죄로 발전할 수도 있습니다. 조심해야 합니다. 분노는 어딘가 문제가 있을 때 나타나는 신호입니다. 분노는 어둠 속을 돌진하는 자동차의 번쩍이는 헤드라이트와 같습니다. 분노 그 자체는 문제가 아니지만, 긍정적이고 발전적으로 사용해야 합니다. 만약 분노가 잘못 사용되면, 큰 문제를 일으키기 때문입니다. 모세같이 말입니다.

　인간은 분노를 잘 조절하지 못합니다. 그리고 분노를 불의하게 사용할 수 있습니다. 인간은 죄인이기 때문입니다. '하나님 중심'으로 판단해야 하는데, '자기 중심'으로 판단하고 분노하면 문제입니다. 자기 신념이나 이데올로기적 판단으로 분노한다면, 그것은 의로운 분노라고 할 수 없습니다. 의로운 분노는 성경에 근거하고 하나님의 뜻에 따른 것이어야 합니다. 에베소 교회를 향한 바울의 권면에서 그 구체적 방법을 찾아봅시다.

　… 해가 지도록 분을 품지 말고 마귀로 틈을 타지 못하게 하라.(엡 4:27)

게리 채프먼(Gary Chapman)은 『사랑의 또 다른 언어, 분노』(두란노) 제8장에서 '분노를 다루는 방법'을 소개합니다. 그것을 정리해보면 이렇습니다.

　1단계 화가 난 것을 인정하기

"분을 내어도 죄를 짓지 말라"(엡 4:26)는 권고가 바로 그것입니다. '나 화났다'라고 표현하라는 것입니다. 화난 것을 인정해야 바로 죄로 발전하지 못하게 할 수 있습니다.

　2단계 즉각적 반응(말이나 행동)을 자제하기

잠언 29장 11절에 보면 "어리석은 자는 그 노를 다 드러내어도 지혜로운 자는 그것을 억제하느니라"라고 했습니다. 잠언 14장 29절을 보면, "노하기를 더디 하는 자는 크게 명철하여도 마음이 조급한 자는 어리석음을 나타내느니라."

라고 했습니다. 그래서 온유한 자는 분노를 조절하고 다스리는 방법을 선택합니다. 첫째, 어떤 말이나 행동을 하고 싶을 때 숫자를 세어봅니다. 둘째, 자기를 분노케 한 사람과 같이 있다면 그 자리를 피합니다. 셋째, 산책합니다. 넷째, 기도합니다. 다섯째, 타임아웃을 선포합니다. '이제 그만!' '스탑'(Stop)하고 외칩니다. 여섯째, 잠시 자리를 피해 화장실이나 화장대 거울 앞에 가서 자신을 보고 웃어봅니다. 이런 방법이 도움이 된다고 합니다. 한 번 시도해 보기 바랍니다.

3단계 분노의 원인에 초점을 맞추기

사랑받는다고 느끼지 못하자, 겉으로 드러난 약점에 분노한 것임을 찾아내면 훨씬 문제의 해결이 쉬울 수 있습니다. 분노의 원인을 1-10까지 곰곰이 생각하며 정리하면 도움이 됩니다.

4단계 어떻게 반응할지를 결정하기

복수를 할 것인지 혹은 억제(부정적 의미)를 선택할 것인가요?

5단계 성도는 화해를 선택하기

물론 거짓 화해는 금물입니다. 진정으로 화해를 선택해야 합니다. 분노와 화풀이는 하나님께 맡깁니다. 당사자에게 분노한 이유를 설명하고 화해를 시도하십시오. 이것이 성도의 온유한 모습입니다. 에베소서 4장 26-27절의 말씀은 "새 사람"(엡 4:23)을 입은 사람들이 의와 진리의 거룩함으로 살아야 하기에 분노했을 때 어떻게 해야 할 것을 권면한 것입니다. 온유하신 예수 그리스도의 제자이며 온유하신 하나님의 자녀인 우리가 어떻게 살아야 할지 보여줍니다. 주님을 의지하고 그분이 주시는 힘과 능력을 믿음으로 온유를 선택하시기 바랍니다. 의로운 분노를 통해 온유를 완전하게 행합시다.

시편 37:1-11

1 악을 행하는 자들 때문에 불평하지 말며 불의를 행하는 자들을 시기하지 말지어다 2 그들은 풀과 같이 속히 베임을 당할 것이며 푸른 채소 같이 쇠잔할 것임이로다 3 여호와를 의뢰하고 선을 행하라 땅에 머무는 동안 그의 성실을 먹을 거리로 삼을지어다 4 또 여호와를 기뻐하라 그가 네 마음의 소원을 네게 이루어 주시리로다 5 네 길을 여호와께 맡기라 그를 의지하면 그가 이루시고 6 네 의를 빛 같이 나타내시며 네 공의를 정오의 빛 같이 하시리로다 7 여호와 앞에 잠잠하고 참고 기다리라 자기 길이 형통하며 악한 꾀를 이루는 자 때문에 불평하지 말지어다 8 분을 그치고 노를 버리며 불평하지 말라 오히려 악을 만들 뿐이라 9 진실로 악을 행하는 자들은 끊어질 것이나 여호와를 소망하는 자들은 땅을 차지하리로다 10 잠시 후에는 악인이 없어지리니 네가 그 곳을 자세히 살필지라도 없으리로다 11 그러나 온유한 자들은 땅을 차지하며 풍성한 화평으로 즐거워하리로다

마태복음 5:5

5 온유한 자는 복이 있나니 그들이 땅을 기업으로 받을 것임이요

온유한 자가 누리는 복

성경 시 37:1-11 마 5:5 **시편 찬송** 37편

뉴스에는 온갖 불의와 악한 사건이 나옵니다. 그런 악한 사건을 보고 있으면 화가 치밀어 오릅니다(1절). 분노가 생깁니다. 온유하기 어렵습니다. 법망을 교묘하게 피해 악을 행해도 죄의 심판을 받지 않을 뿐만 아니라, 악인이 승승장구하기도 합니다. 분노가 끓어오릅니다(1절). 법을 지키며 사는 우리가 바보같아 보일 정도입니다. 시샘하는 마음이 생깁니다. 온유하기 어렵습니다.

부동산 투기를 해 부자가 됩니다. 어디서 그런 고급 정보를 얻는지 모르지만, 그가 매매하는 부동산은 몇 배, 몇십 배, 몇백 배 오릅니다. 아마도 정부 고위공직자로부터 유력한 정보를 얻어내기 때문이겠죠? 불법입니다. 악인이 의인보다 더 잘 사는 것 같습니다(7절). 그런 것을 보거나 소식을 들으면 불평이 치밀어 오릅니다. 참을 수가 없습니다. 온유하기 어렵습니다.

이번 제목은 "온유한 자가 누리는 복"입니다. 첫째, '온유한 자는 땅 부자'입니다. 둘째, '성도가 누릴 온유'입니다. 셋째, '하나님 나라 땅에 사는 성도'입니다.

온유한 자는 땅부자

예수님은 이렇게 말씀하셨습니다.

온유한 자는 복이 있나니, 그들이 땅을 기업으로 받을 것임이요.(마 5:5)

온유한 자는 복이 있습니다. 복이란 땅 부자가 되는 것입니다. "땅을 기업으로 받을 것임이요"라고 하기 때문입니다. 온유한 자가 부동산 부자가 된다는 뜻입니다.

땅을 많이 소유한 부동산 부자가 되고 싶나요? 온유하면 됩니다. 하지만, 현실은 그렇지 않습니다. 오히려 반대가 아니던가요? 온유하지 않은 자들이 땅 부자인 경우가 많습니다. 탈법과 불법으로 땅 부자가 되는 경우이지요. 부자가 되려면 온유한 모습은 잠시 숨겨두고, 약삭빠르게 행동해야 합니다. 세상에서 돈을 많이 벌어 땅 부자가 되려면, 온유한 척할 수는 있지만, 정말 온유할 수 없습니다. 오히려 땅 부자는 돈을 사랑할 가능성이 있습니다. 온유한 사람은 땅 부자가 될 가능성이 없겠지요. 이것이 현실입니다.

그러면, 팔복 가운데 세 번째 온유한 자에게 주어지는 땅은 무슨 의미일까요? 그것을 알기 위해서는 마태복음 5장 5절이 인용하는 구약을 살펴보아야 합니다. 온유한 자에게 약속된 복, 곧 땅을 유산으로 받는 것은 시편 37편 11절의 인용입니다. 시편 37편 11절을 읽어봅시다.

그러나 온유한 자들은 땅을 차지하며 풍성한 화평으로 즐거워하리로다.

예수님은 시편 37편의 내용을 인용하신 것으로 보입니다. 시편 37편의 시인 다윗은 악인의 번성함 때문에 의인이 살기 힘든 현실을 솔직하게 직시합니다. 그리고 온유한 성도가 위로와 평안을 어디에서 얻을 수 있는지를 가르쳐 줍니다. 다윗이 세상살이를 가만히 관찰해보니, '악인이 벌을 받기는커녕 오히려 더 잘 되는 것'입니다. 악한 사람이 돈을 잘 벌고, 권력과 명예도 얻습니다. 부귀영화를 누리는 자는 의인이 아니라, 악인입니다. 악인은 "큰 세력"(시

37:35)을 얻고 "나무 잎이 무성함"(시 37:35) 같이 삶이 화려하고, 온갖 혜택과 편리를 누리고 있습니다. 심지어 악인은 음모를 꾸미고, 더 나아가 의인을 괴롭힙니다.

> 악인이 의인 치기를 꾀하고 그를 향하여 그의 이를 가는도다.(12절)

악인은 "자기 길이 형통하며 악한 꾀"(7절)를 냅니다. "악인이 의인을 엿보다 살해할 기회"를 찾습니다(32절), 악인은 다른 사람을 속여 손해를 입히고 자기는 사기 쳐 이익을 챙깁니다. "악인은 꾸고 갚지 아니"합니다(21절). 악인은 다른 사람의 재산을 빼앗고 권력과 재력으로 가난한 자를 괴롭힙니다. "악인이 칼을 빼고 활을 당겨 가난하고 궁핍한 자를 엎드러뜨리며 행위가 정직한 자를 죽이고자" 합니다(14절). 그런데도 악인은 번성하고 형통합니다. "자기 길이 형통하며"(7절), 악인은 재산이 "풍부"(16절)합니다. "내가 악인의 큰 세력을 본즉, 그 본래의 땅에서 있는 나무 잎이 무성함"과 같습니다(35절).

　우리가 살아가는 세상과 다르지 않습니다. 우리 주변의 악인들이 얼마나 잘 되고, 잘 먹고 잘 입고 잘 사는지요. 그들은 하나님 없이 잘 삽니다. 그들은 자기를 믿고 힘과 능력을 휘두릅니다. 명예도 얻고 재산도 모읍니다. 불의도 불사합니다. 필요하면 거짓말도 합니다. 속이기도 합니다. 폭력을 가하기도 합니다. 때론 선행도 하는 척합니다. 하지만, 그것은 성공을 위한 수단일 뿐입니다. 인생을 즐기며 쾌락을 추구합니다. 그들은 가진 재산이 많으니 쉽게 망하지 않습니다. 돈이 돈을 벌고, 대를 이어 부자로 살아갑니다. 37편을 뒤집어 읽으면 73편인데, 시편 73편의 표현을 빌려보겠습니다.

> 내가 악인의 형통함을 보고 오만한 자를 질투하였음이로다. 그들은 죽을 때에도 고통이 없고 그 힘이 강건하며, 사람들이 당하는 고난이 그들에게는 없고 사람들

이 당하는 재앙도 그들에게는 없나니, 그러므로 교만이 그들의 목걸이요, 강포가 그들의 옷이며, 살쪘으로 그들의 눈이 솟아나며, 그들의 소득은 마음의 소원보다 많으며 … 이들은 악인들이라도 항상 평안하고 재물은 더욱 불어나도다 … (시 73:3-12)

악인은 번성하는 데 성도는 "종일 재난을 당하여 아침마다 징벌"(시 73:14)을 받는 것 같습니다. 악인은 나쁜 짓을 해도 잘 되는데, 성도는 작은 실수에도 벌을 받습니다. 불공평해 보이지 않습니까? 악인의 번영을 눈으로 보는 성도는 매우 속상합니다. 하나님께 "불평"(1절)이 생깁니다. 거짓과 속임수와 사기로 재물을 늘이며 사람의 인기를 차지하는 불의한 자들에게 대해 "시기"도 생깁니다(1절). 악인이 밉습니다. 저주하고 싶습니다. 온유하기 힘든 거죠. '하나님, 어떻게 이런 일이 있습니까? 저들을 벌하지 않으십니까?' '하나님이 우리를 통해 평화와 능력을 나타내시도록 우리 자신의 권리를 하나님께 드리는 온유 성품'을 발휘할 수가 없는 것입니다. 온유한 자가 땅을 기업으로 받는다고요? 온유하기 힘듭니다. 믿기 어렵습니다. 실망스럽습니다.

성도가 누릴 온유

다윗은 성도에게 온유할 것을 권고합니다.

악을 행하는 자들 때문에 불평하지 말며, 불의를 행하는 자들을 시기하지 말지어다.(1절)

여호와 앞에 잠잠하고 참고 기다리라. 자기 길이 형통하며 악한 꾀를 이루는 자 때문에 불평하지 말지어다. 분을 그치고 노를 버리며 불평하지 말라. 오히려 악을 만들 뿐이라. (7-8절)

성도가 악인의 번영을 보며 분을 품고 노를 발하고, 불평하고, 시기하면 할수록 악을 만들 뿐이니 손해라고 합니다. 악인의 번영을 볼 때 성도는 온유한 마음을 품고 '잠잠하라'고 권면합니다. 그리고 온유함으로 '참고 기다리라'고 권합니다. 악인의 번성과 행복은 잠시뿐일 것이기 때문입니다.

> 그들은 풀과 같이 속히 베임을 당할 것이며, 푸른 채소와 같이 쇠잔할 것임이로다.(2절)

다윗은 악한 자는 곧 비참히 멸망할 것임을 확신합니다. 그러니 성도는 인내로 참고 기다려야 합니다. 성도는 온유한 마음을 가져야 합니다. "진실로 악을 행하는 자들은 끊어질"(9절) 것이기 때문입니다.

다윗은 성도가 온유한 마음으로 잠잠히 참고 기다려야 할 이유가 하나님의 약속 때문이라고 고백합니다.

> 여호와를 소망하는 자들은 땅을 차지하리로다. 잠시 후에는 악인이 없어지리니, 네가 그곳을 자세히 살필지라도 없으리로다. 그러나 온유한 자들은 땅을 차지하며 풍성한 화평으로 즐거워하리로다.(9-11절)

결국 "땅"을 차지하는 자는 성도입니다. 시편 37편에 무려 네 번이나 반복됩니다(9, 11, 22, 29절). 온유한 자인 성도가 땅을 기업으로 받게 될 것이라고 합니다. 도대체 무슨 뜻일까요?

하나님 나라의 땅에 사는 성도

시편 37편이 말하는 "땅"은 일차적으로 이스라엘 백성에게 약속의 땅 가나안 지역입니다. 약속의 땅 가나안은 젖과 꿀이 흐르는 땅입니다. 하지만, 젖과 꿀이 흐르는 땅은 단순히 한 아름 포도송이가 언제나 맺히는 그런 비옥한 평야 지대가 아닙니다. 가나안 땅은 비가 내리면 금방 흡수해 버리는 퍽퍽한 땅(신 11:11)입니다. 하늘에서 이른 비와 늦은 비가 적절하게 내리지 않으면 농사를 지을 수 없는 땅입니다. 이집트 나일강 하류의 삼각주의 비옥한 토지와 물 공급이 쉬운 땅과는 질적으로 다릅니다. 하나님이 약속한 땅은 "네 하나님 여호와께서 돌보아 주시는 땅"(신 11:12)입니다.

하나님이 주시는 젖과 꿀이 흐르는 땅은 우리 생각과 다릅니다. 그 땅은 "연초부터 연말까지 네 하나님 여호와의 눈이 항상 그 위에 있느니라."(신 11:12)라는 의미에서 복된 땅입니다. 온유한 자에게 약속된 땅은 영적 유산을 의미합니다. 복된 땅이란 하나님의 보호와 돌보심이 있는 장소입니다. 곧 하나님의 나라이지요. 구약시대의 이스라엘 국가는 신약시대에 와서 '하나님의 집', '하나님 나라', '그리스도의 나라', '성령의 전', 이렇게 '영적 나라'로 바뀝니다.

가나안 땅(Land)에 사는 성도는 우상 숭배자들이 번성하고 부자가 되는 것 때문에 분노하고 불평하고 시기하고 질투할 필요가 없습니다. 성도는 하나님이 지정해 주시는 땅이 있습니다. 그곳은 하나님이 주시는 복된 땅입니다. 그것이 하나님이 주시는 기업으로서의 땅입니다. 만약 온유한 삶을 살지 않고 이방인처럼 부귀영화를 쫓아간다며 죄악에 빠지게 될 것입니다. 결과는 비참할 것입니다. 그들은 그 땅에서 쫓겨나 포로 생활 혹은 유배 생활을 하게 될 것입니다. 정말 이스라엘 백성은 주전 722년 아시리아와, 주전 586년 바빌론에게 포로 되어 온 세상으로 흩어지고 말았습니다. 그들의 땅은 사라지고 말았습니다. 그 후 유대인은 디아스포라(Diaspora)의 삶을 살아야 했습니다. 온유하지 못한 자의 결말은 비참합니다.

우리는 구약시대처럼 구체적 땅을 할당받지는 않습니다. 대신 새 언약의 시대에는 성도가 발을 붙이고 사는 땅이 하나님이 허락하신 젖과 꿀이 흐르는 땅입니다. 대한민국 시민에게는 한반도가 하나님이 주신 땅입니다.

하나님 나라의 시민이지만, 온유한 삶을 살기가 쉽지 않습니다. 우리를 실망시키고 화나게 하는 일이 종종 있습니다. 하지만, 그런 상황 가운데서도 우직하게 온유한 삶을 살아낼 때 우리의 하나님 나라의 땅이 우리에게 보장될 것입니다.

> 온유한 자는 복이 있나니, 그들이 땅을 기업으로 받을 것임이요. (마 5:5)

시편 37편을 통해 배울 수 있는 성도의 온유한 삶의 모습을 봅시다. 성도는 악인의 박해와 번성을 보고, 놀라며 실망할 필요가 없습니다. 하나님의 살아계심과 보호하심을 믿음으로 굳건하게 견뎌야 합니다. 시편 37편을 기록한 다윗의 권고대로 성도는 여호와를 "의뢰"(3절)하고, "의지"(5절)하고, "잠잠하고 참고 기다리"(7절)며, "소망"(34절)을 가져야 합니다. "온유"(11절)하고 "온전"(18, 37절)하고, "은혜를 베풀며"(21, 26절), "정직하고 화평"(37절)하며, "지혜로우며 정의와 하나님의 법을 말"(30-31절)하며, "바른 걸음을 걸"(31절)어야 합니다. 이것이 바로 온유한 자의 삶의 모습입니다.

그러니 성경이 말하는 온유한 자가 땅을 유산으로 받게 된다는 말은 땅부자가 된다는 뜻이 아니라, 하나님 나라에서 땅에 뿌리를 박고 하나님이 공급해 주시는 자양분을 먹고 날마다 자라고 성숙해져 간다는 뜻입니다. 만약 성도가 온유한 자가 되기를 거절한다면, 땅에서 뿌리가 뽑혀 던져질 것이니, 땅을 유산으로 받지 못합니다.

그리고 온유한 자는 땅을 차지할 뿐만 아니라, "풍부한 화평으로 즐기리로다."(11절)라고 고백합니다. 여기서 "화평"은 '샬롬', 곧 '평화'를 의미합니다. 온유한 자의 삶은 평화를 가져다줍니다. 온유한 자가 있는 곳에는 시기와 질투가 사라집니다. 자신이 마땅히 받아야 할 권리를 하나님에게 드리기 때문입니다. 다른 사람이 가진 부와 능력이 나에게 없다는 것은 나에게 그 원인이 있지 않고 하나님에게 있기 때문입니다. 그러니 시기할 필요가 없습니다. 그러니 질투할 이유도 없습니다. 온유한 자는 다툼과 싸움을 벌일 필요가 없습니다. 불의한 자들은 풀과 같이 속히 베임을 당할 것이며 푸른 채소같이 쇠잔할 것(1절)이기 때문입니다.

온유는 불평과 불만, 그리고 분노를 극복하는 원동력입니다. 분노와 화냄은 성도를 악하게 만들 뿐입니다. 악인이 칼을 빼고 활을 당겨 가난하고 궁핍한 자를 엎드러뜨리며 행위가 정직한 자를 죽이고자 하지만, 그들의 칼은 오히려 그들의 양심을 찌르고 그들의 활은 부러지고 말 것(14-15절)이기 때문에 성도가 그런 것을 불평하고 분노하며 죄에 빠질 필요가 없습니다. 성도는 이런 상황에서 오히려 분노의 죄에 빠지지 않고 온유라는 선(善)을 선택해야 합니다(27절). 하나님이 성도를 환난에서 구원하실 것이고 악인을 심판하실 것이기 때문입니다(39-40절).

성도는 하나님이 줄로 재어 할당해 준 아름다운 땅을 유산(시 16:6)으로 받았습니다. 성도는 하나님의 집안 뜰에 심긴 나무로 비유됩니다.

> 의인은 종려나무 같이 번성하며 레바논의 백향목 같이 성장하리로다. 이는 여호와의 집에 심겼음이여. 우리 하나님의 뜰 안에서 번성하리로다. 그는 늙어도 여전히 결실하며 진액이 풍족하고 빛이 청청하니. (시 92:12-14)

온 세계가 성도의 것이지만, 성도는 자랑할 수 없습니다. 자기 것이 아니니, 성도는 겸손하며 온유해야 합니다.

> 바울이나 아볼로나 게바나 세계나 생명이나 사망이나 지금 것이나 장래 것이나 다 너희 것이요, 너희는 그리스도의 것이요, 그리스도는 하나님의 것이니라. (고전

2:21-23)

그렇습니다. 성도는 하나님으로부터 엄청난 복을 이미 받았습니다. 하나님의 자녀이니, 하나님의 자녀처럼 행동해야 합니다. 온유는 하나님의 자녀로서 여유에서 발현되는 성품입니다. 온유는 하나님 나라 백성의 품격입니다. 우리는 하나님의 자녀로서 온유해야 합니다. 아버지 하나님이 우리 편이니, 온유할 수 있습니다. 온유는 하나님 나라 백성의 삶의 법입니다. 온유 성품은 하나님 집안의 특징입니다.

성도의 땅은 하나님이 제공해 주신 집안의 뜰과 하나님 나라의 영역(고후 6:10)입니다. 그것이 바로 마태복음 온유한 자에게 약속된 복인 "땅을 기업으로 받을 것임이요"라는 의미입니다(롬 8:17). 물론 이 땅에서의 삶이 끝이 아닙니다. 하나님은 우리에게 "새 하늘과 새 땅"(사 66:22; 계 21:1)을 약속하셨습니다. 예수님이 재림하면 그 나라가 온전히 임할 것입니다. 온유한 자에게 땅이 선물로 주어질 것입니다.

오늘 우리는 악인과 달리 성도가 왜 온유해야 하는 지를 배웠습니다. 마지막으로 생각할 것이 있습니다. 악인과 선인의 삶은 우리 성도 안에 공존한다는 것입니다. 선을 행하기 원하는 우리 속에 악이 함께 있는 것입니다(롬 7:21-24). 온유하기 원하는 우리 속에 분노와 불평과 시기가 함께 존재한다는 사실입니다. 그런 의미에서 우리는 바울의 고백을 반복해야 할 지경입니다.

오호라, 나는 곤고한 사람이로다. 이 사망의 몸에서 누가 나를 건져내랴?(롬 7:24)

온유는 그리스도의 성품입니다. 그리스도인은 온유한 그리스도를 닮습니다. 날마다 온유를 실천함으로 그리스도를 경험하고 하나님 아버지의 나라에서 당당하게 살아갑시다. 주기도문에서 "이름이 거룩히 여김을 받으시오며, 나

라가 임하시오며, 뜻이 하늘에서 이루어진 것같이 땅에서도 이루어지이다"라
고 기도하는 것은 바로 온유하게 살겠다고 말한 것과 같습니다. 온유한 그리
스도인으로 복된 삶을 사시기 바랍니다.

읽고 나누기

❶ 읽고 배운 것을 자기 말로 요약해 봅시다.

❷ 온유한 자가 되려면 어떻게 해야 하나요?

❸ 의로운 분노는 성경에 근거하고 하나님의 뜻에 따른 것이어야 합니다. 바울이 에베소 교회에 했던 권면을 바탕으로 하여 의로운 분노에 대해 말해 봅시다.

❹ 온유한 자에게 주어지는 '땅'은 어떤 것인가요?

경청

경청은
우리가 집중해야 할
사람이나 일에
듣는 마음을 가지고
행동하는 것

잠언 5:1

1 내 아들아 내 지혜에 주의하며 내 명철에 네 귀를 기울여서

하나님에 대한 인간의 도리

성경 잠 5:1 **찬송** 199장 나의 사랑하는 책

이야기를 들어 달라고 하면

당신은 충고를 시작하지,

나는 그런 부탁을 한 적이 없어.

이야기를 들어 달라고 하면

그런 식으로 생각하면 안 된다고 당신은 말하지

당신은 내 마음을 짓뭉개지.

이야기를 들어 달라고 하면

나대신 문제를 해결해주려고 하지.

내가 원하는 것은 그런 것이 아니야.

들어주세요!

내가 원하는 것은 이것뿐.

아무 말 하지 않아도 돼,

아무것도 해주지 않아도 좋아.

그저 내 얘기만 들어 주면 돼.[7]

이 시에 공감이 되나요? 그냥 들어주는 것만도 얼마나 큰 의미가 있는지 보여줍니다.

경청의 필요

현대인은 바쁩니다. 빨리 움직입니다. 『템포 바이러스』는 인류 역사를 속도의 관점에서 기술했습니다. 여전히 속도는 경쟁력이고, 기술은 빠른 속도를 향해 달려가고 있습니다. 심지어 속도가 우상이 된 것이 아닌가 싶습니다. 모두 바쁘게 살아가니, 다른 사람의 말을 들을 여유가 없습니다. 배우자나 가족의 아픔과 고통을 들을 시간이 없습니다. 모두 바쁘기 때문입니다. 부모와 자식 사이에 대화가 없는 경우에도 바쁜 생활 때문입니다. 바쁘니 다른 사람의 말을 경청하지 못합니다. 한국 사람은 '빨리 빨리 문화'가 너무나 자연스럽습니다. 뭐든지 빠릅니다. 공무원 문화, 기업 문화, 상업 문화, 정치 문화도 빠릅니다. 인터넷도 빠릅니다. 속도로 보자면, 한국이 세계 최고입니다.

　멀티미디어의 등장으로 한 사람만 말하고, 수많은 사람이 미디어를 통해 동시에 듣습니다. 일대일 대화가 아니라, 일대다수의 의사소통입니다. 그러다보니, 말하는 기술이 중요한 시대입니다. 인간 역사를 살펴보아도 듣는 것보다 말하는 기술을 중요하게 여겼습니다. 청중을 설득하고 선동하는 웅변(Rhetoric)은 서양의 중요한 교과목이었습니다. 경청은 그냥 자연스럽게 된다고 생각하는 것 같습니다. 경청은 쉽다고 여깁니다. 굳이 경청을 훈련할 필요를 깨닫지 못합니다.

　하지만, 실상은 어떻습니까? 정말 경청을 잘하는 사람을 찾기 어렵습니

7　조신영, 『마음을 얻는 지혜 경청』(위즈덤하우스 2008), 211-212쪽.

다. 요즘 아이들은 경청을 잘하지 못합니다. 들을 때 눈을 쳐다보지 않습니다. 주의집중이 어렵다는 뜻입니다. 주의력 결핍 장애(Attention Deficit Disorder) 증상을 보이는 아이들이 예전보다 많아졌습니다. 아이들은 멀티미디어와 게임에 잘 집중합니다. 하지만 사람에게는 집중하지 못하고 경청하지 않습니다. 사람 관계에 문제가 생긴 것입니다. 현대인들은 사람을 직접 만나지 않아도 소통할 수 있는 방법이 많이 생겼습니다. 인터넷 기술의 발달은 그런 상황을 더 부채질합니다. 아이들은 인터넷 게임으로 서로 사귀지만, 서로 소통하는 대화는 잘못합니다. 말도 잘못하지만, 경청은 더 힘들어 합니다. 의사소통에 문제가 생기고 있습니다.

인체 기능을 보면 경청이 얼마나 중요한지 알 수 있습니다. 귀는 뱃속에서 가장 먼저 발달하는 기관입니다. 엄마의 말과 소리를 듣는다고 믿기에 태아를 위해 좋은 음악을 들려줍니다. 동시에 귀는 인간이 죽을 때 가장 마지막 순간까지 살아 있는 기관입니다. 심장이 중지되어도 귀는 아직 살아 있다고 합니다. 그래서 임종을 보지 못한 유가족에게 귀에 대고 마지막 인사말을 하라고 권고하기도 합니다. 듣는 기능은 가장 먼저 발달하고 가장 오래 살아 있는 기관이라는 점에서 경청이 얼마나 중요성을 발견할 수 있습니다.

또 이 사실을 아시나요? 말하지 못하는 사람은 듣지 못해서라는 사실 말입니다. 듣지 못하니 말할 수 없는 것입니다. 농인은 발성에 문제가 있어서가 아니라, 청각의 문제로 말 못한다고 합니다. 듣지 못하면 소리, 음악, 말이 있는지 알지 못하고, 그 사실을 모르기에 말하지 못하는 것입니다. 훈련을 받은 농인은 말을 연습해서 비슷하게 말하기도 합니다. 좀 어색하지만 말입니다. 그것은 소리가 아니라, 떨림을 느낌으로 말하는 법을 훈련한 결과라고 합니다. 어린 아이가 말을 배우는 것도 먼저 들음에서 출발합니다. 1년 동안 아빠, 엄마 소리를 수없이 반복해 듣다가 어느 순간 '어~~ㅁ~마'라고 부릅니다. 경청이 얼마나 중요한지 알 수 있습니다.

경청의 의미

'경청'(傾聽)은 '남의 말에 귀 기울여 주의 깊게 들음'이라는 뜻입니다.[8] 여기에서 '남의 말에 귀 기울여 주의 깊게'라는 말에 해당하는 '경', 곧 기울일 경(傾)이 바로 잠언 5장 1절과 7절에 나옵니다.

> 내 아들아 내 지혜에 주의하며 내 명철에 네 귀를 기울여서 … 나에게 들으며

다윗은 자신의 아들 솔로몬에게 지혜에 주의를 기울여 집중하라고 요구합니다. 이때 사용한 단어가 히브리어 '카솨브'(קָשַׁב; ka-shab)인데, '곤두 세우다', '주의를 기울이다', '(잘) 주목하다', '주시하다', '귀를 기울이다', '경청하다', '듣다'라고 번역할 수 있습니다. '경청'은 귀로 듣는 것뿐만 아니라, 온몸과 마음을 동원해 상대방의 말과 어떤 일에 관심을 보이고 존경을 표현하는 것을 의미합니다. "주의하며"에 이어 바로 "귀를 기울여서"가 등장하는 데 동격의 의미입니다. '주의집중'이 '듣는 것'과 밀접하게 연결됩니다. 또 '주의집중'이 '듣는 것'으로 번역 된 경우가 있습니다. 역대하 33장 10절을 봅시다.

> 여호와께서 므낫세와 그 백성에게 이르셨으나 저희가 듣지 아니한고로(they paid no attention) …

"듣지 아니한고로"라고 번역된 것은 잠언 5장 "주의하며"라는 단어와 동일합니다. 한쪽에서는 '주의하다'로 번역하고, 다른 곳에서는 '듣다'로 번역한 것

---

8   한자어로는 '경청'에 '敬聽'도 있다. 공경하는 마음으로 듣는 것을 말한다. 그리고 '鏡聽', 남을 헐뜯는 말을 그대로 믿는다는 뜻도 있다. 여기서 사용하는 '경청'은 傾聽, '기울경(傾)' + '들을 청(聽)'을 사용한다.

입니다. 상호교차해서 사용될 수 있는 단어라는 뜻입니다. 마지막으로 잠언 5장 7절에 "들으며"(שׁמע)라는 단어가 등장합니다. 이 단어는 '쉐마'라는 단어를 통해 우리에게 익숙한 히브리어입니다. 신약성경에는 누가복음 19장 48절에 '경청'이 나옵니다. 들어보십시오.

> 백성이 다 그에게 귀를 기울여 들으므로 어찌할 방도를 찾지 못하였더라. (눅 19:48)

백성이 예수님에게 귀를 기울여 듣고 있기에 잡아 가둘 수 없다는 뜻입니다. 여기에 "귀를 기울여"라는 단어가 '엑크레마마이'(ἐκκρέμαμαι)라는 단어인데 '말하는 자의 입술에 걸다' 혹은 '주의 깊게 듣다'라는 뜻입니다. 그리고 "들으므로"에서 '듣다'는 '아쿠오'(ἀκούω)입니다. 나중에 살펴보겠지만, '아쿠오'라는 단어에서 '순종'과 '복종'이라는 단어가 파생됩니다.[9] 성경은 수많은 곳에서 경청에 대해 언급합니다.

경청의 근거는 하나님

우리는 왜 경청해야 할까요? '아, 그냥 혼자 조용히 살고 싶은데 왜 자꾸만 경청하라는 것인가요?' 이런 생각을 하는 사람들이 의외로 많습니다.

인간이 경청해야 하는 이유는 관계를 통하여 의사소통하고 대화하는 존재이기 때문입니다. 인간이 그런 존재라는 것을 어떻게 알 수 있느냐하면, 인간이 하나님을 닮게 창조되었기 때문입니다. 하나님은 삼위일체로 계시기에

---

9 신약성경에 등장하는 '순종'이라는 단어, 헬라어 '휘파쿠오'(ὑπακούω, listen to)는 '휘포'(ὑπο = 아래)와 '아쿠오'(ἀκούω = 듣다)의 합성어이다. '아래에서 듣다'인데 권위 아래 있는 자가 권위자에게 명령에 '순종'하는 모습을 담고 있다. '순종'은 자세를 낮추어 겸손히 권위자의 명령과 지시를 듣고 따른다는 의미이다

성부·성자·성령이 서로 말하고 경청하며 의논했습니다(슥 6:13)**10**. 하나님은 세상을 창조할 때도 대화하며 의논했습니다.

> 하나님이 이르시되, 우리의 형상을 따라 … . 모든 것을 다스리게 하자, 하시고.
> (창 1:26)

예수님은 이른 새벽에 한적한 곳에서 성부 하나님과 성령 하나님과 대화 했습니다(마 1:35). 삼위 하나님의 대화에는 말하기와 듣기가 공존했음을 짐작할 수 있습니다. 삼위 하나님은 경청하는 분입니다. 인간이 서로 경청해야 하는 이유는 하나님 때문입니다. 하나님이 경청하니, 인간도 경청합니다.

또 하나님은 인간과 교제하는 분이기 때문에 인간은 경청을 배우고 알아야 합니다. 하나님은 에덴동산에서 아담과 하와와 산책했고 이야기를 나눴습니다. 아담과 하와는 하나님의 말씀에 주의를 집중했고 잘 들었습니다. 하나님과 인간 사이에 그런 아름다운 교제가 있었습니다. 그런데 인간의 타락(Fall) 후 그 교제가 파괴되었습니다. 하나님에게 주의를 집중하지 않을 뿐만 아니라, 말씀을 듣지도 않습니다. 경청하지 않습니다. 아담과 하와는 죄를 짓고 하나님의 낯을 피하여 무서워 숨었습니다(창 3:8). 관계가 깨졌기 때문입니다. 하나님의 눈을 쳐다보고 입에 귀 기울이던 자가 이제 피하는 존재가 되었습니다. 관계에 두려움이 끼어들면 경청하기 어렵습니다. 타락한 인간은 하나님과 그분의 말씀에 경청하지 못하고 듣지 않는 존재가 되고 말았습니다. 대신 사탄의 말에 귀를 기울이며 경청하며 종노릇하게 되었습니다. 참 비참한 처지에 빠지고 만 것입니다. 하지만, 하나님은 그런 배신한 인간을 부르십니다.

---

10 "그가 여호와의 전을 건축하고 영광도 얻고 그 자리에 앉아서 다스릴 것이요, 또 제사장이 자기 자리에 있으리니, 이 둘 사이에 평화의 의논이 있으리라, 하셨다, 하고"(슥 6:13)

여호와 하나님이 아담을 부르시며 그에게 이르시되 네가 어디 있느냐?(창 3:9)

하나님은 끊어진 인간과의 관계를 다시 복원하길 원하십니다. 하나님의 사랑이 죽은 인간을 불러 깨웁니다. 인간에게 찾아와 부르시고 말을 거십니다. '아담아! 네가 어디에 있느냐?'(Where are you?)라는 인간 실존에 대한 질문을 하십니다. 지금도 하나님은 우리에게 찾아와 개인적으로 부르고 계십니다. 특별히 복음 전하는 자들을 통하여 죄인을 부르고 계십니다.

아담아, 네가 어디 있느냐?

하나님이 부르시면 인간은 그 말씀에 경청하고 반응해야 합니다. 우리는 하나님이 부르는 소리를 듣나요? 매일 하나님이 부르는 소리를 듣고 있나요? 하나님의 말씀을 경청하지 않는 인간은 불행합니다. 경청하지 않은 이스라엘 백성은 불행했습니다. 사사시대의 사람들이 그랬습니다. 이스라엘 왕들의 시대에도 그랬습니다.

우리 주변에는 온갖 현란하고 달콤한 소리가 많습니다. 재미있고 흥미를 끄는 것들이 즐비합니다. 텔레비전, 컴퓨터, 전자 게임, 스포츠, 로또, 탤런트, 스타들은 우리의 관심을 끌어당깁니다. 반면에 하나님의 말씀을 경청하는 데는 얼마나 많은 관심을 기울입니까? 하나님과의 관계는 몇 점이나 줄 수 있겠습니까? 우리의 눈은 하나님을 응시합니까? 우리의 손은 단정합니까? 우리의 발은 가지런합니까? 우리의 마음은 하나님을 사모하고 사랑합니까? 우리의 귀는 쫑긋 하나님을 향하고 있습니까?

엘리 시대는 말씀이 희귀했다고 합니다(삼상 3:1). 불의를 행하는 백성이 말씀을 경청할 리 없습니다. 그런 자들에게 말씀은 돼지에게 진주 같습니다. 하지만, 그때 한 아이가 하나님의 음성에 귀 기울이고 경청합니다.

당신이 나를 부르셨기로 내가 여기 있나이다(삼상 3:4)

사무엘입니다. 그는 엘리 제사장의 음성으로 착각했지만, 하나님의 음성이었습니다. 사무엘은 평생 하나님의 말씀을 경청하고 순종했습니다.

하나님은 어떻게 우리에게 말씀하실까요? 옛적에는 꿈과 이상으로 직접 인간에게 말씀하곤 했습니다. 특별히 하나님은 선지자를 세워 당신의 뜻을 전달하게 했습니다.

… 주께서 예로부터 거룩한 선지자의 입으로 말씀하신 바와 같이(눅 1:70)

선지자들이 성령의 감동으로 기록한 것이 성경입니다. 성경은 교훈과 책망과 바르게 함과 의로 교육하기에 유익합니다(딤후 3:16).

우리가 하나님께 주의를 집중시키고 말씀을 경청하려면 어떻게 하면 될까요? 그렇습니다. 성경을 읽어야 합니다. 성경이야말로 하나님이 우리에게 주시는 말씀이기 때문입니다. 우리는 육체를 위한 음식만 먹고 살 수 없습니다. 하나님의 입에서 나오는 말씀을 먹어야 살 수 있습니다(마 4:4). 우리가 성경 말씀을 듣고 마음속에 간직하면, 하나님이 우리 가운데 사는 것과 같습니다. 그러면, 우리가 무엇이든지 구하는 바를 들어 주신다고 약속했습니다(요 15:7). 믿음은 그리스도의 말씀을 들음으로 생깁니다(롬 10:17). 어떤 사람은 삶이 너무 바빠 하나님의 말씀을 들을 시간이 없다고 말합니다. 오히려, 바쁠수록 오히려 더 성경을 읽고 묵상하고 공부하는 시간을 마련해야 하지 않을까요? 매일 일정 분량의 성경을 읽고 묵상하는 시간이 필요합니다. 말씀을 경청하기 좋은 장소를 정합니다. 그럴 때 하나님의 말씀에 주의를 집중하고 경청할 수 있습니다.

기도는 우리가 하나님과 대화할 수 있는 좋은 방법입니다. 기도할 때 일방적으로 우리의 말만 쏟아 내곤 합니다. 기도를 대화라고 생각하지 않기 때문입니다. 이런 식의 기도에는 경청이 이루어질 수 없습니다. 관계가 좋아질 수 없습니다. 기도 시간은 하나님의 말씀을 듣는 시간이기도 합니다. 하나님이 말씀하도록 기다리는 자세가 필요합니다. 기도 시간에 말씀을 묵상하는 시간을 가지는 이유도 바로 하나님의 음성에 귀를 기울이기 위함입니다. 기도회 때 말씀 전하는 시간이 있는 것은 하나님의 음성을 듣기 위함입니다.

　마지막으로 우리가 얼마나 하나님의 말씀을 경청하는지 평가해 봅시다. 질문에 마음으로 대답해 봅시다.

　　　☐ 하나님의 말씀을 매일 읽습니까?

　　　☐ 읽은 내용의 핵심을 찾으려고 애씁니까?

　　　☐ 성경 말씀을 일상생활에 적용하려고 노력합니까?

　　　☐ 성경 말씀을 당신의 기도에 사용합니까?

　　　☐ 당신의 삶에 특별한 의미와 적용이 되는 성경 구절에 주의를 기울입니까?

　　　☐ 기도할 때 하나님이 말씀하도록 시간적 여유를 갖습니까?

하나님에게 주의를 집중하고 귀를 기울여 말씀을 경청합시다.

열왕기상 3:1-15

1 솔로몬이 애굽의 왕 바로와 더불어 혼인 관계를 맺어 그의 딸을 맞이하고 다윗 성에 데려다가 두고 자기의 왕궁과 여호와의 성전과 예루살렘 주위의 성의 공사가 끝나기를 기다리니라 2 그 때까지 여호와의 이름을 위하여 성전을 아직 건축하지 아니하였으므로 백성들이 산당에서 제사하며 3 솔로몬이 여호와를 사랑하고 그의 아버지 다윗의 법도를 행하였으나 산당에서 제사하며 분향하더라 4 이에 왕이 제사하러 기브온으로 가니 거기는 산당이 큼이라 솔로몬이 그 제단에 일천 번제를 드렸더니 5 기브온에서 밤에 여호와께서 솔로몬의 꿈에 나타나시니라 하나님이 이르시되 내가 네게 무엇을 줄꼬 너는 구하라 6 솔로몬이 이르되 주의 종 내 아버지 다윗이 성실과 공의와 정직한 마음으로 주와 함께 주 앞에서 행하므로 주께서 그에게 큰 은혜를 베푸셨고 주께서 또 그를 위하여 이 큰 은혜를 항상 주사 오늘과 같이 그의 자리에 앉을 아들을 그에게 주셨나이다 7 나의 하나님 여호와여 주께서 종으로 종의 아버지 다윗을 대신하여 왕이 되게 하셨사오나 종은 작은 아이라 출입할 줄을 알지 못하고 8 주께서 택하신 백성 가운데 있나이다 그들은 큰 백성이라 수효가 많아서 셀 수도 없고 기록할 수도 없사오니 9 누가 주의 이 많은 백성을 재판할 수 있사오리이까 듣는 마음을 종에게 주사 주의 백성을 재판하여 선악을 분별하게 하옵소서 10 솔로몬이 이것을 구하매 그 말씀이 주의 마음에 든지라 11 이에 하나님이 그에게 이르시되 네가 이것을 구하도다 자기를 위하여 장수하기를 구하지 아니하며 부도 구하지 아니하며 자기 원수의 생명을 멸하기도 구하지 아니하고 오직 송사를 듣고 분별하는 지혜를 구하였으니 12 내가 네 말대로 하여 네게 지혜롭고 총명한 마음을 주노니 네 앞에도 너와 같은 자가 없었거니와 네 뒤에도 너와 같은 자가 일어남이 없으리라 13 내가 또 네가 구하지 아니한 부귀와 영광도 네게 주노니 네 평생에 왕들 중에 너와 같은 자가 없을 것이라 14 네가 만일 네 아버지 다윗이 행함 같이 내 길로 행하며 내 법도와 명령을 지키면 내가 또 네 날을 길게 하리라 15 솔로몬이 깨어 보니 꿈이더라 이에 예루살렘에 이르러 여호와의 언약궤 앞에 서서 번제와 감사의 제물을 드리고 모든 신하들을 위하여 잔치하였더라

지혜자가 되는 비법

성경 왕상 3:1-15 **찬송** 204장 주의 말씀 듣고서

비록 인간이 하나님을 본 적이 없고, 만져 보지도 못하지만, 우리는 그분의 말씀을 들을 수 있습니다. 그래서 우리에게 요구되는 태도와 행동, 즉 성품은 '경청'입니다. 우리는 늘 하나님의 말씀에 귀를 기울이고 경청하려 노력해야 합니다. 지금도 우리는 하나님의 말씀을 경청합니다. 경청은 하나님과 인간의 수직적 관계에서 일어나는 것입니다. 또 다른 경청은 인간과 인간 사이의 수평적 관계에서 나타납니다. 경청의 수직과 수평적 측면은 서로 밀접한 관계가 있습니다.

이제 수직적 하나님과의 관계에 나타나는 경청 이외에 수평적 인간 상호 관계에서 적용되는 경청을 살펴보려 합니다.

솔로몬의 지혜는 경청에서

어릴 때 다음과 같은 말을 수없이 들었습니다. '부모님 말씀 잘 들어라!', '선생님 말씀 잘 들어라!', '목사님 말씀 잘 들어라!' 요즘 이런 말은 '잔소리'고 구태의연한 말로 취급받습니다. '경청하세요!'라는 말을 식상하다고 여깁니다. '아, 제발 그만 좀 얘기하세요!'라며 불쾌해합니다. 과연 경청이 별 유익도 없고 귀찮은 것으로 취급받아야 할까요? 성경은 경청이 엄청난 유익을 준다고 가르

칩니다. 성경은 경청이 지혜를 낳는다고 말합니다. 지혜로운 자는 경청을 잘하는 자라고 할 수 있는 것이죠. 잘 듣는 사람이 지혜롭다는 뜻입니다. 우리는 그 원리를 솔로몬에게서 배울 것입니다. 성경 역사에서 가장 지혜로운 자가 솔로몬이지 않습니까? 솔로몬이 어떻게 그런 지혜로운 사람이 될 수 있었는지 살펴봅시다.

종종 솔로몬이 기도를 통해 지혜를 얻었다고 알고 있습니다. 하지만, 그것은 사실과 조금 다릅니다. 솔로몬의 일천 번제와 관련된 앞뒤 문맥을 좀 살펴볼까요? 솔로몬은 다윗의 18명의 자녀들 가운데 10번째 자녀였습니다. 왕위 계승 순번에서 먼 아들이었습니다. 하지만, 솔로몬이 우여곡절 끝에 왕이 됩니다. 다윗의 넷째 아들 아도니야가 장군 요압과 그의 부하들, 그리고 제사장 아비아달의 후원을 받으며 쿠데타를 일으켰습니다. 하지만, 제사장 사독과 나단 선지자, 그리고 장군 브나냐의 후원을 받은 솔로몬이 왕이 됩니다. 솔로몬은 왕이 된 후 자신의 정적 아도니야, 아비아달, 그리고 요압을 제거합니다. 솔로몬은 이집트와 혼인 관계를 맺고 국제정세에서 외교적 우위를 확보합니다.

어느 날 솔로몬은 성막이 있던 기브온에서 일천 번제(燔祭, Burning Offer 천 번의 제사가 아니라, 한 번에 일천 번제)를 드립니다. 그날 밤 하나님이 꿈속에서 솔로몬에게 나타나 "내가 네게 무엇을 줄꼬, 너는 구하라"라는 말을 듣습니다. 솔로몬이 먼저 기도한 것이 아니라, 하나님의 요구에 응답한 것입니다. 솔로몬이 대답했습니다.

나의 하나님 여호와여! 주께서 종으로 종의 아버지 다윗을 대신하여 왕이 되게 하셨사오나, 종은 작은 아이라. 출입할 줄을 알지 못하고, 주께서 택하신 백성 가운데 있나이다. 그들은 큰 백성이라. 수효가 많아서 셀 수도 없고 기록할 수도 없사오니, 누가 주의 이 많은 백성을 재판할 수 있사오리이까? 듣는 마음을 종에게 주

사 주의 백성을 재판하여 선악을 분별하게 하옵소서.(왕상 3:7-9)

솔로몬의 요구에는 두 가지 특징이 있습니다. 첫째, 솔로몬의 태도입니다. 솔로몬은 겸손합니다. 솔로몬은 자신을 "작은 아이"에 불과하며 국민 가운데 한 사람일 뿐이라고 고백합니다. 더구나 국민을 "큰 백성"이라 말합니다. '위대한 백성'(a great people)이라고 번역해도 됩니다. 솔로몬은 자신이 태어날 때부터 비범하고 대단한 '천재'이며, '멘사 회원'이고, '명문대 출신'이라는 그런 태도가 아닙니다. 솔로몬은 그냥 평범한 시민과 다르지 않고 자신은 왕으로서 백성을 '섬기는 종'일 뿐이라고 고백한 것입니다. 둘째, 그가 중요하게 여긴 것입니다. 솔로몬은 마음이 중요함을 알았습니다. 솔로몬이 요구한 것은 '테크닉', 곧 '기술'이 아닙니다. 사람들은 '처세술'을 중요하게 여기지만, 솔로몬은 그러지 않았습니다. 솔로몬은 마음을 소중하게 생각했습니다. 실력과 기술보다 마음이 더 중요함을 알았던 것입니다. 인간 마음의 '성품'과 '태도'를 중히 여긴 것입니다.

물론 마음도 여러 종류입니다. '착한 마음', '용맹한 마음', '인자한 마음', 혹은 '강직한 마음'을 달라고 할 수도 있었을 것입니다. 그런데, 솔로몬은 무엇을 구했습니까? 솔로몬은 "듣는 마음"을 달라고 했습니다. 바로 이 지점에서 우리는 솔로몬으로부터 배울 것이 있습니다. 왜 솔로몬은 "듣는 마음"을 요구했을까요?

듣는 마음

그게 그렇게 중요한 것일까요? 귀가 있으면 누구나 들을 수 있는 것이 아닌가요? 소리가 귀로 들어가 울림판을 건드리면 신경세포를 통해 뇌로 전달되어 듣는 것이 아닌가요? 물론 소리는 물리적으로 외부에서 내부로 들어가 듣게 됩니다. 하지만, 듣기는 외부에서 들어가는 것이 전부가 아니고, 내부에서 마음이 능동적으로 선택하는 것도 포함한다는 최근 과학적 연구도 있다고 합니다. 다시 말하면, 듣기는 외부에서 들어오는 소리로만 이루어지는 것이 아니라, 듣는 사람의 내부 마음과 밀접하게 연결되어 있다는 것입니다. 사람은 이미 가지고 있는 마음의 정보를 가지고 듣는다고 합니다. 그래서 소리를 듣고 간직할 것인지, 아니면 잠음으로 흘려보낼지를 결정한다는 것이지요.

부산 송도에서 고려신학대학원 학창 시절 큰 도로 옆에 살았습니다. 그곳은 오르막이었는데, 새벽에 큰 트럭이 지나가면 소음과 진동이 엄청났습니다. 창문이 덜덜 떨릴 정도였지요. 처음에는 잠을 잘 수가 없었습니다. 하지만, 신기하게도 시간이 지나면서 소음이 전혀 들리지 않게 되었습니다. 잠을 자는 데 방해가 되지 않았어요. 신기하지요!

교인이 설교를 들을 때도 자기가 듣고 싶은 것만 듣는 경향이 있다고 하지 않습니까? 걸러서 듣는 경향이 있는 것이지요. 실제로 그런 일들이 발생합니다. 그래서 소리가 외부에서 내부로 들어가면, 내부의 마음에서 그 정보를 선택한다고 합니다. 소리(파장/떨림)는 과학적 사실이지만, 듣는 것, 곧 경청은 보이지 않은 마음의 선택으로 이루어집니다.

여기서 우리는 솔로몬이 왜 "듣는 마음"을 달라고 했는지 조금 이해할 수 있습니다. 여러 정보가 들어오면 그것을 내부에서 잘 분별하는 경청은 최종적으로 "마음"(לֵב)[11]의 문제이죠. 여기서 '마음'이란 전인격을 의미합니다. 단순히 감정을 의미하지 않고, 지·정·의 모든 것을 포함하는 전 인격체를 말합니다.

옛 한글 개역성경은 "듣는"을 "지혜로운"으로 번역했습니다. '듣기'와 '지혜'는 매우 밀접한 관계가 있습니다.[12] 정말로 하나님의 말씀을 잘 듣는 자가

---

11 Inner man, mind, will, heart, understanding, inner part, midst, inclination, determination(of will), conscience, as seat of emotions and passions, as seat of courage. TWOT.

12 영어 번역(KJV, NASB, RSV)도 대부분 'understanding'이라고 번역했는데 NIV는 'discerning'이라고 번역한 것이 눈에 띈다.

지혜자입니다. 하나님은 자기 백성에게 '들으라'라고 수없이 명령합니다.

지혜는 일반 교육에서 하는 것처럼 인간 속에 잠재한 가능성을 발굴해 끄집어낼 수 있는 어떤 것이 아닙니다. '교육'이라는 단어 '에듀케이션'(Education)은 '끄집어내다'라는 라틴어 '에두카레'(educare)에서 온 것입니다. 성경적 관점이 아닌 순전히 인본주의 교육의 기본 정신이죠. 반면에 신본주의 교육의 구별됨은 지혜가 인간 내부에 있지 않고 밖, 곧 하나님으로부터 안으로 들어오는 것이라는 믿음입니다. 지혜는 하나님이 주시는 선물입니다. 지혜는 인간이 획득한 노력의 산물이 아니라, 은혜의 열매입니다.

진정 지혜자는 하나님과 잘 사귀며, 그분의 말씀을 들으며, 그분의 뜻대로 살아갑니다. 이런 지혜는 성령 하나님이 은혜로 주십니다. 잠언 1장 7절은 "여호와를 경외하는 것이 지식의 근본이거늘, 미련한 자는 지혜와 훈계를 멸시하느니라."라고 했습니다. 이 "지식"(תעד)은 '지혜'로도 대체할 수 있습니다. 여호와를 경외한다는 것은 그분의 말씀을 경청하게 하니 당연히 지식과 지혜의 시작점입니다.

놀랍게도 하나님은 솔로몬이 요구한 "듣는 마음"을 "듣고 분별하는 지혜"(왕상 3:11)로 재해석했다는 것입니다. "듣는 마음"이 "듣고 분별하는 지혜"라는 말입니다. 하나님은 마침내 솔로몬에게 지혜로운 마음을 주었습니다(왕상 3:12). 솔로몬의 머리를 천재로 만들어 준 것이 아니라, 경청하는 태도를 통해 마음에 지혜를 주신 것입니다. 그 대표적인 예가 두 여인의 분쟁을 지혜롭게 해결해 준 사건입니다.

한 가지 더 생각할 것은 솔로몬이 듣는 마음을 구한 것이 제물을 얻거나 명예를 과시하기 위함이 아니었다는 점입니다. 그는 자신이 맡은 일을 잘 섬기기 위해 "듣는 마음"을 구했습니다. 다시 말하면 "선악을 분별"(왕상 3:9)하기 위해 경청하는 마음을 구했습니다. 하나님 나라의 은사는 섬기기 위해 존재합니다. 은사를 이기적 용도로 오용해서는 안 됩니다. 잊지 말아야 합니다. 하나님이 우리에게 주신 재물, 재능, 능력 그리고 건강은 교회와 이웃을 섬기기 위함이라는 것을 말입니다.

그렇게 솔로몬은 인류 역사에서 유일무이한 놀라운 재판을 할 수 있었습니다. 한 아기를 두고 싸운 두 여인 사건을 재판할 때 솔로몬은 '직감'이나 '예감', 혹은 '데이터'에 의존하지 않았습니다. 솔로몬은 먼저 두 여인의 말을 잘 들었습니다. 이 지혜는 바로 "듣는 마음"에서 나온 것입니다. 잘 경청하는 마음이 지혜로운 재판을 가능하게 한 것입니다(왕상 3:28). 솔로몬은 "듣는 마음"으로 두 여인의 보이지 않는 마음을 읽을 수 있었고, 그 마음을 밝히 드러낼 수 있는 조치도 취했습니다.

경청하는 자가 지혜자입니다. "듣는 마음"은 하나님이 주는 선물입니다. 우리 모두 "듣는 마음"을 달라고 하나님에게 기도합시다.

경청으로 지혜로운 자 되기

인간은 서로 대화를 통해 관계합니다. 대화가 없는 관계는 불가능하죠. 물론 말 없는 대화도 가능합니다. 몸짓(Body Language)도 의사소통의 한 방법입니다. 요즈음은 SNS를 통해 서로 대화합니다. 처음에는 좀 어색했지만, 이제는 의사소통 방법으로 자리 잡았습니다. 줌(ZOOM)을 통해 회의도 가능합니다. 독서 모임도 줌으로 할 수 있습니다. 어떤 의사소통 방식이든 경청은 가능합니다.

공동체는 서로 의사소통을 할 때 유지됩니다 어떤 사람은 말을 잘 하지 않아서 문제를 일으킵니다. 다른 사람을 섬기는 자세가 아니죠. 관계 속에서 '무언'(無言)은 보이지 않는 폭력이 될 수도 있습니다. 반대로 상대의 말을 경청하지 않는 것도 또 다른 폭력입니다. 상대의 말을 무시하고 못 들은 체하는 것도 문제입니다. 상대의 말을 무시함으로 상대방을 공격하는 것이지요.

『말을 듣지 않는 남자, 지도를 읽지 못하는 여자』(가야북스, 2000)라는 제목의 책이 있습니다. 남성은 태생적으로 여성에 비해 경청을 잘하지 못하는 특징이 있습니다. 남성은 대체로 일 중심적인 특징을 가지고 있습니다. 상대 입장에서 경청하기보다 자기중심으로 문제를 해결하려는 경향이 있습니다. 그러다 보니, 경청을 잘못합니다. 대화를 걸어오는 상대에게 "알았어" 혹은 "알았다니까!"라고 말하지만, 사실은 경청하지 않습니다. 자기식으로 정리하고는 지나가 버리는 것입니다. 그러면 상대는 존중받지 못했다는 불쾌감으로 마음이 상하기 일쑤입니다. '아, 그렇구나!' '이렇게 이해했는데, 당신의 말은 이런 뜻입니까?'라며 수용적 반응을 하는 지혜가 필요합니다.

미국의 작가이며 심리치료사이며, 의사소통 전문가인 버지니아 사티어(Virginia Satir, 1916-1988)는 "자신의 자아상이 온전치 못한 사람일수록 남의 말을 들을 줄 모른다"라고 했습니다. 제이 헬리는 "모든 가정의 문제는 권력, 즉 파워(power)의 문제이다. 그 파워를 누가 가졌느냐에 따라 관계가 성립된다."고 말하면서 상대방의 말을 들어 주지 않는 한 사람의 행위는 "상대방의 파워를 묵살함으로 자신에게 그 파워를 부여하는 행위이다"라고 말했습니다. 경청하지 않는 것도 파워 게임의 한 수단이 되고 있음을 지적한 것입니다. 이런 현상은 가족 관계뿐만 아니라 교회 내에서도 종종 발견됩니다.

경청하십시오. 경청이 잘 안되나요? 경청하는 마음을 달라고 하나님에게 기도합시다. 경청을 잘하는 사람은 안정감이 있습니다. 자아상이 바를 때 경청을 잘합니다. 그런 자는 하나님의 말씀에도 잘 경청합니다. 반대로 경청하지 못하는 사람은 정서적으로 불안합니다. 그는 하나님과의 관계도 좋지 못합니다.

부모가 자녀의 말에 귀를 기울이지 않거나, 혹은 자녀가 부모의 말을 경솔히 여기는 경우도 그렇습니다. 선생님이 하는 말을 건성으로 듣고 잔소리로 듣는 학생의 태도도 마찬가지입니다. 회사에서도 상명하달의 관계에서는 일방통행식 명령과 통보가 주를 이룹니다. 상사가 하급 직원의 말을 경청하지 않으면 회사에 손해를 볼 것입니다. 물론 반대도 마찬가지입니다. 사원의 좋은 아이디어나 창의적 의견이 존중받지 못하면 손해입니다. 베스트셀러『경청』(위즈덤하우스)이라는 책은 바로 이 점을 다루고 있습니다. 어려움에 빠졌던 회사가 경청을 잘함으로 다시 회복한다는 스토리입니다.

부모에 대한 경청

부모의 권위는 만들어지는 것이 아닙니다. 하나님이 주신 권위입니다. 요즘처럼 부모의 권위가 땅에 떨어진 때가 있었을까요! 자녀는 부모의 말에 귀를 기울이지 않습니다. 자기와 상관없는 말은 흘려버립니다. 순종하려는 마음이 없기에 경청하지 않습니다. 부모의 말을 들으려 하기보다 자기 의견이나 생각만 늘어놓습니다. 그런 아이들은 경청하지 않음으로 부모를 '공경'하기는커녕, '공격'(?)하는 것과 다를 바 없습니다.

> 너를 낳은 아비에게 청종하고 네 늙은 어미를 경히 여기지 말지니라. (잠 23:22)

자녀는 부모의 말을 청종해야 합니다. '청종'(聽從)은 경청하고 순종한다는 뜻입니다. 본래 이 단어의 뜻은 '듣다'(Shama, שָׁמַע), 곧 '경청하다'라는 단어인데, '순종'이라는 단어를 첨가해 번역했습니다. 문맥상 옳습니다. 듣는 것은 '순종하는 것'과 분리될 수 없기 때문입니다. 우리말 '말 좀 들어라!'라는 말의 의미는 '귀로 들어라'라는 뜻이지만, 사실은 '순종해라'라는 뜻입니다. 실제 성경 언어도 '순종'이라는 단어가 '아래에서 듣다'라는 어근에서 왔습니다. 헬라어 '휘아쿠오'(ὑπακούω, listen to)는 '휘포'(ὑπο, 아래)와 '아쿠오'(ακούω, 듣다)의 합성어입니다. '아래에서 듣다'인데 권위 아래 있는 자가 권위자에게 '순종'하는 모습을 담고 있습니다. '순종'은 자세를 낮추어 겸손히 권위자의 명령과 지시를 듣고 따른다는 의미입니다.

부모를 공경하는 여러 방법이 있겠지만, 가장 좋은 방법은 부모의 말씀에 경청하는 것입니다. 부모님에게 맛난 음식, 비싼 옷과 선물을 사 드리는 것도 귀한 것이지만, 가장 좋은 것은 그분들의 말에 귀를 기울여 진심으로 경청하는 것입니다. 나이가 많아지면 말이 많아진다고 합니다. 부모는 말을 들어 줄 사람을 그리워합니다.

또 자녀가 잘되길 바란다면, 부모는 자녀에게 경청을 훈련시켜야 합니다. 권위자에게 존경하는 마음으로 경청하도록 해야 합니다. 우리는 부모가 말할 때 바른 자세로 앉거나 서서 들어야 합니다. 다른 곳을 쳐다보지 말고 오직 부모님만 바라보아야 합니다. 눈은 마음의 창이죠. 이해되면 고개를 끄덕이거나 잘 모르겠으면 정중하게 질문해야 합니다. 그렇게 하는 것이 경청하는 것입니다. 이렇게 존경을 표하면 하나님으로부터 반드시 상을 받게 될 것입니다.

> 아들들아! 아비의 훈계를 들으며 명철을 얻기에 주의하라. 내가 선한 도리를 너희에게 전하노니 내 법을 떠나지 말라. 나도 내 아버지에게 아들이었으며 내 어머니 보기에 유약한 외아들이었었노라. 아버지가 내게 가르쳐 이르기를 내 말을 네 마음에 두라. 내 명령을 지키라. 그리하면 살리라. 지혜를 얻으며 명철을 얻으라. 내 입의 말을 잊지 말며 어기지 말라.(잠 4:1-5)

부모의 말에 경청하지 않는 아이들은 다른 권위자의 말도 경청하지 않습니다. 사람에게 경청하지 않는 사람은 하나님에게 경청하는 것도 어렵습니다. 경청하도록 가르치고 훈련해야 합니다. 그것은 부모를 위한 것이기도 하지만, 자녀를 위한 것이기도 하기 때문입니다. 어떻게 부모 말에 경청하게 할 것인가? 자신이 경청하는 마음 자세가 있는지 없는지를 어떻게 알 수 있을까요? 다음 질문을 해 보겠습니다. 마음속으로 '아니오', '글쎄요', '예' 가운데 하나를 선택해 보십시오.

□ 훈계받을 때 순종하고자 하는 마음이 있습니까?

□ 부모가 부를 때 하고 있던 일을 중단하고 관심을 기울입니까?

□ 부모가 지시할 때 알아들었다는 것을 확신시켜 주려고 애를 씁니까?

□ 아니면 대충 얼버무리고 '난 대답했으니, 알아서 하세요!'라는 태도입니까?

□ 명령을 최종 권위자인 하나님의 말씀으로 체크 하려 합니까?

□ 최종결정할 때 '하나님은 어떻게 할까'라고 스스로 물어봅니까?

경청해야 할 대상은 수없이 많습니다. 동료의 말에 경청하는 태도도 중요합니다. 경청을 잘해야 관계가 좋고, 관계가 좋아야 일의 능률도 향상됩니다. 더나아가 자신의 양심의 소리에도 경청할 필요가 있습니다. 이런저런 외부로부터의 거짓말이나 가짜 뉴스만 듣고 성령 하나님 주시는 양심의 목소리를 경청하지 않는다면, 그것도 문제입니다. 주 안에서 잘 듣고 점검해야 합니다. 선과 악을 구분하기 위함입니다. 세상의 모든 소리가 중요하고 건강한 것은 아닙니다. 경청해야 할 양질의 것을 찾으십시오. 좋은 책을 읽고 건강한 미디어를 시청하십시오. 인터넷 세상에는 온갖 쓰레기 같은 것도 많습니다. 깨끗하고 맑고 건강한 것을 찾아보고 듣고 읽기 바랍니다. 이 일을 위해 교회 공동체가 중요합니다. 서로 바른 진리의 말씀을 경청하기 위해 기도하며 돕기 바랍니다.

우리 모두 솔로몬의 "듣는 마음"을 기도하면서 경청을 통한 지혜를 소유한 믿음의 장군들이 되기를 바랍니다.

읽고 나누기

❶ 읽고 배운 것을 자기 말로 요약해 봅시다.

❷ 현대사회에서 경청이 필요한 이유는 무엇인가요?

❸ 하나님께 주의를 집중하고 말씀을 경청하고 있습니까? 경청하기 위해 무엇을 해야 하나요?

❹ "내가 네게 무엇을 줄꼬, 너는 구하라"라는 하나님의 말씀에 솔로몬은 어떤 것을 구하였나요? 이유도 말해 봅시다.

기쁨

기쁨은
몸과 마음으로 즐거워하고
친절한 태도를
보이는 것

요한일서 2:1

1 나의 자녀들아 내가 이것을 너희에게 씀은 너희로 죄를 범하지 않게 하려 함이라 만일 누가 죄를 범하여도 아버지 앞에서 우리에게 대언자가 있으니 곧 의로우신 예수 그리스도시라

기쁨, 하나님의 성품

성경 요일 2:1 **찬송** 191장 내가 매일 기쁘게

지난주에 무슨 기쁜 일이 있었습니까? 좋아하는 음식을 드셨습니까? 좋아하는 운동을 해서 기쁘셨나요? 등산을 좋아하십니까? '다시 내려올 거면서 왜 고생하며 산을 오르냐?'며 이해 못하는 분도 있지만, 힘들게 오른 산꼭대기에서 시원한 바람 맞으며 바라보는 그 희열과 기쁨은 경험해 보지 않으면 모르죠. 어떤 사람은 자전거 타기를 좋아하고, 어떤 사람은 산책을, 어떤 사람은 뛰기를 즐깁니다. 어떤 사람은 보드게임을 좋아하고, 또 어떤 사람은 음악 감상을 즐깁니다. 어떤 사람은 책 읽기를 좋아하지만, 또 어떤 사람은 살가운 교제를 즐깁니다.

인간은 기쁨을 추구하며 삽니다. 만약 우리에게 기쁨이 사라진다면, 삶의 동력도 사라질 것입니다. 누구나 크고 작은 기쁨으로 살아갑니다. 먹는 기쁨, 보는 기쁨, 성적 기쁨, 소유의 기쁨, 일의 기쁨, 쉼의 기쁨을 누립니다. 만약 기쁨이 없다면, 지옥과 같은 삶이 될 것입니다. 지옥의 특징이 여럿 있겠지만, 기쁨이 없다는 것이 클 것입니다. 기쁨은 인간 삶의 원동력입니다.

웨스트민스터 소(대)요리문답 제1문에 의하면 "사람의 제일 되는 목적은 … (하나님을 영원토록) 즐거워하는 것"이라고 했습니다. "즐거워하는 것"이 바로 '기쁨'(Joy)입니다. '기뻐하다', '즐기다'가 '엔조이'(Enjoy)입니다. 인간은 기뻐하고

즐거워하며 살 수 있고 또 그렇게 살아야 합니다. 이렇게 기쁨과 즐거움이 인간에게 중요합니다.

"기쁨" 성품 첫 주제입니다. 하나님이 우리에게 주신 기쁨이 무엇이며, 우리는 왜 기쁨을 제대로 누리며 살지 못하고 있는지를 살펴봅시다. "기쁨" 성품 둘째 주제는 어떻게 참 기쁨을 누리며 살 것인가에 관한 것입니다. 오늘 내용은 첫째, '기쁨, 하나님의 성품', 둘째는 '기쁨, 인간의 성품', 셋째는 '기쁨, 변질된 성품'입니다.

기쁨, 하나님의 성품

하나님이 형상이 있다면, 어떤 표정을 지으실까요? 하나님이 형상이 없으니, 상상할 수 없습니다. 하나님 하면 예수님만 생각나기 때문입니다. 일단 예수님에 대한 모습은 나중에 다룰 것이기 때문에 창조주 하나님을 생각해 봅시다. 성경 첫 부분, 창세기 1-2장을 보면 하나님이 기뻐하시는 장면이 나옵니다. 하나님이 좋아서 웃으시는 모습을 상상할 수 있는 장면입니다. 하나님은 세상을 창조하시며 그 기쁨을 표현하셨는데, 한 번 봅시다.

> 하나님이 이르시되, 빛이 있으라, 하시니, 빛이 있었고, 빛이 하나님이 보시기에 좋았더라. (창 1:3-4)

하나님은 빛을 창조하시고 기뻐하셨습니다. 태양이 창조되기 전이니, 빛이라는 성질 그 자체였을 것입니다. 일곱 가지 색으로 이루어진 아름다운 색깔을 만드는 그 빛을 좋아하셨습니다. 북극의 신비한 오로라(Orora) 현상은 빛의 잔치입니다. 하나님은 그 빛을 창조하고 좋아하셨습니다. 기뻐하셨습니다! 하나님은 각종 식물도 창조하시고 좋아하셨습니다. 하나님은 태양과 달과 우주의 온갖 별들을 만들고 빙그레 웃으며 기뻐하셨습니다. 마지막으로 인간을 만들고 창조가 완성되자 매우 기뻐하셨습니다(창 2:31). 모두 7번(창 1:10, 12, 18, 21, 25, 31절)이나 좋았다는 표현이 나옵니다. 일곱 번 반복해서 "좋았더라"라고 표현한 것은 '완~전 좋았다'는 뜻입니다. 완전한 기쁨을 표현한 것입니다. 하나님은 온 세상과 생물, 동물, 그리고 인간을 창조하고 정말 기뻐하셨습니다. 만약 하나님이 인간과 같은 형상을 가지고 계시면, 입을 크게 벌리고 웃는 모습을 상상해 볼 수 있습니다. 하나님은 좋아하시고, 기뻐하시고, 즐거워하시는 분입니다. 그렇기에 기쁨은 하나님에게서 발견할 수 있습니다. 기쁨은 하나님의 성품이 분명합니다.

그 후 하나님이 기뻐하고 좋아하셨다는 기록이 성경에 나오지 않습니다. 무슨 일이 있었던 것일까요? 기쁨은커녕 하나님의 "한탄"과 "근심"이 자주 등장합니다(창 6:6).

> 여호와께서 사람의 죄악이 세상에 가득함과 그의 마음으로 생각하는 모든 계획이 항상 악할 뿐임을 보시고, 땅 위에 사람 지으셨음을 한탄하사 마음에 근심하시고, 이르시되, 내가 창조한 사람을 내가 지면에서 쓸어버리되, 사람으로부터 가축과 기는 것과 공중의 새까지 그리하리니, 이는 내가 그것들을 지었음을 한탄함이니라, 하시니라. (창 6:5-7)

심지어 하나님의 "진노"도 자주 등장합니다. 이스라엘 백성이 광야에서 금송아지를 만들고 여호와라 부르며 춤을 추며 기뻐하는 것을 보고 그들을 멸하시겠다고 진노하셨습니다(출 32장). 하지만, 하나님은 그 진노를 "더디"(출 34:6)하고 은혜를 베풀어 주셨기 때문에 이스라엘이 완전히 망하지 않습니다. 하나님은 남은 자를 남겨 두셨습니다.

> 주께서는 용서하시는 하나님이시라 은혜로우시며, 긍휼히 여기시며, 더디 노하시

며, 인자가 풍부하시므로 그들을 버리지 아니하셨나이다. (느 9:17)

인간의 타락 이후 하나님은 기쁨보다는 슬픔, 인자보다는 진노의 이미지가 생겼지만, 하나님 사랑이 얼마나 큰지 모릅니다. 하나님은 회개하는 자를 용서하시고, 구원을 베풂으로 기뻐하는 분이십니다. 구약성경은 그것을 잘 보여줍니다. 스바냐 선지자를 통해 하나님의 그런 마음을 이렇게 표현했습니다.

> 너의 하나님 여호와가 너의 가운데에 계시니 그는 구원을 베푸실 전능자이시라. 그가 너로 말미암아 기쁨을 이기지 못하시며, 너를 잠잠히 사랑하시며, 너로 말미암아 즐거이 부르며, 기뻐하시리라, 하리라. (습 3:17)

하나님은 은혜로우셔서 당신의 택한 백성에게 구원을 베푸십니다. 제사 제도를 통해 예수 그리스도의 구속의 길을 보여주셨습니다. 온 우주의 구원자로 오실 예수 그리스도 안에서 구원이 약속되었습니다. 그것 때문에 하늘에 계신 우리 아버지는 "너로 말미암아 기쁨을 이기지 못하시며, 너를 잠잠히 사랑하시며, 너로 말미암아 즐거이 부르며, 기뻐하"십니다. 이 얼마나 놀랍고 감사한 복음인지요! 기뻐할 주체는 구원받은 인간일 텐데, 오히려 기뻐하는 분은 하나님이십니다. 하나님은 우리 때문에 기뻐하고 즐거워하십니다. 기쁨이 얼마나 큰지 그 어떤 것도 그 기쁨을 이길 수 없다고 표현할 정도입니다.

성경에는 진노하시는 하나님 모습이 많이 나옵니다. 그래서 하나님을 무시무시한 폭군처럼 생각하기도 합니다. 하지만, 사실은 그렇지 않습니다. 하나님은 기쁨으로 가득한 분입니다. 기쁨은 하나님의 성품입니다. 하나님이 피조물을 기뻐하고 사람을 좋아하십니다. 잠잠히 미소 짓는 하나님을 상상해 보십시오. 하나님은 기쁨의 웃음을 가진 분이 분명합니다.

기쁨, 인간의 성품

예수 믿는 사람 중에 늘 진지하고, 고민 투성이고, 힘들게 살며 고생을 사서 하는 분들이 있습니다. 또 그런 분은 신앙적 일에 열정적이고 열광적이기도 합니다. 자주 금식합니다. 감정을 억제하고 욕망을 절제합니다. 즐기는 것은 죄를 짓는 것이라 여기고 피합니다. 중세 수도승은 성적 욕망을 억제하기 위해 아브라함이 이삭 대신 번제로 드린 숫양이 걸렸던 "수풀"(창 22:13) 나무 열매를 먹기도 한답니다. 그 열매가 남성의 정력을 감퇴시킨다고 믿기 때문입니다. 즐거움을 멀리하고 가능한 고통스러운 삶을 찾아다녔습니다. 그것이 하나님에게 사랑받는 길이라고 생각했습니다.

주후 3-4세기에 발전한 동방의 사막 수도사들이 그런 자들이었습니다. 그들은 경쟁적으로 기쁨과 거리가 먼 고행을 찾아 헤맸습니다. 시므온(Simeon, 주후 390-459)은 여러 달 동안 땅속에 묻혀 목만 내놓은 채 살았습니다. 나중에는 안디옥 근처에서 2미터가 넘는 기둥 꼭대기에 올라가 살았습니다. 후에는 20미터나 높이 올라갔는데, 무려 35년간 기둥에서 내려오지 않아 '기둥 성자'라는 별명을 얻기도 했습니다. 암모운(Abba Ammoun, 주후 4세기)은 한 번도 옷을 벗거나 씻지 않는 비정상적 금욕생활로 기쁨과 욕망을 억제하려 했습니다. 그렇게 극단적 고행을 추구하는 자들은 사람들로부터 많은 존경을 받았습니다. 성자로 칭송받았습니다. 다른 세상 종교에도 그렇습니다. 좀 더 그런 경향이 많습니다. 늘 일상의 삶과는 뭔가 달라 보이려고 특이한 삶을 추구함으로 자기의 특별함과 위대함을 드러내려고 합니다.

하지만, 인간은 기쁨을 위해 창조되었습니다. 인간은 기쁨을 추구할 수 있습니다. 아니, 인간은 기쁘고 행복한 삶을 삽니다. 그것을 부정할 필요가 없습니다. 일도 기쁨으로 하고 취미 활동도 기쁨을 위해 합니다. 운동도 기쁨을 위해 합니다. 우리 그리스도인도 기쁨을 추구해도 됩니까? 신자가 쾌락을 추구하며 살아도 되는 것일까요? 네, 그렇습니다. 그리스도인도 기쁨을 추구할 수 있고, 또 기쁘게 살 수 있고, 또 그렇게 살아야 합니다. 왜 그럴까요?

하나님이 기뻐하시는 분이시기 때문입니다. 하나님이 기뻐하시니, 인간도 기뻐할 수 있습니다. 인간은 하나님의 형상으로 창조되었죠. 인간도 맘껏 기뻐할 수 있습니다. 성경도 인간이 즐거워하고 기뻐한다고 분명히 말합니다. 힘든 아홉 달의 임신 기간을 보낸 산모가 출산한 핏덩어리 아기를 보며 기뻐합니다. 그 모습을 옆에서 지켜보는 아버지도 마찬가지로 입을 크게 벌리고 싱글벙글 웃으며 기뻐합니다. 자녀라는 존재 그 자체가 부모에게 기쁨이라고 성경은 말합니다(잠 23:24-26). 재산이 늘어나면 기뻐하는 것이 인간입니다(시 65:11-12). 회사에서 성과급을 두둑이 받으면 기쁘죠. 사업이 번창하거나, 원하는 학교에 합격하고 선물을 받으면 기쁘고 즐겁습니다. 성경도 그렇게 말합니다.

> 초장은 양 떼로 옷 입었고 골짜기는 곡식으로 덮였으매 그들이 다 즐거이 외치고 또 노래하나이다. (시 65:13)

좋은 포도주는 사람의 마음을 기쁘게 하는 선물(시 104:15)이라고 합니다. 두 남녀가 만나 행복한 혼인을 약속하는 혼인예식은 언제나 기쁨을 선사합니다(렘 33:11). 향수를 뿌리면 기분이 좋아집니다. 향기로운 커피 한 잔은 축처진 마음에 기쁨을 제공합니다. 잠언 27장 9절에 "기름과 향이 사람의 마음을 즐겁게 하니"라고 말합니다.

인간은 누구나 기뻐할 수 있고 또 기쁨을 누립니다. 이런 기쁨의 복은 불신자이든지 신자이든지 모두 누릴 수 있는 은혜입니다. 하나님이 기뻐하시니, 인간도 기뻐할 수 있는 능력이 있습니다. 하나님의 형상을 가진 인간 존재의 특별함을 보여 줍니다. 태양이 불신자에게 적게 비치고 신자에게만 많이 제공되는 것이 아니듯 기쁨 또한 마찬가지입니다. 인간이 기쁨으로 웃으며 행복해 하는 것은 하나님이 인간에게 주신 귀한 일반 은혜이며 선물입니다. 기뻐하십시오. 그래서 서로 덕담합니다. '복 받으십시오!' '좋은 일만 생기기 바랍니다!' '행복하십시오!' 이런 인사가 입에 발린 말만은 아닙니다. 모든 인간은 하나님의 고귀한 피조물로서 기쁨이라는 하나님의 선물을 누리고 있고 또 누릴 수 있습니다. 기쁨을 주신 하나님께 감사합시다!

기쁨, 변질된 성품

그런데 문제는 이 기쁨이 인간의 타락으로 말미암아 변질된 것입니다. 기쁨이 오염되었습니다. 본래 인간이 누릴 수 있는 기쁨과 즐거움은 하나님을 기뻐하고 즐거워하는 것인데, 하나님이 빠지고 인간 자신이 기쁨과 즐거움의 대상이 된 것입니다. 기쁨의 변질입니다. 기쁨의 배신입니다. 타락한 인간의 기쁨과 즐거움의 차원이 달라진 것입니다. 참 기쁨은 없어졌고 겉모습만 겨우 남아 있을 뿐입니다. 사람은 하나님 없는 기쁨과 쾌락을 추구하고 즐기지만, 참 기쁨, 곧 영원한 기쁨을 맛볼 수는 없습니다. 진정한 기쁨이 아닙니다. 기쁨은 잠시 있다가 사라져 버리는 안개와 같고, 곧 시들어 버리는 꽃의 영광과 같으며, 곧 말라 버리는 들의 풀과 같습니다.

C. S. 루이스는 『스크루테이프의 편지』(두란노)라는 책에서 성경에 기초한 쓴 흥미로운 이야기를 나열합니다. 스크루테이프는 고참 악마입니다. 신참 악마에게 악마로서의 역할을 하도록 교육을 하는 31통의 편지로 구성되어 있습니다. 이 소설은 인간의 약점이 무엇이며 사탄은 그것을 어떻게 공격하는지 아주 탁월한 시야로 분석해 줍니다. 고참 악마 '스크루테이프'가 이렇게 말하는 장면이 나옵니다.

> 쾌락은 하나님의 발명품이다. 사탄은 그 쾌락을 만들어 내지 못한다. 사탄은 하나님이 금지한 방식과 수준으로 즐기도록 유인할 뿐이다.(66쪽)

탁월한 통찰입니다. 그렇습니다. '쾌락'이라고 번역할 수 있는 '기쁨'은 하나님이 만든 발명품입니다. 하나님이 인간에게 준 선물이 맞습니다. 사탄은 그 선물을 잘못된 방식으로 사용하도록 유혹합니다. 만약 우리가 누리는 기쁨과 쾌락이 하나님이 금지한 울타리 밖에 있다면, 그것은 왜곡된 기쁨입니다. 사탄은 절대로 쾌락 그 자체를 줄 수 없습니다. 대신 하나님이 인간에게 선물한 기쁨과 쾌락을 잘못 사용하게 할 수는 있습니다. 사탄은 아담과 하와에게 그렇게 한 것처럼 지금도 우리에게 그렇게 접근해 유혹합니다. 사탄의 책략은 "(진정한) 쾌락은 감소시키고(잘못된) 쾌락에 대한 갈망을 증대시키"려 애를 쓰는 것입니다.

아담과 하와의 타락으로 말미암아 참 기쁨은 사라지고, 그 자리에 두려움과 가짜 기쁨이 생겨난 것입니다. 식욕과 성욕, 그리고 수면욕을 즐길 수 있지만, 그것이 하나님과 상관없다면, 참 기쁨이 아닙니다. 하나님이 금지한 울타리 밖에서의 식욕과 성욕과 수면욕의 누림이라면 그것은 죄입니다. 영원한 기쁨을 주지 못합니다. 그러니 늘 불안하고 두렵습니다. 늘 에덴동산 밖의 기쁨은 왜곡되고 오염되어 있습니다. 가인은 동생에 대한 질투로 최초의 살인자가 되었고, 온 땅을 유리하며두려워 떨며 살게 되었습니다. 그는 진정한 기쁨을 잃어버렸습니다.

존 번연의 『천로역정』(두란노)에 보면, "신실"이라는 사람이 등장합니다. 그는 모든 '신자'의 상징입니다. "신실"은 길을 가다가 한 큰 산을 만납니다. 그 산의 이름은 '곤고의 산'입니다. 그 산에는 유혹이라는 한 마을이 있는데, 한 노인이 촌장입니다. 그 노인은 '첫째 아담'이라 불립니다. 노인은 "신실"에게 같이 살자고 유혹합니다. 세 명의 딸과 혼인시켜 주겠다고 약속합니다. 그 딸들의 이름은 "육신의 정욕"(Lust of the Flesh), "안목의 정욕"(Lust of the Eyes) "이생의 자랑"(Pride of Life)입니다(요일 2:16). 여기에 머물면 쾌락을 즐길 수 있습니다. 이 세 명의 딸로 대표되는 사탄의 유혹은 세상 모든 인간에게 예외 없이 다가옴니다. 모든 불신자의 행복 추구가 여기에 속하겠지만, 신자도 예외가 아닙니다. 사실『천로역정』의 "신실"은 '신자'를 의미합니다. 신자도 세 딸과 기쁘고 행복한 삶을 살라는 유혹을 받고 넘어지기도 합니다.

　세상을 즐길 수 있지만, 그 기쁨을 잘못 사용하는 것이 문제입니다. 그래서 요한은 이렇게 경고했습니다.

> 이 세상이나 세상에 있는 것들을 사랑하지 말라. 누구든지 세상을 사랑하면 아버지의 사랑이 그 안에 있지 아니하니, 이는 세상에 있는 모든 것이 육신의 정욕과 안목의 정욕과 이생의 자랑이니, 다 아버지께로부터 온 것이 아니요, 세상으로부터 온 것이라. (요일 2:15-16)

요한은 이 부분에서 누구보다 큰 경험을 했습니다. 그는 예수님이 살아 계실 때 어머니와 형제 야고보와 함께 찾아가서 좌의정과 우의정 자리를 탐냈습니다. 육신의 영광에 대한 욕심에 빠진 경험이 있었습니다. 하나님이 영광스러운 자리를 주신다면야, 그것을 거절할 필요가 없겠지만, 스스로 욕심낸다면 그것은 하나님이 염려하고 경고하는 부분입니다.

　"육신의 정욕"은 기쁨을 줍니다. '육체'와 관련된 쾌락 추구가 여기에 해당합니다. "정욕"(ἐπιθυμία)은 '충동', '욕망', '갈망'을 의미합니다. 정욕 자체는 죄가 아닙니다. 정욕은 하나님이 주신 삶의 원동력입니다. 이것을 하나님이 명령하신 대로 사용하지 않는 것이 문제입니다. 식욕, 정욕, 수면욕은 꼭 필요한 하나님의 선물이지만, 이것을 하나님과 그분의 말씀 밖에서 사용할 때 문제가 됩니다. 주 안에서 즐기는 성적 욕망은 문제가 없습니다. 늘 하나님의 금지선을 넘는 것이 문제입니다. 하나님 밖에 있는 육신의 정욕은 변질된 기쁨을 제공할 뿐입니다. 이것을 추구하는 자들은 영원한 기쁨으로부터 점점 멀어지고 말 것입니다.

"안목의 정욕"도 기쁨을 줍니다. "안목"(ὀφθαλμός)은 '눈', 혹은 '눈동자'를 의미합니다. 인간의 눈으로 보는 모든 것을 의미합니다. 눈은 하나님이 주신 창조물입니다. 코로나19 전염병의 확산으로 '유튜브', '넷플릭스', '왓차' 같은 것으로 좋은 작품을 즐길 수 있습니다. 참 좋은 세상입니다. 하지만, 여기서도 얼마든지 "안목의 정욕"으로 오용될 수 있습니다. 인간은 아름다움을 추구하는 능력이 있기에, 의복, 실내장식, 건물 양식 등 눈으로 보는 아름다움을 추구합니다. 하지만, 그것이 하나님과 그분의 말씀을 벗어난 것이라면, 안목의 정욕 추구는 죄입니다. 잠시 기쁨을 줄 것이지만, 영원한 기쁨은 아닙니다.

"이생의 자랑"도 기쁨을 줍니다. "이생"(βίος)이란 '삶'(Life) 혹은 '생활'을 의미합니다. 자기 인생을 "자랑"(ἀλαζονεία)하는 자의 다른 모습은 타인의 삶을 무시하고 비난하고 멸시하는 것이기도 합니다. '내로남불'의 모습도 여기에 해당합니다. 자랑이 과하면 '허풍'이고, 거짓이면 '사기'입니다. 이것은 종종 '방종'과 '무엄', 그리고 '오만'으로 연결되기 쉽습니다. 오늘날 자신을 드러내고 자랑하는 것이 대세입니다. 자기를 'PR'한다고 합니다. 유튜브나 페이스북, 그리고 개인 블로그를 보면, 자기를 자랑하고 드러내는 데 많은 관심을 기울이죠. 이것도 하나님이 주시는 기쁨이고 복이지만, 하나님과 말씀의 범위를 벗어난 것은 죄입니다. 잠시 기쁨을 줄 수 있지만, 영원한 참 기쁨과는 거리가 멉니다.

인간은 지금도 기쁨과 쾌락을 즐깁니다. 기쁨과 행복을 즐기지만, 제대로 된 참된 것인지 생각해 보아야 합니다. 어떤 사람은 죄를 지으면서도 쾌감과 기쁨을 즐깁니다. 성경은 이런 자들을 '양심이 화인 맞았다'라고 합니다. 그리스도인과 교회를 핍박하면서 쾌감을 즐기는 악한이 있었고 지금도 있습니다. 하나님이 주신 기쁨을 오용합니다. 사탄과 그의 졸개, 그리고 그를 따르는 악인이 그런 자입니다.

하나님이 주신 기쁨을 맘껏 누리십시오. 오직 하나님과 말씀의 범위 안에서 즐기고 기뻐하고 행복을 누리십시오. 예수님은 우리에게 "시험에 들게 하지 마시옵고, 다만 악에서 구하시옵소서"라고 기도하라 알려주셨습니다. 기쁨의 원천인 하나님을 배워 확신할 때 참 기쁨을 누리게 될 것입니다.

민수기 14:1-9

1 온 회중이 소리를 높여 부르짖으며 백성이 밤새도록 통곡하였더라 2 이스라엘 자손이 다 모세와 아론을 원망하며 온 회중이 그들에게 이르되 우리가 애굽 땅에서 죽었거나 이 광야에서 죽었으면 좋았을 것을 3 어찌하여 여호와가 우리를 그 땅으로 인도하여 칼에 쓰러지게 하려 하는가 우리 처자가 사로잡히리니 애굽으로 돌아가는 것이 낫지 아니하랴 4 이에 서로 말하되 우리가 한 지휘관을 세우고 애굽으로 돌아가자 하매 5 모세와 아론이 이스라엘 자손의 온 회중 앞에서 엎드린지라 6 그 땅을 정탐한 자 중 눈의 아들 여호수아와 여분네의 아들 갈렙이 자기들의 옷을 찢고 7 이스라엘 자손의 온 회중에게 말하여 이르되 우리가 두루 다니며 정탐한 땅은 심히 아름다운 땅이라 8 여호와께서 우리를 기뻐하시면 우리를 그 땅으로 인도하여 들이시고 그 땅을 우리에게 주시리라 이는 과연 젖과 꿀이 흐르는 땅이니라 9 다만 여호와를 거역하지는 말라 또 그 땅 백성을 두려워하지 말라 그들은 우리의 먹이라 그들의 보호자는 그들에게서 떠났고 여호와는 우리와 함께 하시느니라 그들을 두려워하지 말라 하나

빌립보서 4:4

4 주 안에서 항상 기뻐하라 내가 다시 말하노니 기뻐하라

하나님을 기뻐하라!

성경 민 14:1-9 빌 4:4 **찬송** 66장 다 감사 드리세

우리는 기쁨이 하나님의 성품임을 배웠습니다. 하나님의 형상으로 창조된 인간은 기뻐할 수 있습니다. 하나님을 영원토록 기뻐할 수 있습니다. 그런데, 아담과 하와의 타락으로 말미암아 인간은 기쁨을 제대로 누릴 수 없습니다. 이것이 인간의 비참입니다. 인간의 원죄와 자범죄로 인해 삶에 고통과 슬픔과 아픔이 들어왔습니다.

우리의 삶 속에 그리고 주변을 둘러보면, 기쁘지 않은 일들이 얼마나 많은지요. 육체의 질병으로 웃음을 잃어버리기도 합니다. 왠지 모를 마음의 우울함으로 괴로운 날들을 보내기도 합니다. 과거의 충격이 트라우마(Trauma)로 남아 아직도 불행한 기억을 재생산하기도 합니다. 다른 사람이 나에 대해 잘못된 스티그마(Stigma, 오명)를 찍어 아픔을 겪기도 합니다.

가정의 문제, 인간관계의 문제, 열등감의 문제, 경제적 빈곤의 문제, 상대적 박탈감의 문제로 웃음을 잃어버리기도 합니다. 아이들은 참을 줄을 모르고, 만족할 줄 모르고, 신경질과 떼쓰는 것만 잘합니다. 미래의 불확실성으로 걱정합니다. 밝은 웃음을 찾아보기 어렵습니다. 이런 아픈 현실 속에서 우리는 어떻게 하나님을 즐길 수 있을까요?

현실은 슬픔으로 가득!

민수기 13-14장 내용은 이스라엘 백성이 가나안 땅을 정탐한 사건에 관한 것입니다. 이스라엘은 각 지파의 대표를 뽑습니다. 그들은 지파의 지휘관(민 13:3)이었던 것 같습니다. 군대의 사단장이라고 보면 됩니다. 민수기에 나오는 12명의 정탐꾼은 영향력이 큰 지도자입니다. 12명은 40일 동안 가나안 땅을 둘러봅니다. 위장하고 몰래 팔레스티나 땅을 상세히 살펴봅니다. 그리고 돌아와 이스라엘 백성에게 보고합니다.

> 모세에게 말하여 이르되, 당신이 우리를 보낸 땅에 간즉 과연 그 땅에 젖과 꿀이 흐르는데 이것은 그 땅의 과일이니이다. 그러나 그 땅 거주민은 강하고 성읍은 견고하고 심히 클 뿐 아니라, 거기서 아낙 자손을 보았으며, 아말렉인은 남방 땅에 거주하고 헷인과 여부스인과 아모리인은 산지에 거주하고 가나안인은 해변과 요단가에 거주하더이다. (민 13:27-29)

12명이 작성한 공동 보고서의 핵심은 '땅은 무지 좋은데, 무서운 사람들이 살고 있더라.'입니다. 그들이 가지고 온 물건을 보면 놀랍습니다. 포도송이 달린 가지를 베어 둘이 막대기에 꿰어 메고 와야 했습니다. 석류와 무화과 열매를 보았을 때 이스라엘 백성은 기뻤을 것입니다. 하지만, 높고 견고한 성과 거인처럼 장대한 사람에 대한 얘기를 듣고는 기가 죽고 그 땅에 가고 싶은 생각이 나지 않았습니다. 이것은 사실(Fact)입니다. 객관적 현실입니다.

사실에 대한 해석에서 둘로 나뉩니다. 다수 보고서와 소수 보고서가 작성됩니다. 10명의 지휘관의 마음에는 두려움이 가득합니다. 아름답고 젖과 꿀이 흐르는 땅이 주는 기쁨은 없었습니다. 절망과 두려움이 그들의 판단을 완전히 180도로 왜곡시킵니다. 조금 전까지만 하더라도 가나안 땅에는 이렇게 크고 맛난 과일이 생산되고 있다고 기뻐했습니다. 이제 "그 정탐한 땅을 악평하여 이르되, 우리가 두루 다니며 정탐한 땅은 그 거주민을 삼키는 땅이요."(민 13:32)라고 말하며 두려워합니다. 가나안 땅은 '저주받은 땅'이라고 말합니다. 키가 큰 거인 아낙 자손을 보자 기가 죽고 말았다고 합니다. 마음이 콩알만 해졌습니다.

> 우리는 스스로 보기에도 메뚜기 같으니, 그들이 보기에도 그와 같았을 것이니라.(민 13:33)

자기 비하입니다. 자존감 실종입니다. 다수 보고서의 발표를 들은 백성은 깊은 절망에 빠졌습니다.

> 온 회중이 소리를 높여 부르짖으며, 백성이 밤새도록 통곡하였더라.(민 14:1)

출애굽 때만 하더라도 젖과 꿀이 흐르는 아름다운 땅에 간다는 희망과 소망으로 버텼지만, 이제 모든 것이 헛되다는 생각을 한 것일까요? 가나안 땅은 형편없고 저주받은 땅인데, 거기에 들어가기 위해 무시무시한 거인들과 싸워 전쟁을 해야 하다니요. '계란으로 바위 치기 일 텐데' 라고 생각한 것일까요? 기가 차고 말이 나오지 않았던 것같습니다. 가나안 땅에 들어가 봐야 처자식에게 보금자리를 제공하기는커녕 모두 죽게 생겼다는 생각에 망연자실했던 것일까요!

마침내 백성은 모세와 아론에게 원망을 퍼붓기 시작했습니다. '차라리 이집트에서 죽었으면 더 좋았겠다'고 합니다. '출애굽(Exodus, 구원)은 무의미했다'는 것입니다. 앞으로 들어갈 '가나안 땅을 정복할 마음도 사라졌다'고 합니다. '차라리 광야에서 죽는 것이 낫겠다.'라며 자학합니다. 처자식이 잡혀 노예가 될 터이니, 이집트로 돌아가자고 합니다. "한 지휘관"을 세우고 '이집트로 다시 돌아가자'고 데모를 시작합니다. 두렵고 무섭습니다. 모세와 아론을 죽일 기세입니다. 만약 백성이 다른 지도자를 세우면 그들은 더 이상 필요 없습니다.

모세와 아론은 "온 회중 앞에서 엎드"(민 14:5)립니다. 하나님 앞에 엎드려 기도했다는 뜻일 수도 있습니다. 아니면, 백성이 두려워 무릎을 꿇었다고 볼 수도 있습니다.

만약 우리가 그 역사 현장에 있었다면, 어떻게 했을까요? 우리는 그들처럼 행동하지 않았을까요? 눈앞에 닥친 상황에 눌려 기가 죽고, 기쁨을 잃어버리고, 두려움과 불평과 불만만 가득하지 않았을까요? 그리고 상황을 과대평가하고, 자신을 과소평가하며, 하나님과 하나님이 세운 일꾼을 원망하며, 몰아내려 하지 않았을까요? 10명의 정탐꾼, 이스라엘의 지도자들은 왜 '기쁨'을 잃어버리고 두려움과 걱정으로 심각한 지경에 이르게 되었을까요?

약속을 믿음으로 기쁨!

그런데, 놀랍게도 똑같은 상황에서도 슬픔이 아닌 기쁨, 두려움이 아닌 자신감을 가진 두 명의 지도자들이 있습니다. 그들은 바로 여호수아와 갈렙입니다. 그 중에 한 명 갈렙을 봅시다. 그가 말합니다.

우리가 곧 올라가서 그 땅을 취하자. 능히 이기리라. (민 13:30)

대단한 자심감이 아닙니까! 좀 무모해 보이기까지 합니다. 자신감은 어디에서 온 것일까요? 백성이 이성을 잃고 모세와 아론을 죽이려 할 때 여호수아와 갈렙이 자기들의 옷을 찢으며 온 회중 앞에 나가 말합니다.

여호와께서 우리를 기뻐하시면 우리를 그 땅으로 인도하여 들이시고 그 땅을 우리에게 주시리라. 이는 과연 젖과 꿀이 흐르는 땅이니라. 다만 여호와를 거역하지는 말라. 또 그 땅 백성을 두려워하지 말라. 그들은 우리의 먹이라. 그들의 보호자는 그들에게서 떠났고, 여호와는 우리와 함께 하시느니라. 그들을 두려워하지 말라.(민 14:8-9)

여호수아와 갈렙은 10명의 지도자와 온 백성의 태도를 "여호와를 거역"하는 것으로 해석합니다. 대중은 하나님의 약속을 거스르고 있습니다. 하나님이 모세와 아론을 인도자로 세웠음을 거역하고 있습니다. 그리고 그들에게 가나안 땅을 약속한 하나님은 전능한 분입니다. 홍해를 마른 땅으로 건너게 하고, 이집트 군인과 병거를 모두 바다에 수장시키는 기적을 행하신 분입니다. 그때 모세와 온 백성이 구원의 기쁨과 환희를 노래한 것을 들어보십시오.

내가 여호와를 찬송하리니, 그는 높고 영화로우심이요, 말과 그 탄 자를 바다에 던지셨음이로다. 여호와는 나의 힘이요, 노래시며, 나의 구원이시로다. 그는 나의 하나님이시니 내가 그를 찬송할 것이요, 내 아버지의 하나님이시니, 내가 그를 높이리로다. 여호와는 용사시니, 여호와는 그의 이름이시로다 … 여러 나라가 듣고 떨며 블레셋 주민이 두려움에 잡히며 … 가나안 주민이 다 낙담하나이다 … 여호와께서 영원무궁 하도록 다스리시도다.(출 15:1-18)

이스라엘 백성은 출애굽 후 하나님을 "나의 힘", "나의 구원", "나의 하나님", "용사"로 노래하며 찬송하며 기뻐했습니다. 그리고 블레셋 주민이 두려움에 잡히며 가나안 주민이 다 낙담했다고 고백했습니다. 아낙 자손은 키와 덩치만 컸을 뿐 겁쟁이들이었습니다. 하나님의 능력 앞에 기가 죽어 있었던 것입니다.

그런 놀라운 기쁨을 경험했던 이스라엘 백성이 지금은 완전 180도로 변해 두려움이 가득합니다. 왜 이런 일이 일어났을까요? 아마도 그것은 사건의 전후 시간문제이기도 합니다. 이스라엘이 출애굽 후 앞에 홍해 바다가 막고 있고, 뒤에는 이집트 군인이 병거로 추격하는 다급한 상황에서도 이스라엘 백성은 "심히 두려워하여 … 애굽 사람을 섬기는 것이 광야에서 죽는 것보다 낫겠노라."(출 14:12)라는 태도를 취했었습니다.

하지만, 홍해의 놀라운 기적을 경험한 후에는 기쁨의 구원을 노래할 수 있었습니다. 그런데, 정말 하나님을 신뢰하고 믿고 의지하는지는 어느 순간 알 수 있을까요? 좋은 상황에서일까요? 아니면 어려워 보이는 상황에서일까요? 그렇습니다. 참 믿음은 위기 속에서 증명됩니다. 고난 속에서 그 믿음이 드러납니다. 어둠 속에서 믿음이 빛납니다.

우리는 어떻습니까? 우리 앞에 환난과 고난과 재난이 닥치면 어떻게 반응하십니까? 이것저것 상황을 살펴보겠지요? 인터넷으로 검색해 정보를 알아보고, 주변 사람들로부터 조언도 들어보고, '희망이 없다'라는 결론이 나면 어떻게 하십니까? 믿음은 콩알처럼 작아져 하나님을 향해 원망의 마음이 솟아나지요. 하나님의 종을 향한 배신감도 생깁니다. 사람 탓하다가 환경 탓도 합니다.

> '배신당했다!' '하나님은 나를 떠났어!' '더 이상 참을 수 없다!' '이제 내가 나서 문제를 해결해야겠어!' '내가 믿을만한 지도자를 뽑든지, 아니면 나 스스로 내 인생을 계획하고 헤쳐 나갈 거야!' '교회와 성도의 도움도 필요 없어!' '모든 것이 귀찮아!'

바로 그 순간 정말 필요한 것이 첫사랑의 회복입니다. 요한계시록 아시아의 일곱 교회 가운데 에베소교회에 보낸 편지를 보면, 첫사랑을 버렸다고 야단을 맞았습니다. 옳고 그른 이단을 잘 물리친 것은 칭찬받을 일이었지만, 그들은 하나님에 대한 사랑, 그리고 하나님의 사랑을 잃어버리고 말았습니다. 그들 마음속에 기쁨이 사라져버렸습니다. 하나님의 구원과 사랑에 대한 감격도 식어버렸습니다. 그래서 사도 요한은 그 원인을 이렇게 말했습니다.

> 사랑 안에 두려움이 없고 온전한 사랑이 두려움을 내쫓나니, 두려움에는 형벌이 있음이라. 두려워하는 자는 사랑 안에서 온전히 이루지 못하였느니라. (요일 4:18)

사랑만이 두려움을 내어 쫓을 수 있습니다. 하나님 사랑은 믿음이 없이는 불가능합니다. 하나님을 사랑하는 자는 그분을 기쁘게 하려 하기 때문입니다. 하나님을 기쁘게 하는 것은 신뢰, 곧 믿음입니다. 하나님을 믿고 의지하는 자가 그분에게 기쁨이 되는 것이고, 그분을 기쁘게 하는 자가 그분을 사랑하는 자입니다.

　여호수아와 갈렙은 이 믿음을 가졌고, 그 믿음으로 하나님을 사랑하는 자의 모습을 지켜낼 수 있었습니다. 그들은 하나님을 기쁘시게 하고, 또 하나님을 기뻐할 수 있었습니다. 사람을 바라보고 사람을 기쁘게 하려 하지 않았습니다. 그들이 두려움 없이 담대할 수 있었던 것은 하나님의 기쁨에 대한 믿음을 가졌기 때문입니다. 그들의 말을 들어보십시오.

> 여호와께서 우리를 기뻐하시면 … (민 14:8)

그들은 하나님이 어떤 분인지 잘 알았습니다. 그리고 하나님을 믿고 사랑했습니다.

> 너의 하나님 여호와가 너의 가운데에 계시니 그는 구원을 베푸실 전능자이시라

> 그가 너로 말미암아 기쁨을 이기지 못하시며 너를 잠잠히 사랑하시며 너로 말미
> 암아 즐거이 부르며 기뻐하시리라 하리라.(습 3:17)

여기에 보면 '구원하는 하나님'을 '사랑하는 하나님'으로 소개합니다. 그리고 '기쁨을 이기지 못하는 하나님', '우리로 말미암아 즐거이 부르며 기뻐하시는 하나님'으로 소개합니다. 이 하나님을 믿고 사랑하는 사람은 고난 가운데 두려워하지 않고 기뻐할 수 있습니다.

하나님은 우리를 사랑하여 구원하고 기뻐하십니다. 이 기쁨의 성품을 가진 분임을 알았습니다. 하나님이 기뻐하시면, 우리도 앞에 버티고 서 있는 고난과 환난과 어려움을 두려워하지 않을 수 있습니다. 하나님의 약속을 믿음으로 기뻐할 수 있는 담대함을 가질 수 있습니다. 하나님을 사랑하고 그분의 약속을 믿는 믿음이 있는 자는 어떤 상황에서도 두려워하지 않고 하나님이 하실 것을 기쁨으로 대처할 수 있습니다. 사랑과 믿음으로 무장하여 기쁨이 충만하길 바랍니다.

기쁨을 행함으로 누림!

'기쁨'은 하나님의 사랑과 구원에 대한 자연스러운 반응입니다. 기쁨은 결과로 나타나는 행복감입니다. 동시에 기쁨은 명령입니다. 의무적 측면이 있습니다. 예를 들면 '믿음'이 '명령'(믿으라!)이기도 하지만, 동시에 '선물'인 것처럼 말입니다. 기쁨은 하나님의 사랑과 구원, 그리고 그분의 기쁨으로부터 흘러넘치는 열매입니다. 하지만, 동시에 의무입니다. 물론 명령과 의무로서의 기쁨이 '억지 춘향이'처럼 아무런 희망도 없고 아프기만 한데도 웃는 것을 말하지 않습니다. 두렵고 아픈 현실을 외면하지 않고 직시하지만, 하나님과 그분의 약속을 믿음으로 기뻐하라는 명령입니다.

느헤미야와 에스라와 이스라엘 지도자들이 바빌론 포로 생활을 마치고 예루살렘으로 돌아와 성경을 읽고 들으며 공부하는 '사경회'를 벌였습니다. 그들은 하나님의 언약을 듣고 자신의 죄를 보게 되었습니다. 백성은 자기 죄를 직시하고는 울고불고 난리가 아니었습니다. 느헤미야는 백성을 진정시켰습니다. 울지 말고 복된 성일(聖日)을 즐기라고 권했습니다. 자신의 죄와 비참을 바라보고 슬퍼해야 하지만, 사랑하고 구원하시는 하나님을 생각하면 기뻐해도 된다는 것입니다. 그렇게 기뻐할 수 있음이 그리스도인의 힘(Power)입니다.

> … 근심하지 말고. 여호와로 인하여 기뻐하는 하는 것이 너희의 힘이니라. (10절)

하나님의 약속은 넘치는 기쁨을 줍니다. 10절의 "여호와로 인하여 기뻐하는 것"(느 8:10)이라는 표현은 '여호와의 기쁨 때문에'로 번역할 수 있습니다. 여호와께서 죄와 비참 가운데 있는 나를 택하고, 부르고, 회개케 하고, 믿게 하고, 구원하심으로 잠잠히 기뻐하신다는 약속의 말씀을 들으니, 기뻐해도 된다는 뜻입니다.

'하나님의 기쁨'이 '우리의 기쁨'이며, '하나님의 슬픔'이 '우리의 슬픔'입니다. 느헤미야와 에스라 앞에서 이스라엘 백성은 언약의 하나님을 기뻐하며, 가서 먹고 마시며, 나누며, 큰 기쁨을 누렸습니다. 우리 내면을 쳐다보면 슬픔뿐이지만, 하늘에 계신 하나님을 올려다보면서 기뻐해도 됩니다. 종종 '울다가 웃다가'하는 경우가 있죠. 하나님에게는 슬픔과 기쁨이 동시에 존재할 수 있습니다. 신비입니다. 하나님은 바울을 통해 우리에게 명령합니다.

> 주 안에서 항상 기뻐하라 내가 다시 말하노니 기뻐하라. (빌 4:4)
>
> 항상 기뻐하라 (쉬지 말고 기도하라 범사에 감사하라). (살전 5:16-18)

바울은 빌립보 교회와 데살로니가 교회를 향해 "항상 기뻐하라"라는 말을 강조합니다. 이 명령은 오늘 우리를 향한 것이기도 합니다. "항상 기뻐하라"라는 명령이 있다는 것은 항상 기뻐하지 않을 환경에서 항상 기뻐하지 않는 상황과 사람들이 있었다는 뜻입니다.

이제 기쁨을 정의할 때가 되었습니다. 기쁨이란 무엇일까요? 기쁨은 '즐거울 때나 화가 날 때에도 항상 몸과 마음으로 친절한 태도를 보이는 것'입니다. 사실 즐거울 때 기뻐하는 것은 당연합니다. 문제는 화가 날 때나 두렵고 힘들고 고통스러운 때에도 몸과 마음으로 친절할 수 있느냐입니다. 기쁨을 실천하는 성도는 매사에 선한 것을 찾습니다. 역경 중에도 미소를 지을 힘을 가지고 있습니다. 낙심되어도 굴복하지 않고 곧 기뻐합니다. 현실의 고통과 아픔이 우리 삶을 지배하도록 내버려 두지 않습니다. 기쁨을 약속받은 성도는 좋을 때나 힘들 때나 웃으며 노래할 수 있습니다.

우리는 어떻게 이런 고품격 기쁨 성품을 실천하며 누리며 살 수 있을까요? 기뻐하는 것을 몰라서 기뻐하지 못하는 것이 아니지 않습니까? 기쁠 수 없는 환경이기 때문에 힘들고 괴롭고 고통스러운 것 아닌가요?

성도에게도 불신자에게처럼 환란과 고난과 슬픔과 두려움이 있지요. 그런 가운데 어떻게 기뻐하며 친절한 태도를 소유할 수 있을까요? 그것은 앞에서도 말씀드린 것처럼 하나님을 사랑하고 그분의 약속을 의지하는 믿음을 소유할 때 가능합니다. 하나님의 사랑과 구원의 즐거움을 잊지 마십시오. 첫사랑을 회복하십시오. 사랑받고 구원받은 자만이 따끈따끈한 기쁨을 소유하고 있지요. 이사야 선지자의 말을 들어보십시오.

> 여호와께서 구속 받은 자들이 돌아와 노래하며 시온으로 돌아오니, 영원한 기쁨이 그들의 머리 위에 있고 슬픔과 탄식이 달아나리이다. (사 51:11)

기쁨이 없다면, 다윗처럼 기도합시다. "주의 구원의 즐거움을 내게 회복시켜"
(시 51:11) 주십시오.

마태복음 5:10-12

10 의를 위하여 박해를 받은 자는 복이 있나니 천국이 그들의 것임이라 11 나로 말미암아 너희를 욕하고 박해하고 거짓으로 너희를 거슬러 모든 악한 말을 할 때에는 너희에게 복이 있나니 12 기뻐하고 즐거워하라 하늘에서 너희의 상이 큼이라 너희 전에 있던 선지자들도 이같이 박해하였느니라

베드로전서 4:12-14

12 사랑하는 자들아 너희를 연단하려고 오는 불 시험을 이상한 일 당하는 것 같이 이상히 여기지 말고 13 오히려 너희가 그리스도의 고난에 참여하는 것으로 즐거워하라 이는 그의 영광을 나타내실 때에 너희로 즐거워하고 기뻐하게 하려 함이라 14 너희가 그리스도의 이름으로 치욕을 당하면 복 있는 자로다 영광의 영 곧 하나님의 영이 너희 위에 계심이라

고난 가운데 빛나는 기쁨

성경 마 5:10-12 벧전 4:12-14 **찬송** 167장 즐겁도다 이 날

누구나 기쁨을 추구합니다. 꽃향기 맡으며 따스한 봄 햇볕 쬐며 행복한 시간을 갖고 싶지 않은 사람은 없죠. 기쁨은 하나님이 주시는 선물입니다. 기쁨은 신자이든 불신자이든 누릴 수 있는 복입니다. "행복하세요!" "기쁨이 가득하길 빕니다." 우리는 그런 덕담을 주고받습니다.

웃을 일만 있다면 얼마나 좋을까요! 인생 여정에는 예기치 않은 사고가 불청객처럼 들이닥치기도 합니다. 행복한 순간에 재앙이 몰려오기도 합니다. 욥의 경우를 생각해 보십시오. 그는 한순간 모든 재산을 잃습니다. 사랑하는 자녀를 모두 잃습니다. 까닭 없는 재난입니다. 욥에게 심각한 질병이 찾아옵니다. 그는 날마다 고통으로 나날을 보냅니다. 아내까지 욥을 버립니다. '하나님이 나를 잊으신 것일까?' 욥의 친구들이 그에게 찾아와 괴롭힙니다. 욥을 정죄합니다. '네가 너 자신의 죄를 알렸다. 숨기지 말고 말해라. 회개하면 용서해 주실 것이다.'라고 합니다. 이보다 더 큰 고통이 또 있을까요?

정도의 차이는 있겠지만 우리도 비슷한 슬픔과 어둠 가득한 세상에 살고 있습니다. 지옥 같은 고통에서 벗어날 수 있다는 "큰 기쁨의 좋은 소식"이 없다면 우리는 아무런 희망이 없는 불쌍한 자였을 것입니다. 놀랍게도 하나님은 우리에게 기쁨을 준비해 놓으셨습니다. 아무런 희망이 없던 죄인에게 하늘

에서 기쁨을 내려 주셨음을 배우겠습니다.

예수, 큰 기쁨의 좋은 소식!

하나님은 비참과 어둠으로 가득한 세상에 기쁨을 주셨습니다. 천사의 소식을 들어 보십시오.

> 무서워하지 말라. 보라! 내가 온 백성에게 미칠 큰 기쁨의 좋은 소식을 너희에게 전하노라. 오늘 다윗의 동네에 너희를 위하여 구주가 나셨으니, 곧 그리스도 주시니라 … (눅 2:10-12)

목자들은 하늘에 나타난 영광을 보고 무서웠습니다. 하나님의 영광을 본 인간이라면 가질 수밖에 없는 두려움으로 벌벌 떨었습니다. 아담과 하와도 죄를 지은 후 첫 번째 보인 태도가 두려움이었습니다. 하나님 앞에 선 인간은 '기쁨'이 아니라, '두려움'으로 가득합니다. '두려움'은 죄인의 특징입니다.

"무서워하지 말라!"는 권유가 가능한 것은 두려움을 물리칠 기쁨이 왔기 때문입니다. "큰 기쁨의 좋은 소식"의 내용은 '그리스도께서 세상에 오셨다는 것'입니다. 세상을 향한 하나님의 선물이 바로 그리스도입니다. '기쁨'입니다. 인간은 그리스도 안에서 비로소 비참 속에서 '기쁨'을 가질 수 있습니다. 인간은 그리스도 안에서만 참 기쁨을 누릴 수 있습니다. 그리스도는 캄캄한 어둠 속에 비추는 레이저 빔 같은 빛입니다. 세상에 기쁨, 곧 큰 기쁨을 줄 그리스도께서 세상에 오셨습니다. 그것이 성탄절에 울려 퍼진 천사의 복음이었습니다. 삶이 아무리 힘들고 어려워도, '예수 그리스도는 하나님의 아들이며 나의 구주시다'(IXTHUS)라는 고백이 가장 큰 기쁨입니다.

현대인은 영혼의 구원이 주는 기쁨에는 관심이 없습니다. 눈으로 보고, 입으로 맛보고, 손으로 만질 수 있는 감각적인 기쁨에만 관심이 많습니다. 인간은 일차원적 기쁨과 행복에만 목맵니다. 식욕은 엄청납니다. 인터넷 '먹방'을 보십시오. 정욕은 끝이 없습니다. 기술의 발전은 인간의 정욕을 통해 얼마나 즐길 수 있는지에 초점이 맞춰져 있습니다. 탐욕은 어떻습니까? 탐심은 만족할 줄 모르는 우상입니다. 그런 것들이 주는 기쁨은 일시적이며 영원하지 않습니다. 곧 사라져 버리는 신기루일 뿐입니다. 영원한 기쁨은 하늘에서 옵니다. 하늘로부터 울려 퍼진 천사들의 함성소리를 들어보십시오.

> 지극히 높은 곳에서는 하나님께 영광이요, 땅에서는 하나님이 기뻐하신 사람들 중에 평화로다.(눅 2:14)

하나님이 기뻐하는 장면입니다. 기쁨은 하나님에게 발견할 수 있습니다. 기쁨은 하나님으로부터 옵니다. 기쁨 가득한 하나님이 기쁨을 주시는 대상은 누구일까요? 기쁨 되신 예수 그리스도를 믿고 영접하는 자입니다. 바로 우리 그리스도인입니다. 그리스도인만이 하나님의 기쁨을 누릴 수 있습니다. 초대 예루살렘 다락방 교회 성도의 모습을 보십시오.

> 날마다 마음을 같이하여 성전에 모이기를 힘쓰고 집에서 떡을 떼며 기쁨과 순전한 마음으로 음식을 먹고, 하나님을 찬미하며 또 온 백성에게 칭송을 받으니, 주께서 구원 받는 사람을 날마다 더 하게 하시니라.(행 2:46-47)

행복하고 기쁘고 즐거운 삶을 살기 원하십니까? 그렇다면, "큰 기쁨"이신 예수 그리스도를 믿고 영접하십시오. "큰 기쁨의 좋은 소식", 곧 '복음'을 믿으십시오. 믿는 자에게 기쁜 인생이 약속되어 있습니다. 혹 잠시 아니, 좀 오랫동안 고통 가운데 있다 하더라도 기쁨을 잃어버리지 않을 수 있습니다. 그리스도께서 기쁨이고 또 기쁨을 주겠다고 약속하셨기 때문입니다. 현실을 바라보면 절망스럽고 두렵고 괴롭지만, 하늘에 계신 우리 구주 예수 그리스도를 생각하고 그분이 행하시는 일을 기억하면, 기쁨의 미소를 지을 수 있습니다.

예수, 우리를 기뻐하시다!

하루는 예수님의 제자들이 싱글벙글 입니다. 한눈에 봐도 알 수 있습니다. 얼굴에 '기쁘다'라고 쓰여 있는 것 같습니다. 그들은 평생 한 번도 경험해 보지 못한 일을 하고 돌아오는 중이었습니다. 그들이 귀신을 쫓아낸 것입니다(눅 10:17). 예수님이 70명의 제자들에게 귀신을 제압하는 능력(눅 10:19)을 주신 것이죠. 신기하죠! 그들은 어린아이처럼 기뻐합니다. 귀신을 쫓아내는 능력, 짜릿하고 흥분되지 않을까요? 그때 예수님이 말씀하십니다.

> 그러나 귀신들이 너희에게 항복하는 것으로 기뻐하지 말고 너희 이름이 하늘에
> 기록된 것으로 기뻐하라. (눅 10:20)

귀신을 쫓아내는 것도 기쁘고 신나는 일입니다. 맞습니다. 하지만, 더 큰 기쁨이 있습니다. 그것은 예수님이 제자들에게 가르쳐 준 진정한 기쁨인데, 그들의 "이름이 하늘에 기록된 것"입니다. 하나님의 백성은 "어린 양의 생명책"(계 13:8; 17:8; 20:12, 15; 21:27)에 이름이 기록됩니다. 영원한 죽음에서 구원받았다는 사실이야 말로 가장 기쁘고 즐겁고 행복한 소식입니다. 예수님은 기쁨의 본질을 가르쳐 주셨습니다. 성도가 '기뻐해야 할 대상', '기쁨의 근원' 그리고 '기쁨의 이유'를 알려준 것입니다. 이것을 묵상하지 않고 잊어버리면 자꾸만 일시적 세상 기쁨을 추구하게 됩니다. 권력이 주는 기쁨, 재물이 주는 기쁨, 육체의 포만감이 주는 기쁨, 안목의 정욕·육신의 정욕·이생의 자랑이 주는 기쁨, 말입니다. 그런 기쁨은 일시적입니다. 그리고 고난과 슬픔이 몰아닥치면 한순간 날아가 버리는 기쁨입니다.

그리스도인에게는 그 어떤 순간에도 기뻐할 수 있고, 행복할 수 있는 기쁨의 샘이 있습니다. 그것은 시민권이 하늘에 있다는 약속입니다. 하나님의 자녀로 입양되었다는 복음의 약속만큼 자랑스럽고, 기쁘고 행복한 것은 없으니까요!

그리스도인 가운데 종종 '구원'과 '하나님의 자녀 된 것'을 대수롭지 않게 여기기도 합니다. 구원은 당연하니 이제 기뻐할 것도 없다고 생각하는 것이죠. 마치 우리가 부모의 자녀 됨이 당연하다고 생각하는 것과 비슷합니다. 우리가 태어나 아무런 힘과 능력이 없을 때 젖을 먹고, 똥을 갈아주고, 놀아주고, 입혀 주고, 목욕시켜 주는 부모님의 수고가 없었다면, 오늘의 우리는 없을 것입니다. 그런데, 종종 자녀들은 자신의 존재를 당연하게 여깁니다. 기뻐하기는커녕 부모에게 불만을 가지기도 합니다. '이것도 부족하고 저것도 없다'느니, '이렇게 상처받고 저렇게 힘들다'며 불평이 가득합니다. 사실일 수 있지만, 냉철하게 생각해 보면, '나의 존재 자체가 부모로부터 기원했다는 것'은 기쁨의 원인입니다. 그분들이 우리를 낳지 않고 양육하지 않았다면, 지금 우리의 존재는 불가능합니다. 우리가 지금 누리는 작은 기쁨조차도 불가능합니다. 우리의 존재 자체만 생각해도 기쁘고 감사할 것으로 충만합니다.

예수님은 제자들에게 그 말씀을 하시고, 스스로 어떻게 기쁨의 삶을 살고 계셨음을 보여주었습니다.

> 그 때에 예수께서 성령으로 기뻐하시며 이르시되, 천지의 주재이신 아버지여! 이것을 지혜롭고 슬기 있는 자들에게는 숨기시고, 어린 아이들에게는 나타내심을 감사하나이다. 옳소이다. 이렇게 된 것이 아버지의 뜻이니이다. (눅 10:21)

예수님은 제자들의 구원을 기뻐하십니다. 예수님은 웃고 계십니다. 빙그레 웃으시며 하늘을 향해 감사의 기도를 올립니다. 예수도 우리의 구원을 기뻐하시는데, 정작 우리가 자신의 구원을 하찮게 여긴다면, 어떻게 되겠습니까? '구원에 대한 감격과 감사와 기쁨이 없다?' 이것 좀 이상하지 않나요? '매사에 불평과 불만이 많다!' 이것 이상하지 않나요? '이렇게 생각해도 억울하고 저렇게 생각해도 불공평합니까?' 힘든 일로 인해 웃음을 잃어버렸나요? 그렇다면, '나의 구원이 얼마나 값진 가'를 깊이 묵상하시기 바랍니다. 예수님이 우리의 구원을 기뻐하신다는 것을 묵상하십시오. 동시에 성부 하나님이 우리를 기뻐하신다는 것을 묵상해 보십시오.

> 너의 하나님 여호와가 너의 가운데 계시니, 그는 구원을 베푸실·전능자이시라, 그가 너로 말미암아 기쁨을 이기지 못하시며 너를 잠잠히 사랑하시며 너로 말미암아 즐거이 부르며 기뻐하시리라.(습 3:17)

말씀을 암송하며 묵상하십시오. 그러면 기쁨이 넘쳐흐를 것입니다. "천지의 주재이신 아버지여…옳소이다. 이렇게 된 것이 아버지의 뜻이니이다."라고 한 것에서 성부 하나님의 기쁨을 봅니다. 동시에 성령 하나님도 기뻐하십니다. "예수께서 성령으로 기뻐하시며…"라고 기도한 것에서 알 수 있습니다. 이렇게 삼위일체 하나님이 우리의 구원을 위해 기뻐하심을 확인하며 또 기쁨의 이유를 발견합니다.

과거의 '트라우마'나 '스티그마'로 인해 고통스럽습니까? 우리 주변의 가까운 사람으로 인해 받은 상처로 힘들고 어려우십니까? 이 말씀을 기억합시다.

> 믿음의 주요 또 온전하게 하시는 이인 예수를 바라보자. 그는 그 앞에 있는 기쁨을 위하여 십자가를 참으사 부끄러움을 개의치 아니하시더니 하나님 보좌 우편에 앉으셨느니라.(히 12:2)

예수님도 우리에게 기쁨을 주기 위해 십자가의 고난을 참으셨음을 기억합시다. 잠시의 고난을 앞으로 다가올 기쁨을 바라보며 인내하신 것을 기억합시다. 그분을 생각하면 능히 이겨낼 수 있습니다. 바로 이 예수님의 모습에서 우리는 마지막 세 번째 '우리도 고난 가운데 기뻐'할 수 있음을 봅니다. 예수님은 우리의 모범입니다.

우리, 고난 속에서도 기뻐한다!

우리는 '기쁨' 성품의 가장 빛나는 부분을 살펴보도록 하겠습니다. 그리스도인의 기쁨 성품은 고난과 핍박 가운데서 더욱 빛납니다. 마치 어둠 속에서 빛이 더욱더 명료해지듯 말입니다.

그리스도인에게도 고난이 있습니다. 애매히 욕을 먹기도 합니다. 비난도 받습니다. 손해를 보기도 합니다. 예수님 때문에, 교회 때문에 받는 비난과 아픔이 있습니다. 그런 고난과 박해는 심리학자들이 말하는 '결핍으로서의 피학적 심리'와 다릅니다. 예수님은 박해와 핍박과 고난 속에 오히려 기뻐하라고 명령합니다.

> 의를 위하여 박해를 받은 자는 복이 있나니, 천국이 그들의 것임이라. 나로 말미암아 너희를 욕하고 박해하고 거짓으로 너희를 거슬러 모든 악한 말을 할 때에는 너희에게 복이 있나니, 기뻐하고 즐거워하라. 하늘에서 너희의 상이 큼이라. 너희 전에 있던 선지자들도 이같이 박해하였느니라. (마 5:10-12)

이런 상황에서 기뻐할 수 있을까요? 예수 믿는 것 때문에 욕먹고, 박해받고, 악한 말을 듣는다면, 그것을 복으로 여기고 "기뻐하고 즐거워" 할 수 있을까요? 베드로 사도도 그런 비슷한 말을 했습니다.

사랑하는 자들아. 너희를 시련하려고 오는 불 시험을 이상한 일 당하는 것같이 이상히 여기지 말고, 오직 너희가 그리스도의 고난에 참예하는 것으로 즐거워하라. 이는 그의 영광을 나타내실 때에 너희로 즐거워하고 기뻐하게 하려 함이라. 너희가 그리스도의 이름으로 욕을 받으면 복 있는 자로다. 영광의 왕 곧 하나님의 영이 너희 위에 계심이라.(벧전 4:12-14)

"그리스도의 고난에 참예하는 것"은 쉽지 않습니다. 결코 자연스럽지 않습니다. 그래서 명령형입니다. 그래서 권면입니다.

"즐거워하라!" 하지만, 막무가내로 명령하는 것이 아닙니다. "영광의 왕, 곧 하나님의 영이 너희 위에 계심이라."라고 이유를 제시합니다. 약속이지요. 성령님이 우리와 함께 할 것이라고 약속합니다. 그렇기에 기뻐할 수 있다는 것이죠. 그렇습니다. 우리 가운데 계신 영광의 하나님, 성령님이 함께 계시기 때문에 외롭지 않습니다. 견딜 수 있는 힘이 있습니다. 능히 인내하고 이길 것입니다.

위대한 바울 사도에게도 어렵고 힘든 것들이 있었습니다. 그에게는 큰 기도제목이 있었습니다(고후 12:7). 그의 "육체에 가시"입니다. 바울을 괴롭히는 것인데 정확히 무엇인지 모릅니다. 얼마나 힘들었으면, "사탄의 사자"라고 표현했겠습니까? 그 고통이 바울에게서 떠나길 세 번이나 주님에게 간절히 기도했지만, 하나님의 반응은 달랐습니다. 들어보십시오.

내게 이르시기를, 내 은혜가 네게 족하도다. 이는 내 능력이 약한 데서 온전하여짐이라, 하신지라. 이러므로 도리어 크게 기뻐함으로 나의 여러 약한 것들에 대하여 자랑하리니, 이는 그리스도의 능력으로 내게 머물게 하려함이라. 그러므로 내가 그리스도를 위하여 약한 것들과 능욕과 궁핍과 핍박과 곤란을 기뻐하노니 이는 내가 약할 그 때에 곧 강함이니라.(고후 12:9-10)

역설적이지만, 우리가 약할 때 그리스도께서 강하게 역사하십니다. 우리가 능욕을 받을 때, 그리스도께서 영광을 받으십니다. 우리가 궁핍할 때 그리스도께서 부요하십니다. 우리가 곤란에 처할 때 그리스도께서 모든 장애물을 없애 버리십니다. 그래서 그리스도를 생각하고 의지함으로 '고난 가운데 기뻐하십시오'라고 권면할 수 있습니다. 바울은 빌립보 교회를 향해 그 유명한 말을 했습니다.

> 주 안에서 항상 기뻐하라. 내가 다시 말하노니 기뻐하라.(빌 4:4)

자세히 보면, "주 안에서"라는 조건이 붙어 있습니다. 무조건 기뻐할 수 있다는 것이 아니라, '예수 그리스도 때문에' 기뻐한다는 뜻입니다. 바울은 또 데살로니가 교회를 향해서도 이렇게 말했습니다.

> 항상 기뻐하라 … 이것이 그리스도 예수 안에서 너희를 향하신 하나님의 뜻이니라.(살전 5:16-18)

참 기쁨은 하나님에게서 옵니다. 하나님이 예수 그리스도 안에서 우리에게 이미 기쁨을 주셨습니다. 그것은 구원으로부터 오는 기쁨입니다. 동시에 기쁨은 약속이기도 합니다. 환난과 고통과 아픔 가운데 기뻐하라는 명령입니다. 기뻐하고 즐거워합시다. 우리는 하나님 나라의 백성이기 때문입니다. 성령 하나님이 함께 하기 때문에 능히 기뻐할 수 있습니다. 성부 하나님이 늘 우리를 기뻐하시기 때문에 기뻐할 수 있습니다. 성자 하나님이 우리에게 기쁨을 주시려고 십자가에 죽고 부활하셨으니, 기뻐할 수 있습니다.

예수님의 무덤 앞에 슬퍼하며 울고 있던 여인들에게 나타나 부활의 기쁨을 전했던 천사의 복음에 귀를 기울입시다. 부활하신 예수님은 우리의 기쁨입니다.

읽고 나누기

❶ 읽고 배운 것을 자기 말로 요약해 봅시다.

❷ '참 기쁨'과 '가짜 기쁨'에 대해 이야기 해 봅시다.

❸ '항상 기뻐하라'는 말씀을 삶에서 어떻게 실천할 수 있나요?

❹ 성도가 고난 가운데서도 기뻐할 수 있는 이유는 무엇인가요?

조심

조심은
잘못하거나 실수하지 않도록
신중히 살펴서
말하고 행동하는 것

여호수아 23:11

11 그러므로 스스로 조심하여 너희의 하나님 여호와를 사랑하라

완전하신 하나님의 명령

성경 수 23:11 **찬송** 342장 너 시험을 다해

어렸을 때 부모님으로부터 조심하라는 얘기를 많이 듣습니다. '물 조심해라.' '불 조심해라.' '차 조심해라.' 어른이 되면, 신체적으로나 정신적으로 성숙하기 때문에 그런 잔소리를 듣지 않아도 됩니다. 하지만, 어른이 되어도 조심해야 할 것들이 많습니다. 어린 아이 때보다는 좀 더 완숙해지겠지만, 여전히 인간은 실수합니다. 이런 라틴어 경구가 있습니다.

Errare humanum est(에라레 후마눔 에스트)

'실수는 인간적이다'라는 말입니다. '인간은 실수하기 마련이다'는 뜻입니다. 실수를 정당화하는 말처럼 보이지만, 사실은 실수에 대해 가혹한 정죄를 방어하는 측면도 있습니다. 또 다른 측면은 '인간은 결코 완전하지 않다.' 혹은 '인간은 완전할 수도 없다'는 뜻입니다. 늘 자신만만하고 기고만장한 사람을 향해 주는 지혜의 말이기도 합니다.

　그에 비해 하나님은 완전하십니다(시 18:25). 하나님과 인간의 가장 큰 차이라고 한다면, 완전함과 불완전함이라고 할 수 있습니다. 조심 성품은 완전하신 하나님이 불완전한 인간에게 명령하신 것입니다.

조심, 명령이다.

> 어떤 길은 사람의 보기에 바르나 필경은 사망의 길이니라.(잠 16:25)

조심하지 않는 자는 죽음의 길을 걷는 것과 같습니다. '신자는 구원받았기 때문에 조심할 필요가 없다'고 생각하지만, 그것은 비 성경적입니다. 신자도 넘어질 수 있기에 조심해야 합니다.

> 그런즉 선줄로 생각하는 자는 넘어질까 조심하라.(고전 10:12)

조심하지 않는 사람은 교만한 자입니다. '난 조심하지 않아도 될 위치에 올랐어!' 혹은 '난 모든 것이 완벽해! 너나 조심해!'라고 생각하는 것은 거만한 자세입니다. 조심 성품은 겸손 성품과 밀접하게 관련됩니다.

우리는 주기도문으로 이렇게 기도합니다.

> 시험에 들게 하지 마시옵고, 다만 악에서 구하시옵소서.(마 6:13)

순간 한눈팔면 시험에 넘어지고 악에 빠지기 마련입니다. 그렇기 때문에 '조심하라'는 하나님의 명령은 우리에게 복입니다. 하나님의 명령은 언제나 좋습니다. '조심하라'는 명령이 '어린아이 취급하는 것 같아 자존심 상한다'라고 생각할 수 있겠지만, 명령은 우리에게 꼭 필요하며 소중합니다. 우리는 하나님 아버지 앞에서는 모두 아들딸이기 때문입니다. 아버지는 자녀를 괴롭히기 위해 명령하지 않습니다. 진짜 아버지이기에 자녀에게 명령합니다.

하나님은 자기 언약 백성이 불완전하다는 것을 아십니다. 그래서 '조심해라'고 명령하십니다. 조심은 하나님의 명령입니다. 또 조심은 우리 내부의 불완전 때문이지만, 외부 세계의 불완전 때문에 필요합니다. 세상에는 수많은 위험이 도사리고 있습니다. 세상은 완전하지 않습니다. 아담과 하와가 살았던 그런 완전한 에덴동산이 아니죠. 가시와 엉겅퀴의 위협이 도사리고 있습니다. 조심해야 합니다. 어린이도, 어른도, 노인도 조심해야 합니다. 인간은 실수할 수 있습니다. 하지만, 그 실수를 즐기며 머물며 벗어나지 않으려는 것은 악마적입니다.[13]

하나님은 여러 번 반복해서 조심하라고 명령합니다. 자세히 보면, '조심하라'는 경고는 늘 좋은 일이 있기 전, 혹은 모든 것이 잘 될 때 주어집니다. 마치, 부모님이 자전거를 사 주겠다고 약속하면서 '자전거 탈 때 조심해야 한다! 너무 빨리 달리지 말고, 자만하지 말고…'라고 경고하는 것과 같습니다. 실제 자전거를 받게 되면, 조심하라는 명령을 마음에 새기고 지켜야 하겠지요. 만약 명령을 어기고 부주의하면, 큰 낭패를 당하게 될 것입니다.

성경에 제일 처음 나오는 '조심 삼총사'는 첫째, 신명기 4장 9절, 둘째 신명기 6장 12절, 셋째 여호수아 23장 11절입니다. 첫 번째와 두 번째 조심 명령은 모두 모세가 가나안 땅에 들어가기 직전에 모압 평지에서 이스라엘 백성에게 했던 경고입니다. '너희가 가나안 땅에 들어가면 내가 가나안 백성들을 쫓아낼 것이고 너희는 그 땅에서 나는 음식을 먹어 배부르게 될 것이다. 그 때 조심해야 한다.' 이런 말입니다. 첫째, 신명기 4장 9절, 그리고 둘째, 신명기 6장 12절을 들어보십시오.

오직 너는 스스로 삼가며 네 마음을 힘써 지키라. 그리하여 네가 눈으로 본 그 일을 잊어버리지 말라. 네가 생존하는 날 동안에 그 일들이 네 마음에서 떠나지 않도록 조심하라. 너는 그 일들을 네 아들들과 네 손자들에게 알게 하라. (신 4:9)

---

13 Augustine, *Sermones* 164, 14

… 네게 배불리 먹게 하실 때에, 너는 조심하여 너를 애굽 땅 종 되었던 집에서 인도하여 내신 여호와를 잊지 말고(신 6:12)

세 번째 조심 명령은 여호수아가 가나안 땅을 정복한 후 약속의 땅을 다 차지한 후 유언같이 이스라엘 백성에게 명령한 여호수아 23장 11절입니다.

그러므로 스스로 조심하여 너희의 하나님 여호와를 사랑하라.(수 23:10)

이렇게 "조심하라"는 명령은 출애굽 후 가나안 땅에 들어가기 전의 시점이고 여호수아는 가나안 정복 전쟁 칠 년을 마치고 난 후 평화가 찾아왔을 때라는 공통점이 있습니다. 하나님은 왜 이런 좋은 때에 부담스럽게 '조심하라'고 경고하셨을까요? 구원받은 백성은 이제 걱정할 필요가 없는 것이 아니던가요? 구원받은 신자는 조심할 필요가 있을까요? 하나님이 모든 것을 다 알아서 해 주시는 것이 아닌가요? 성령이 모두 알아서 해 주시는 것 아닌가요?

인간은 로봇이 아닙니다. 스스로 하나님의 말씀에 순종하여 그분의 영광을 위하여 살아야 합니다. 정말로 하나님은 인간에게 전권을 맡기십니다. 인간 스스로 결정하고 행동하기 원하십니다. 아담과 하와를 완전하게 창조해 자유를 주셨던 것처럼 말입니다. 우리 시조 아담과 하와는 죄를 지을 자유도 있었고 의를 행할 자유도 있었습니다. 하지만, 아담과 하와는 타락했습니다. 우리도 마찬가지입니다. 우리는 성령님의 도움이 없이는 죄로 향하는 본성을 가지고 태어납니다. 조심하지 않으면 더 큰 죄에 빠지고 말 것입니다.

하나님은 구원받은 신자가 스스로 자원함으로 명령에 순종하기를 원하십니다. 하나님은 약속하시고 명령하십니다. 신자는 그 약속을 믿고 명령에 순종함으로 언약 관계를 지속할 수 있습니다. 이것이 하나님 나라 백성이 우주의 왕이신 하나님과 맺는 영적 관계입니다. 하나님은 언약백성에게 이렇게 명령합니다. '네게 배불리 먹게 하실 때에, 너는 조심하라!' 우리가 먹고 마시지만, 그것은 하나님이 주신 선물입니다. 선물을 가득 받아 안고 있을 때 조심해야 하는 명령을 기억해야 합니다. '조심하라'는 하나님의 명령에 순종해야 합니다.

성경에 나타난 경솔

'조심성'이 구체적으로 무엇일까? '뭘 조심하라는 것일까?' 질문이 생길 수 있습니다. '조심의 반대말'을 생각해 보면, 조심이 더 분명해지는 효과가 있습니다. '조심'의 반대말은 '경솔'이라고 볼 수 있습니다. '부주의'도 반대말이겠죠. 그러면, 이제 성경이 '부주의와 경솔'에 대해 뭐라고 말하는지 살펴보겠습니다.

사울은 블레셋과 전쟁을 앞두고 있었습니다. 약속했던 시간에 사무엘이 도착하지 않았습니다. 그러자 사울은 직접 하나님에게 제사했습니다. 경솔히 행동한 것입니다. 하나님 앞에 조심 없이 행동했습니다. 이것은 불순종의 죄 (삼상 15:22)였습니다. 제사를 마치자마자 사무엘이 도착한 것을 보면 사울이 조금만 더 인내했다면 하는 아쉬움이 있습니다. 이 사건을 보면 '조심성'은 '인내'와 '때'와 무관하지 않습니다. 무의미해 보이는 기다림의 시간도 하나님 앞에서는 소중하고 귀중한 시간일 수 있습니다.

다윗도 경솔한 적이 있습니다. 그가 법궤를 예루살렘으로 가져오는 과정에서 조심하지 않았습니다. 법궤는 하나님과 인간이 만나는 거룩한 곳입니다. 하나님이 임하시는 장소입니다. 그렇기에 법궤를 옮기는데도 하나님이 정하신 법도대로 해야 합니다. 하지만, 다윗은 그렇게 하지 않았습니다. 블레셋 사람이 법궤를 소에 실어 이스라엘로 보냅니다. 다윗도 그런 방법, 즉 당시 통용되던 일반적 법대로 했던 것입니다. 그러나 그것은 하나님 관점에서는 경솔한 행동이었습니다. 소가 끄는 수레가 갑자기 흔들려 법궤가 흔들려 떨어지려 합니다. 옆에 있던 웃사가 손을 뻗어 법궤를 붙잡습니다. 당연한 반응입니다. 하지만, 웃사는 그 자리에서 즉사합니다. 다윗의 경솔이 만들어낸 불상사입니다. 다윗은 그 후 반성합니다. 다윗은 법궤를 옮기는 일을 법도대로 제사장에게 맡겼습니다(삼하 6:3-8). 모든 것들이 순조롭게 진행되었습니다.

경솔하지 않으려 늘 하나님께 기도하며 묻고 의논하며 행동합니다. 전쟁에 나가 싸우는 것도 하나님에게 물어 '가라'면 가고, '멈추라'면 멈춥니다. 그후 다윗이 하는 모든 일이 잘됩니다. 하지만, 다윗은 또 경솔하고 부주의하고 조심하지 않습니다. 부하들이 전쟁터에 나가 있을 때 다윗은 왕궁에서 밧세바라는 여인과 잠자리를 가집니다. 아주 경솔한 행동입니다. 하나님의 계명을 어긴 것입니다. 다윗의 부주의는 자신의 인생 전체를 먹칠했습니다. 그 외에도 수많은 경솔한 행동들을 볼 수 있습니다. 하나님의 백성은 하나님의 명령에 주의를 기울이고 신중히 행동해야 합니다. 하나님의 백성은 경솔히 행동함으로 하나님의 거룩성을 훼손해서는 안 됩니다(출 25:12-14, 민 4:5-6, 15). 하나님은 당신의 백성이 거룩하게 행동하기를 원하십니다.

조심해야 하는 또 다른 이유

인간은 왜 조심해야 할까요? 첫째, 인간은 사명자(missionary)이기 때문입니다. 인간은 하나님의 형상으로 창조된 존재로서 피조물을 다스리고 창의적으로 개발할 수 있습니다. 인간의 영광스러운 모습입니다. 이것은 사명입니다. 그리고 하나님은 인간에게 삶 속에서 행해야 할 '문화명령'(Cultural Mandate)을 주셨습니다. 아담과 하와가 받은 첫 번째 명령은 온 세상을 정복하고 다스리고 관리하는 것입니다. 그리고 에덴동산 중앙에 있는 선악을 알게 하는 나무 실과를 먹지 않는 것도 명령에 포함됩니다. 아담과 하와는 하나님이 쳐 준 경계선(Boundary)을 넘지 않아야 합니다. 조심해야 합니다. 명령이니까요! 경솔하면 안 됩니다. 선악을 알게 하는 나무 옆을 피하여 지나칠 필요는 없겠지만, 그 나무 열매를 먹지 않기 위해 조심해야 합니다. 사탄이 감언이설(甘言利說)로 유혹한다고 해도 조심했다면, 유혹에 빠져 불순종하는 일은 없었을 것입니다.

중생한 그리스도인은 하나님의 정원에 심긴 작은 나무와 같습니다. 성도는 포도원에 초대받은 품꾼과 같습니다. 주인이 '조심해서 일하세요'라고 명령하고, 일꾼은 명령에 따라 사명자로서 일해야 합니다. 에덴동산을 휘저어 다니며 유혹했던 사탄은 지금도 우리 주변을 서성입니다. 하나님의 자녀인 신자는 하나님의 명령을 받습니다. "이 세대를 본받지 말고 오직 마음을 새롭게 함으로 변화를 받아 하나님의 선하시고 기뻐하시고 온전하신 뜻이 무엇인지 분별"(롬 12:2)해야 하는 사명 말입니다.

이런 생각이 들기도 합니다. '하나님도 조심하시는가?' 이 질문에 대답해 봅시다. 사실 하나님은 조심할 필요가 없습니다. 하나님은 사명자가 아니라, 사명을 명하시는 왕이십니다. 하나님은 무한하시며, 무궁하시며 불변하시는 분이십니다. 하나님에게는 조심이라는 개념이 필요 없습니다. 그러면, 좀 서운한 마음이 듭니다. '하나님은 우리 마음을 잘 모르시겠네요! 조심하는 것이 얼마나 힘든데…' 그런 서운한 마음이 들 수 있습니다. 글쎄요, 그럴까요? 하나님은 성자 하나님을 사람의 몸으로 세상으로 파송했습니다. 그리고 사명을 주었습니다. 예수님은 그 사명을 분명히 알고 계셨습니다.

> 예수께서 이르시되 나의 양식은 나를 보내신 이의 뜻을 행하며 그의 일을 온전히 이루는 이것이니라. (요 4:34)

예수 그리스도는 하나님의 아들로서 아버지의 명령을 받고 그 명령을 수행하기 위해 조심했습니다. 예수님도 우리처럼 시험을 받으셨습니다. 사탄의 유혹과 시험이 있었습니다. 첫 아담은 부주의했지만, 마지막 아담 예수 그리스도는 경솔하지 않고 조심해 사명을 이루었습니다. 사탄이 시험했을 때 예수님은 그것을 피하지 않고 조심함으로 승리했습니다.

둘째, 인간은 하나님의 뜻을 찾아야 하기 때문입니다. 인간은 왜 조심해야 할까요? 구체적 삶 속에서 하나님의 뜻을 찾기란 쉽지 않습니다. 사사 입다가 암몬과의 전쟁에서 승리하면 제일 먼저 마중 나온 사람을 번제로 드리겠다는 경솔한 서원을 한 경우가 그렇습니다(삿 11:30-31). 전쟁에 승리한 후 마중 나온 사람은 자신의 사랑하는 딸이었습니다. 그는 울면서 후회했습니다.

우리가 대학을 결정할 때, 직장을 결정할 때, 결혼 배우자를 선택해야 할 때 쉽지않는 중요한 결단의 순간을 맞이합니다. 하나님의 뜻을 잘 모르기 때문에 조심해야 합니다. 솔로몬은 "자기의 마음을 믿는 자는 미련한 자"(잠 28:26) 라고 했습니다. 또 "너는 … 네 명철을 의지하지 말라. 너는 범사에 그를 인정하라. 그리하면 네 길을 지도하시리라."(잠 3:5-6)라고 했습니다. 인간 자신의 욕구나 뜻대로 결정하지 않고, 하나님이 주시는 지혜로 하나님의 뜻을 분별해야 합니다. 경솔히 생각하고 말하고 행동하면 망할 것입니다.

예수님은 이 점에서 우리의 모범입니다. 예수님은 십자가의 고난의 날을 앞두고 겟세마네 동산에서 피눈물 나는 기도를 드렸습니다. 자신의 욕망과 욕심과 뜻을 따라가지 않기 위해 조심했습니다. 그래서 야고보는 다음과 같은 구체적 삶의 지혜를 주었습니다.

> 내 사랑하는 형제들아, 너희가 알거니와 사람마다 듣기는 속히 하고, 말하기는 더디 하며, 성내기도 더디 하라.(약 1:19)

말을 많이 하기보다 상대의 말을 경청하는 것이 조심하는 좋은 방법입니다. 생각나는 대로 말을 내뱉지 않고 한 템포(tempo) 늦추는 것은 조심하는 삶의 지혜입니다. 화가 나는 상황이지만 성내기를 더디하는 자는 조급하지 않습니다. 조심하는 것이 하나님의 뜻을 이루는 하나님의 자녀가 되는 방법입니다.

'데오 볼렌터'(Deo Volente)라는 말이 있습니다. 뜻은 '만일 하나님의 뜻이면

… ’입니다. 영국의 빅토리아 여왕이 죽고. 에드워드 7세의 즉위를 위하여 대관식을 준비하고 있었습니다. 1902년 4월 웨스트민스터 애비(Abby)에서 있을 에드워드 대관식 초청장이 세계 각지의 왕과 대통령에게 전달되었습니다. 그런데 이 초청장에는 그동안 사용해 오던 아주 작은 문구가 하나 빠져있었습니다. 그것은 바로 ‘D.V.’, 곧 ‘Deo Volente’였습니다. 에드워드의 대관식은 어떻게 되었을까요? 에드워드가 맹장염에 걸려 계획했던 대관식을 거행할 수 없었습니다. 몇 개월 후로 연기되었습니다. 인간은 한 치 앞을 볼 수 없기에 조심해야 합니다. 하나님의 뜻을 믿어야 합니다.

조심 없이 경솔하게 생각하고 말하고 행동하는 기저에는 어떤 태도가 있을까요? 그것은 하나님을 인정하지 않는 불신앙입니다. 산업혁명이 한창 진행중일 때 적지 않은 영국 지식인들이 이신론을 따르며 하나님의 존재와 역사를 믿지 않았습니다. 인간의 이성과 문명의 자존심은 하늘을 찌르듯 치솟고 있었습니다. 더구나 영국은 ‘태양이 지지 않는 나라’라는 말을 들을 정도로 많은 영토에 세력을 펼치고 있었습니다. 그러니, ‘D.V.’라는 말을 더 이상 따르고 싶지 않았던 것입니다. 구식 관습이니 빼도 된다고 여겼던 것이지만 인간의 계획은 허무하게 무너졌습니다. 20세기 인간은 두 번의 거대한 전쟁을 경험했습니다. 제1차 세계대전에 900만 명의 사람이 죽었다고 합니다. 제2차 세계대전에는 5,600만 명의 사람이 죽었다고 합니다. 인간의 이성과 지혜는 전혀 믿을만한 것이 못 된다는 것을 깨닫게 된 것입니다. 조심하지 않으면 이런 끔찍한 일이 일어납니다.

우리는 하나님을 인정하고 그분의 뜻을 물어야 합니다. 조심하며 기도해야 합니다. 우리는 주기도문에서 “ … 뜻이 하늘에서 이루어진 것같이 땅에서도 이루어지이다 … ”라며 기도합니다. 내 뜻이 아니라 하나님의 뜻이 이루어지도록 조심해서 말하고, 경솔히 행동하지 않고, 말씀에 주의를 기울여야 할 것입니다.

잠언 21:5
5 부지런한 자의 경영은 풍부함에 이를 것이나 조급한 자는 궁핍함에 이를 따름이니라

경솔이여, 안녕!

성경 잠 21:5 **찬송** 337장 내 모든 시험 무거운 짐을

인간의 타락은 너무나 깊어 하나님의 언약 백성이라도 조심해야 합니다. '조심' 성품은 취사선택할 수 있는 것이 아닙니다. 모든 신자에게 주어진 명령입니다. 자만은 절대금물입니다. 조심조심해야 합니다. 성경은 여러 곳에서 '경솔하지 말고 조심하라' 명령합니다. 특별히 인간이 하나님과의 관계에서 조심해야 하는데, 이번에는 인간과 인간 그리고 인간과 자연과의 관계에서 조심해야 할 것을 살펴봅시다.

성경의 '조심'

'조심'의 뜻을 잘 알지만, 성경에 사용된 '조심'이라는 단어의 의미를 잠시 살펴봅시다. 조심이라는 단어는 구약성경에 의하면 히브리어로 '샤마르'(שָׁמַר, shamar)인데 '가시로 울타리를 치다', '지키다', '보호하다', '신중하다', '기다리다'라는 뜻입니다. 신약성경에서는 '조심하라'는 단어가 여러 가지로 사용되었습니다. 하나는 '블레포'(βλέπω, blepo)인데 '보다', '인지하다', '알다'라는 뜻이고(막 13:9, 고전 3:10, 10:12, 갈 5:15), 다른 하나는 '프로세코'(προσέχω, prosecho)인데 '주의하다', '조심하다', '전념하다', '주목하다'라는 뜻입니다(눅 17:3, 21:34, 행 5:35). 세 번째로 조심이라는 단어는 '프론티조'(φροντίζω, frontizo)인데 '생각하다', '주의하

다'(딛 3:8)로 썼였습니다.

성경에 등장하는 '조심'의 쓰임새를 두 가지로 요약할 수 있습니다. 첫째, '조심'은 '적극적으로 어떤 사람이나 자기 일에 전념하며 관찰하는 것'을 말합니다. 그러니까, 아무런 문제가 없어 보이는 평안한 시기에도 주의를 집중에서 관찰하는 것을 말합니다. 둘째, 조심은 '소극적으로 적의 공격을 방어하기 위해 울타리를 치며 자신을 보호하는 것'이라는 뜻입니다. 다시 말하면, 외부로부터 오는 공격을 방어하기 위해 울타리를 치는 것을 말합니다. '능동적 조심'과 '수동적 조심', 이렇게 두 가지가 모두 등장합니다. 정리하면 '조심'은 어떤 좋지 않은 일이 발생하기 전에 그것을 막는 역할을 하는 준비입니다. 그래서 조심은 일상생활에서 깊이 관련되며 중요한 성품입니다.

'조심'을 더 잘 이해하려면 조심의 반대 경우를 생각해 보는 것도 도움이 됩니다. 조심의 반대가 무엇일까요? 그렇습니다. '경솔'입니다. '조급'한 것이죠. 조급하면 조심하기 어렵습니다. 매사에 경솔한 사람은 실수를 많이 합니다. 구약성경에 나오는 '경솔'과 '조급함'[14]은 '시간에 쫓기다', '급히 서두르다', '재촉하다', '좁다'라는 뜻입니다. 잠언 기자는 계획하지 않고 일하다가 가난하게 된 사람을 설명할 때 '조급'을 사용합니다.

… 조급한 자는 궁핍함에 이를 따름이니라. (잠 21:5)

신약성경에 나타난 '경솔'[15]과 '조급함'은 먼저 '앞뒤를 헤아리지 않는', '생각 없는'이라는 뜻입니다.

---

14   우츠(קוץ)
15   프로페테스(προπετής)

이 일이 그렇지 않다 할 수 없으니 너희가 가만히 있어서 무엇이든지 경솔히 아니
하여야 하리라. (행 19:36)

둘째로 경솔16은 '조금함'과 같이 '빨리', '급히', '서둘러'라는 뜻입니다.

아무에게나 경솔히 안수하지 말고, 다른 사람의 죄에 간섭하지 말고, 네 자신을
지켜 정결케 하라. (딤전 5:22)

경솔은 급한 행동입니다. 신중하지 않고 앞뒤 헤아리지 않는 행동입니다. 경
솔한 말과 행동은 조심성이 없습니다. 이런 행동을 좋아할 사람이 없죠. 하지
만, 누구나 원치 않음에도 불구하고 이런 모습이 나타납니다. 인간의 비참함
을 보여주는 부분입니다.

세상의 위험

왜 하나님은 땅 위의 언약 백성에게 '조심해라', '조심해라', '조심해라'라고 반
복해서 말씀하실까요? 하나님은 잔소리꾼이신가요? 하나님은 잔소리꾼이 아
닙니다. 세상에는 영적 위험뿐만 아니라 여러 자연재해가 발생합니다. 뉴스를
들어보십시오. 수많은 재앙이 일어납니다. 거대한 물류 창고에 화재가 발생합
니다. 큰 건물이 무너져 지나가던 버스를 덮치기도 합니다. 아파트 건물이 무
너져 잠자던 주민들이 죽는 재난이 일어나기도 합니다.

인간 타락 후 땅은 가시덤불과 엉겅퀴를 냅니다(창 3:18). 인간에게 고통을
주는 것들이 세상에 존재한다는 뜻입니다. 자연에는 아름다운 것도 많지만,
위험한 것도 많습니다. 바울은 자연도 인간의 완전한 구속을 애타게 기다리

16　타케오스(ταχέως)

고 있다고 했습니다(롬 8:22-23). 홍수, 산사태, 벼락, 해일 같은 것이 인간을 위협합니다. 2020년 우리나라에 확산되기 시작했던 COVID-19 펜데믹을 보십시오. 모든 시민이 바이러스 감염과 확산을 제어하기 위해 조심합니다. 마스크를 쓰고 대화를 자제합니다. 모임을 절제합니다. 코로나19 확산이 시작될 초기에 어떤 종교 지도자는 하나님의 심판이라고 정죄하기도 했습니다. 어떤 선교단체는 '믿음이 좋은 신자는 코로나19에 걸리지 않는다'거나, '코로나19에 걸린 것은 믿음이 없는 증거다'라거나, '백신을 맞으면 영혼이 조종 당한다'며 백신을 맞지 말라는 기괴한 소문을 퍼트리는 사람도 있었습니다. 참, 어리석습니다. 엘리야 선지자도 이스라엘에 가뭄이 닥쳤을 때 그도 피해를 봐야 했습니다(그릿 시내가 말랐음). 그리스도인도 바이러스에 감염됩니다. 종교 개혁자들도 흑사병에 걸려 죽었습니다. 목사 가족이라고 예외가 아니었습니다. 그렇게 조심하지 않고 경솔히 행동하다가, 바이러스가 감염되어 창피를 당하는 어리석은 일이 있었습니다. 문제는 그로 인해 복음과 교회, 그리고 하나님의 이름이 망령되이 일컫는 바가 되는 것입니다. 하나님의 이름이 모독을 당합니다.

'바른 믿음'은 '거짓된 맹종'과 다릅니다. 종교 지도자들이 성도들의 순전한 믿음을 이용해 무분별한 말과 판단을 조심성 없이 내뱉으므로 기독교의 복음을 훼손시키는 참으로 안타까운 일들이 일어나고 있습니다. 조심하지 않는 경솔한 발언과 행동이 아닐 수 없습니다.

자동차가 우리의 생활을 편리하게 하지만, 운전할 때 사고 위험이 있습니다. 늘 조심해야 합니다. 우리가 가해자가 될 수도 있고 피해자가 될 수도 있습니다. 자동차 방어 운전은 기본입니다. 조심은 아무리 강조해도 지나치지 않습니다. 컴퓨터와 핸드폰은 유용하지만 잘못 사용하면 삶을 파괴하는 괴물이 될 수도 있습니다. 텔레비전의 드라마와 스포츠는 웃고, 즐기며 스트레스를 풀어주는 긍정적 측면도 있지만 중독성의 위험이 도사리고 있음도 알아야 합니다. 아무리 좋은 것이라도 지나치거나 과하면 해롭습니다. 조심해야 합니다. 한 걸음 물러나 생각하고 행동하며 조심해야 합니다. 어린이와 청소년이 위험에 쉬 빠집니다. 통제 능력이 떨어지기 때문입니다. 부모와 어른이 도와주어야 합니다. 만약 부모가 중독에 빠진다면 더 큰일입니다. 맡은 역할이 중대하기 때문입니다. 그런 부모는 도움은커녕 자녀에게 악영향을 끼칩니다. 조심해야 합니다. 부모는 생각과 말과 행동을 조심해야 합니다. 자녀들이 보고 있습니다. 마지막으로 조심해야 할 것은 다름 아닌 '사람'입니다. 성경은 악한 자를 떠나 멀리하라고 명령합니다. 악한 자들과 사귀거나 교제하지 말라고 권면합니다. 악한 자들의 무리에 들어가는 것을 조심해야 합니다. 예수님은 이렇게 말씀하셨습니다.

> 너희는 스스로 조심하라. 만일 네 형제가 죄를 범하거든 경계하고 회개하거든 용서하라.(눅 17:3)

사람을 사랑해야 하지만, 다른 한편 조심해야 합니다. 나쁜 사람과 친구가 되면, 그런 자의 영향 아래 놓입니다. 위험합니다. 그들에게 좋은 영향을 끼칠 수 없다면, 조심하며 피하는 것이 지혜롭습니다.

그렇다고 남 탓만 할 수 있을까요? 나 자신도 타인에게 위험이나 위협이 될 수 있음을 알아야 합니다. 친구나 가까운 사람에게 말을 함부로 하거나, 욕이나 저주를 퍼부으면(마 5:22) 어떻게 될까요? 다른 사람의 욕설은 안 되고 내가하는 나쁜 말은 정당할까요? 이웃의 마음을 상하게 하거나 실족하게 한다면, 그것은 매우 큰 죄입니다. 만약 작은 자를 실족하게 하면 연자 맷돌을 목에 매고 바다에 빠져 죽어야 할 것입니다(마 18:6; 막 9:42; 눅 17:2). 이웃에게 화나 분을 내면 큰 충격을 줄 수 있습니다. 마음에 상처를 입힐 수 있습니다(엡 4:26). 성경은 말합니다. '악을 악으로 갚지 말라'(롬 12:17; 살전 5:15; 벧전 3:9)고 말입니다.

만일 서로 물고 먹으면 피차 멸망할까 조심하라. (갈 5:15)

조심해야 합니다.

내 사랑하는 형제들아 너희가 알거니와 사람마다 듣기는 속히 하고 말하기는 더
디 하며 성내기도 더디 하라. (약 1:19)

조심하지 않으면 상대에게 상처를 입히고 상처받는 전쟁 같은 상황이 벌어집
니다. 이런 상황이 전개될 때 누가 좋아할까요? 사탄이 저 뒤에서 팔짱을 끼
고 웃고 있을 것입니다. 하나님은 평화와 평강의 아버지이십니다. 말을 조심
해야 합니다.

내가 말하기를 나의 행위를 조심하여 내 혀로 범죄치 아니하리니 악인이 내 앞에
있을 때에 내가 내 입에 자갈을 먹이리라 하였도다. (시 39:1)
너는 하나님 앞에서 함부로 입을 열지 말며 급한 마음으로 말을 내지 말라. 하나
님은 하늘에 계시고 너는 땅에 있음이니라. 그런즉 마땅히 말을 적게 할 것이라.
(전 5:2)

조심의 방법

마지막으로 우리는 과연 얼마나 조심하고 경솔하지 않으려고 노력하며 애쓰
고 있는지 평가해 봅시다. 7개의 질문을 해 보겠습니다. '예 혹은 아니오'로 대
답해 보십시오.

☐ 나는 모든 상황에서 하나님의 뜻을 찾습니까?
☐ 나는 지혜롭고 경험이 많은 사람의 조언을 구합니까?

□ 나는 다른 사람의 실수를 보고 배웁니까?

□ 나는 말하기 전에 말할 것을 미리 생각합니까?

□ 나는 좋은 일을 시작하기 전에 적절한 때를 생각합니까?

□ 나는 내가 할 행동이 다른 사람에게 미칠 영향을 고려합니까?

□ 나는 어떤 일, 특히 큰 노력이 필요한 일에 앞서 계획을 세우고 비용을 계산합니까?[17]

4개 이상 '예'라고 대답하셨나요? 그러면 잘하고 계신 것이라고 볼 수 있습니다. 그렇지 않다면, 조심 성품을 많이 훈련해야 할 것 같습니다.

'조심성'이란 무엇입니까? 한국 품성 개발원에서는 '조심성'을 '잘못하거나 실수하지 않도록 신중히 살펴서 말하고 행동함으로 다른 사람을 존중해 주는 것'으로 정의합니다. 조심하기 위하여 우리는 다음과 같은 실천 사항을 기억했다가 하나씩 해 실천해 봅시다.

첫째, 행동하기 전에 생각합니다.

둘째, 할 말을 조심성 있게 선택합니다.

셋째, 부모님께 허락을 받고 행동합니다.

넷째, 안전 규칙을 파악하고 지킵니다.

다섯째, 주변에 위험한 것이 있는지 먼저 살펴봅니다.

이제 조심 성품을 마무리하면서 네 가지 권면을 드리며 정리하려 합니다.

첫째, 우리의 본성이 잘못된 경우가 많음을 알고 하나님께 지혜를 구하십시오.

---

17 『The Power for the True Success』

너희 중에 누구든지 지혜가 부족하거든 모든 사람에게 후히 주시고 꾸짖지 아니
하시는 하나님께 구하라 그리하면 주시리라. (약 1:5)

둘째, 성경 인물의 경험에서 배우십시오.

부지런한 자의 경영은 풍부함에 이를 것이나 조급한 자는 궁핍함에 이를 따름이
니라. (잠 21:5)
지식 없는 소원은 선치 못하고 발이 급한 사람은 그릇하느니라. (잠 19:2)

셋째, 인간의 본성에 반대되는 행동을 생각하십시오.

내 사랑하는 형제들아, 너희가 알거니와 사람마다 듣기는 속히 하고 말하기는 더
디 하며 성내기도 더디하라. (약 1:19)

본성대로 따라가면, 실수하기 때문입니다. 본성이 가자고 하는 곳 반대로 가
면 됩니다. 그것이 지혜로운 길입니다.
넷째, 현명한 조언을 구하십시오. 다른 사람의 경험과 지혜에서 배울 수
있습니다. 친구와 선배의 조언을 들으십시오. 무엇보다도 성령 하나님의 조언
을 들으십시오. 그러기 위해 늘 기도하십시오. 그분과 의논하십시오. 그분이
도와주실 것입니다.

읽고 나누기

❶ 읽고 배운 것을 자기 말로 요약해 봅시다.

❷ 불완전한 자기 백성에게 내리신 하나님의 명령은 무엇입니까?

❸ 성도가 조심해야 할 이유로 어떤 것이 있나요?

❹ 조심 성품을 위한 4가지 권면을 적어 봅시다.

절제

절제는
마음대로 하고 싶은 것을 참고
하나님이 기뻐하는 것을
행하는 것

고린도전서 9:23-27

23 내가 복음을 위하여 모든 것을 행함은 복음에 참여하고자 함이라 24 운동장에서 달음질하는 자들이 다 달릴지라도 오직 상을 받는 사람은 한 사람인 줄을 너희가 알지 못하느냐 너희도 상을 받도록 이와 같이 달음질하라 25 이기기를 다투는 자마다 모든 일에 절제하나니 그들은 썩을 승리자의 관을 얻고자 하되 우리는 썩지 아니할 것을 얻고자 하노라 26 그러므로 나는 달음질하기를 향방 없는 것 같이 아니하고 싸우기를 허공을 치는 것 같이 아니하며 27 내가 내 몸을 쳐 복종하게 함은 내가 남에게 전파한 후에 자신이 도리어 버림을 당할까 두려워함이로다

절제로 욕망하라

성경 고전 9:23-27 **찬송** 595장 나 맡은 본분은

욕망

현대인은 인간의 욕망을 자극합니다. 과거에는 부모가 자녀에게 '하지마라', 혹은 '안 돼'라고 가르쳤습니다. 그것을 '부정의 사회'라고 합니다. 그런데, 지금은 무엇이든지 '해 봐!', 혹은 '넌 할 수 있어!'라며 부추깁니다. 무엇이든지 '욕망하라'고 권합니다. 이것을 '긍정의 사회'라고 부릅니다. 과거에는 욕망을 억제하는 것이 미덕이었지만, 현대는 욕망을 따르는 것이 미덕이라 합니다.

> "네가 원하는 것이면 뭐든 해봐!"

성경은 욕망에 대해 뭐라고 말할까요? 잠언 기자는 욕망을 부정적으로 봅니다.

> 게으른 자의 욕망이 자기를 죽이나니 이는 자기의 손으로 일하기를 싫어함이니라. (잠 21:25)

일도 하지 않고 '욕망'만 채우려는 자들이 있습니다. 게으르면서 로또나 혹은 일확천금을 바라는 욕망은 인생을 파괴하고 말 것이라는 뜻입니다.

물론 성경은 '욕망' 혹은 '욕구' 자체를 금하지 않습니다. 욕구는 하나님의 선물입니다. '식욕·성욕·수면욕·성취욕'은 인간에게 꼭 필요한 것입니다. 매슬로우(A. Maslow, 1908-1970)라는 심리학자는 인간의 욕구를 '결핍욕구'(4개)와 '성장욕구'(3개), 총 7개로 나누었습니다. 가장 밑에서부터 위로, '생리적 욕구 → 안정의 욕구 → 애정의 욕구 → 자존감의 욕구 → 인지 욕구 → 심리 욕구 → 자아실현의 욕구'로 향합니다. 이렇게 욕구는 인간적 요소이고 삶을 가능하게 한다고 봅니다. 그렇습니다. '욕망'(Desire) + '욕구'(Want) + '필요'(Need)는 인간이 살아가는 데 중요한 삶의 활력(Vitality)과 동기(Motivation)입니다. 만약 '욕망·욕구·필요'에 대한 열정이 없다면, 그 사람의 삶은 무미건조할 것입니다. 숨 쉬고, 먹고, 마시며 살아가지만, 식물인간이나 다름없을 것입니다.

욕망은 하나님이 주신 소중한 선물입니다. 하나님이 주신 욕망, 욕구, 필요를 추구하십시오. 신자도 욕망할 수 있습니다. 욕망하십시오! 아름다운 욕망은 귀하고 소중합니다. 하나님이 주신 복된 욕망을 욕망하기 바랍니다.

올림픽과 욕망, 그리고 절제

근대 올림픽(Olympic)은 4년에 한 번씩 열립니다. 4년 동안 갈고닦은 선수들이 실력을 겨룹니다. 지구촌은 국가별로 팀을 나눠 경기합니다. 자기 나라 선수와 팀을 응원하며 울고 웃으며 즐깁니다. 올림픽 경기에서 승리하면 큰 명예를 얻습니다. 경제적 부도 따릅니다. 선수들은 '금·은·동 메달'을 따기 위해 피땀을 흘리며 훈련합니다. 금메달을 따려는 욕망을 실현하기 위해 선수들은 불필요한 욕망을 억제하고, 절제합니다. 식단도 조절하고, 절제합니다. 놀고 싶은 욕망도 억누르고, 절제합니다. 선수들은 올림픽 선수촌에 들어가 과학적이고 체계적인 훈련 프로그램을 따릅니다. 훈련소 생활 규칙을 철저하게 지킵니다. 여기에서 꼭 필요한 성품이 바로 '절제'입니다.

한국의 양궁선수 안산이 2020년 도쿄 올림픽에서 3관왕을 했다고 온 나라가 떠들썩합니다. 안산시는 '안산에 안사는 안산 선수가 3관왕을 했다'며 홍보했습니다. 양궁은 경기종목의 특성상 자기 통제(Self Control)를 잘해야 합니다. 흥분하거나 긴장하면 경기력이 좋지 않습니다. 러시아 선수와 안산 선수가 결승전에서 만났습니다. 실력이 비슷했습니다. 마지막 한 발의 화살로 승부를 결정지어야 하는 순간이 왔습니다. 모든 국민이 떨리는 마음으로 안산 선수의 모습을 바라보았습니다. 그 한 발의 화살이 메달의 색깔을 결정지을 것입니다. 긴장은 최고에 이르렀습니다. 20초 안에 화살을 쏘아야 합니다. 안산은 활시위를 당기고는 이내 놓습니다. 화살은 10점 원 안에 꼬칩니다. 러시아 선수는 8점을 쏩니다. 안산의 승리입니다. 매스컴에 의하면 러시아 선수의 심박수는 167이었는데, 안산 선수의 심박수는 119였다고 합니다. 얼마나 많은 심리 훈련을 했으면, 그런 고도의 긴장 속에서도 떨리지 않을 수 있었을까요? 안산 선수는 '자기 통제'(Self Control) 능력이 대단했습니다. 러시아 언론은 안산을 '사이버그' 혹은 'AI'로 비유하기도 했습니다. 안산 선수의 '절제력'이 대단하다는 것을 볼 수 있습니다. 경기에 욕구와 열정이 필요하지만, 그것을 통제할 수 있는 절제력은 참으로 중요합니다. 안산은 먼저 자기와의 싸움에서 승리한 것입니다. '욕구나 욕망, 그리고 필요'만 있다고 목표에 도달할 수 없습니다. 반드시 '절제'가 필요합니다.

바울, 올림픽, 그리고 절제

고린도전서 9장에서 바울은 그리스-로마 세계에서 4년마다 '올림피아'(Olympia)에서 개최된 '올림픽'을 예로 '절제' 성품을 명령합니다. 한 번 읽어 볼까요?

내가 복음을 위하여 모든 것을 행함은 복음에 참여하고자 함이라. 운동장에서 달음질하는 자들이 다 달릴지라도 오직 상을 받는 사람은 한 사람인 줄을 너희가 알지 못하느냐? 너희도 상을 받도록 이와같이 달음질하라. 이기기를 다투는 자마다 모든 일에 절제하나니, 그들은 썩을 승리자의 관을 얻고자 하되, 우리는 썩지 아니할 것을 얻고자 하노라. 그러므로 나는 달음질하기를 향방 없는 것같이 아니하고, 싸우기를 허공을 치는 것 같이 아니하며, 내가 내 몸을 쳐 복종하게 함은 내가 남에게 전파한 후에 자신이 도리어 버림을 당할까, 두려워함이로다. (고전 9:24-27)

운동선수는 올림픽에서 금메달(=월계관)을 얻으려고 "절제"합니다. 그렇게 사람들은 "썩을 승리자의 관"을 얻으려고도 "절제"를 잘하는데, 신자는 썩지 아니할 것을 얻기 위하여 당연히 "절제"해야 한다고 말합니다. 여기에서 "썩을 승리자의 관"에서 "관"(στέφανος)은 '월계관'(月桂冠)을 말합니다. 월계수 나무가지로 만든 관입니다. 월계수(月桂樹)18는 '로럴'(Laurel)이라고 부릅니다. 지중해 연안에 자라고 이 나무의 잎이 달린 가지로 월계관을 만들어 아폴로 신에게 제사를 올렸다고 합니다. 신에게 바치는 관을 올림픽에서 승리한 자에게 주었으니, 얼마나 영광스러운지 알 수 있습니다. 하지만, 월계관은 곧 시들어 버리고, 썩어 버립니다. 인간이 죽으면 그 모든 영광은 사라지고, 한 줌의 흙으로 돌아가는 것처럼 올림픽의 영광도 사라집니다. 이것은 인간이 추구하는 영광이 곧 사라질 것에 불과하다는 것을 상징합니다. 적어도 바울의 의도는 그렇습니다. 하물며 썩지 아니할 영광, 곧 구원과 영생을 얻고자 달려가는 그리스도인에게 "절제"가 얼마나 중요한지를 역설합니다.

그리스도인은 자유 했으니 '이제 절제하지 않아도 된다'라고 생각하는 사람이 있습니다. 그렇지 않습니다. 절제는 반드시 있어야 할 덕목입니다. 신자는 사탄의 나라에서 노예 생활을 했던 아픈 과거가 있습니다. 신자는 고통스

---

18 말린 잎은 '베이 리프'(Bay Leaf)라고 해서 향기가 좋아 요리나 차에 넣어 먹습니다

러운 과거를 뒤로 하고 그리스도 안에서 하나님 나라 국적을 취득했습니다. 사탄의 나라에서 하나님 나라로 이민을 가 완전히 국적을 바꾸었습니다. 신자는 이제 사탄의 올가미에서 해방된 자유인입니다. 그 자유는 아무렇게나 행동해도 되는 방임(放任)이 아닙니다. 그 자유는 진리라는 테두리 안에서 누릴 수 있습니다. 하나님 나라의 법안에서 누리는 자유입니다. 자유를 누리되, 자발적으로 절제함으로 자유를 누립니다. 하나님 나라를 욕망하는데 절제함으로 합니다. 구원을 욕망하고 천국을 바라는데, 절제의 방법을 사용합니다.

절제란 무엇?

절제란 하고픈 지나친 욕망을 참으며, 나쁜 욕구를 제어하고, 건강한 욕망을 장려하는 것입니다. 절제는 아름다운 욕망으로 목표에 도달하게 합니다. 경기에서 이겨 승리의 면류관을 얻으려면, 단순한 욕망과 욕구만으로는 안 됩니다. 절제 성품이 필요합니다.

바울은 왜 "절제" 성품을 말하게 되었을까요? 바울은 고린도 교회에서 '사도성'(Apostleship)이 심각하게 도전받고 있었습니다. 바울은 예수님의 열두 사도와 달리 공적으로 교회의 파송을 받지 못했습니다. 교회 일부 지도자들은 그런 바울을 사도로 인정하지 않으려 했습니다. 사도 바울의 사역에 큰 걸림돌이었습니다. 바울은 고린도전서 9장에서 복음을 전하고 교회를 세우는 자신의 사명을 위해 사도성을 변론합니다.

예를 들면 바울은 복음 전도 사역을 하고 생활비를 받을 권리가 있지만, 그것을 요청하지 않았다고 열심히 주장합니다. 사역에 대한 대가로 생활비를 달라는 말이 아닙니다(15절). 만약 그런 의도가 있었다면, 바울의 사역은 하나님 앞에서 아무런 자랑거리가 되지 못할 것이라는 것을 알고 있습니다(15절). 바울이 생활비도 받지 않고 열심히 일한 것은 자신의 위대함을 자랑하기 위함이 아닙니다. 바울은 자기가 해야 할 일을 할 뿐이라고 말합니다(16절). 바울의 고백을 들어보십시오.

내가 복음을 전할지라도 자랑할 것이 없음은 내가 부득불 할 일임이라. 만약 복
음을 전하지 아니하면 내게 화가 있을 것임이로라. (16절)

바울이 이렇게 혼인도 하지 않고(고전 7:26), 생활비도 받지 않고 오로지 복음을
위하여 열심히 '달음질', 곧 '달리기 경주'를 한 것은(23절), 바울에게 주어진 사
명 때문이었습니다. 만약 복음을 전하지 않으면 자신에게 화가 있을 것이기
때문이었습니다. 복음을 전하고 생활비를 받지 않은 것은 바울이 마음이 너
그러워서가 아니라, 하나님으로부터 복음을 전하는 데 절제하는 삶을 살 사
명을 받았기 때문입니다. 하나님께서 명령하지도 않았는데, 그렇게 했다면 바
울은 대단한 상을 받겠지요. 하지만, 이렇게 생활비를 받지 않고 자비량 복음
을 전하고 있는 것은 하나님으로부터 사명을 받았기 때문이었습니다. 17절을
보십시오.

나는 사명을 받았노라.

'사명을 받다'(17절)는 말은 '집을 경영하다'(oikonomia, οἰκονομία)는 뜻입니다. 하
나님의 집에서 일하는 청지기 역할을 맡았다는 뜻입니다. 바울에게 상(賞, Re-
ward, μισθός)은 청지기로서의 사명을 다하는 것입니다. 청지기는 주어진 임무를
잘 수행하는 것이 자신의 구원을 이루는 것입니다(27절).

그런즉, 내 상이 무엇이냐, 내가 복음을 전할 때에 값없이 전하고 복음으로 말미
암아 내게 있는 권리를 다 쓰지 아니하는 이것이로다. (18절)

그래서 바울은 절제의 삶을 살았습니다. " … 권리를 다 쓰지 아니"(18절)했습니다. 독신으로 자비량 사역자로 사명을 충실히 행했습니다(다른 사도들은 모두 사역에 필요한 생활비를 공급받음, 고전 9:4-5).

절제 성품은 목표에 달성하기 위한 수단처럼 보이지만, 그리스도인에게는 절제 성품 자체가 복입니다. 절제는 자랑거리가 아닙니다. 절제는 희생이 아니라, 그것 자체가 상입니다. 절제할 수 있는 것이 복입니다. 바울이 빌립보 교회 성도에게 한 말을 들어보십시오.

> 그러므로 나의 사랑하는 자들아! 너희가 나 있을 때뿐 아니라, 더욱 지금 나 없을 때에도 항상 복종하여 두렵고 떨림으로 너희 구원을 이루라.(빌 2:12)

절제하는 바울의 삶 자체가 상이고, 복이고, 바울 자신의 구원을 이루는 것입니다. 바울이 절제하며 사명을 다하는 것은 버림을 받지 않고 구원받기 위함이었습니다.

> 내가 내 몸을 쳐 복종하게 함은 내가 남에게 전파한 후에 자신이 도리어 버림을 당할까 두려워함이로다.(27절)

바울은 자신이 구원받기 위해 항상 복종하고 절제했습니다. 그러니 절제는 있어도 되고 없어도 되는 성품이 아닙니다. 반드시 필요한 성품입니다. 바울은 그리스도 안에서 자유인이지만(19절), 복음을 위하여 "종"이 되기도 하고, 유대인에게는 유대인으로, 율법 없는 자에게는 율법 없는 자같이, 약한 자들에게는 스스로 약한 자와 같이 되었습니다. 그에게는 어떠한 세상적 상황도 문제가 되지 않았습니다. 바울은 간도 없고 쓸개도 없는 그런 사람이 아닙니다. 그래도 바울은 절제하고 있습니다. 그 이유는 한 가지입니다. 그는 절제의 삶을 통해 자신을 포함해 "아무쪼록 몇 사람을 구원"하기 원했던 것입니다 (19-22절). 바울은 바로 그 일을 위하여 부름을 받았기 때문입니다. 그는 로마와 스페인에까지 가서 복음을 전해야 할 사명을 받았습니다(롬 15:19, 24).

바울이 그렇게 절제의 삶을 살게 되면 얻는 또 다른 것이 무엇일까요? 그 것은 바로 23절에 기록된 데로 '복음에 참여함'입니다. 바울은 인간적으로 볼 때 실패자인 것처럼 보입니다. 자신이 할 수 있는 세상적 자랑과 권리를 모두 포기했으니 말입니다. 하지만, 바울은 복음을 전하는 데 동참한 복 받은 사명자입니다. 어떤 사람이 예수를 믿으면 주 안에서 기쁨과 행복을 얻습니다. 구원의 기쁜 소식을 전하는 자는 복된 자입니다. '복음에 참여하다'라는 말은 '복음의 파트너(Co-Partner)가 되다'는 뜻입니다. 하나님과 함께 일하면서 하늘의 기쁨을 맛보게 되기 때문에 바울은 그것을 즐깁니다. 복음 전하는 자로 서 복음에 참여한다는 말은 구원에 참여한다는 뜻입니다. 바울은 자신의 절 제하는 사역 자체가 구원에 이르는 길이었습니다. 만약 자신에게 맡겨진 일을 잘 감당하지 못하면 버려질까, 두려운 마음도 있다고 솔직하게 고백합니다(27절). 그래서 바울은 당시 그리스 올림피아 운동 경기(달리기)를 예로 자신의 사역을 설명한 것입니다. 경기에서 상을 얻기 위해 모든 일에 '절제'합니다. 썩어질 허무한 면류관을 위해서도 저렇게 절제하는데, 썩지 않는 면류관을 얻기 위해 더욱 절제의 삶을 살아야 한다고 역설한 것입니다(25절). 경주할 때 목표지점을 분명하게 보고 달려갑니다(26절). 목표 설정이 잘못되어 있으면 아무리 노력해도 허사입니다. 바울은 그것을 격투기로 설명했습니다.

싸우기를 허공을 치는 것같이 아니하여 … (26절)

올림픽의 권투 경기를 생각하면 됩니다. 권투를 할 때 상대를 향해 정확하게 주먹을 내미는 것처럼 분명한 목적을 정하고 그곳을 향해 살아야 한다고 설명합니다. 바울은 자기 자신을 "쳐 복종하게"(27절) 했다고 합니다. '자기 자신을 잘 다스렸다'는 뜻입니다. '셀프 컨트롤'(Self Control)을 잘했습니다. '절제'를 잘한 것입니다. 복음을 위하여 모든 것을 절제하는 것이 쉽지 않습니다. 하지만, 정말 중요한 가치를 위하여 덜 중요한 것을 상대화시키고, 그 목표를 향하여 뼈를 깎는 절제를 보여주었습니다. 많은 사람이 자기 하고 싶은 것만 하고 살려고 합니다. 절제의 삶을 싫어합니다. 욕구와 욕망만 갈망합니다.

그들이 다 자기 일을 구하고 그리스도 예수의 일을 구하지 아니하되(빌 2:21)

자기 일을 구하지 않고 예수 그리스도의 일을 구하는 것, 그것이 곧 절제의 출발입니다. 자발적으로 절제의 삶을 사는 자는 복 받은 자입니다. 복된 절제의 삶을 살길 바랍니다.

잠언 16:32

32 노하기를 더디하는 자는 용사보다 낫고 자기의 마음을 다스리는 자는 성을 빼앗는 자보다 나으니라

잠언 25:28

28 자기의 마음을 제어하지 아니하는 자는 성읍이 무너지고 성벽이 없는 것과 같으니라

절제와 누림의 파라독스

성경 잠 16:32, 25:28 **찬송** 366장 어두운 내 눈 밝히사

바울은 올림픽 경기를 예로 들며 절제를 가르쳤습니다. 바울의 첫째 절제 이유는 사명입니다. 다른 사람을 구원하는 이타적 동기였습니다. 둘째 절제 이유는 구원을 얻기 위함입니다. 자신이 절제하지 않는다면, 자신의 존재 이유가 없으며, 구원에서 떨어지게 될 것이라고 생각했습니다. 자신을 구원하려는 이기적 동기였습니다. 이타적·이기적 동기가 충돌하는 것 같지만, 한 가지 구원이라는 공통점이 있습니다. 절제가 자신과 타인의 구원과 무관하지 않다는 것을 잘 보여줍니다.

그러면서 바울은 빌립보 교회 성도들에게 이렇게 말했습니다. "그들이 다 자기 일을 구하고 그리스도 예수의 일을 구하지 아니하되"(빌 2:21) 여기서 "자기의 일"이란 자신을 구원하려는 이기적 동기를 말하는 것이 아닙니다. 자신의 쾌락을 위한 탐욕적 이기심을 말합니다. 그러면 "그리스도 예수의 일"은 무엇일까요? 주님의 일은 택자(the elected)의 구원입니다. 하나님은 택자를 구원하기 위해 죽으실 뿐 아니라, 부활, 승천하셔서 지금도 하늘에서 그 일을 계속하십니다. 그리스도 예수의 일은 구원입니다. 바울은 자신과 타인의 구원을 위하여 절제했습니다.

우리는 주님의 일에 열심입니까? 자신의 욕심을 채우는 데만 온 관심

을 집중하고 있지는 않습니까? 자기 욕심을 위하여 열심히 일해서 "온 천하"(마 16:26)를 소유했다고 칩시다. 정작 자기 "목숨을 잃으면"(마 16:26) 그것이 누구의 것이 될까요? 삼척동자라도 다 아는 사실입니다. 헛될 뿐입니다. 그 인생은 실패입니다. 베드로는 나름 예수님을 위해 충성하려 했습니다. 하지만, "하나님의 일을 생각하지 아니하고, 도리어 사람의 일을 생각"(마 16:23) 한 것 때문에 예수님으로부터 야단을 맞았습니다.

우리는 지금 어떤 길을 걷고 있나요? 자신을 구원할 뿐만 아니라, 이웃을 구원하는 좁은 길을 걷고 있나요? 여러 사람이 걸어가는 넓은 길, 결국 멸망으로 향하고 있나요? 우리는 절제 두 번째 부분을 살펴보려 합니다. 자신과 이웃을 구원하는 절제 성품을 배웁시다.

절제의 품위

종종 절제하는 사람을 바보 취급합니다. '지금 기회를 잡지 않으면 더 이상 기회가 없을 것이다'라는 가치가 '절제해라'는 명령보다 앞서는 사회입니다. 절제하는 사람은 손해를 보고, 절제하면 기쁨보다는 슬픔, 행복보다는 불행할 것이라는 불안감이 가득합니다.

성경은 절제가 매우 소중한 성품이라고 말합니다. 가만히 생각해 보십시오. 절제는 누릴 수 있는 여유와 권리가 있지만 하지 않는 것을 말합니다. 할 수 없는 것을 '절제하라'고 하면 불만과 결핍을 낳고 상처가 될 수 있습니다. 절제는 풍요 가운데 고고한 품위를 만들어 내는 힘이 있습니다. 솔로몬의 잠언을 들어보십시오.

> 노하기를 더디 하는 자는 용사보다 낫고, 자기의 마음을 다스리는 자는 성을 빼앗는 자보다 나으니라. (잠 16:32)

불의를 향해 분노하는 것은 옳습니다. 불의에 분노하지 않는 것이 오히려 문제이죠. 하지만, 모든 불의마다 분노할 수는 없습니다. 또 그렇게 해서도 안 됩니다. 분노를 절제해야 할 때도 있습니다. 그 경우 분노를 더디 하기 위해 자신의 마음을 다스리는 자는 대단한 사람입니다. 분노를 표출하면, 당장 속이 후련하겠지만, 절제하지 못함으로 품위를 잃을 수 있습니다. 그리고 사람을 잃을 수도 있습니다.

솔로몬은 절제하며 자신의 욕망을 절제하는 사람은 용감한 군인보다 낫고, 한 나라를 점령한 장군보다 낫다고 했습니다. 자신이 당연히 누릴 수 있는 것을 포기하고, 참고, 절제할 수 있는 사람은 4성 장군보다 낫다고 했습니다. 그러니, 절제하는 자는 한 나라의 대통령(왕)과 같은 위대한 사람입니다. 절제하는 자는 한 국가의 왕과 같습니다. 그렇기에 절제의 사람은 참으로 대단한 사람입니다. 엄청난 명예와 품위를 소유한 사람입니다. 여기서 우리는 '절제' 성품을 행함으로 왕의 직분을 수행하는 것임을 발견합니다. 모든 그리스도인은 그리스도를 닮아 세 가지 직분(선지자, 제사장, 왕)을 행합니다. 그 가운데 절제를 통해 '왕의 직분'을 수행하게 됩니다.

> … 또한 왕으로서 이 세상에 사는 동안은 자유롭게 선한 양심으로 죄와 마귀에
> 대항하여 싸우고 … (HC 32)

역으로, 절제하지 못하는 사람은 어떻게 될까요? 또 솔로몬의 잠언을 들어봅시다.

> 자기 마음을 제어하지 아니하는 자는 성읍이 무너지고 성벽이 없는 것과 같으니
> 라.(잠 25:28)

절제하지 못하는 사람은 '폭망'입니다. 절제하지 못하고 당장의 즐거움에 만족하는 사람은 자신을 보호해줄 성벽과 성을 제거하는 것과 같습니다. 왕 자신이 다스리는 나라가 적의 공격에 취약해진다는 뜻입니다. 인생을 망치게 된다는 뜻입니다. 절제가 얼마나 중요한지 잘 보여줍니다. 절제 성품은 장로의 자격에도 포함되어 있습니다(딤전 3:2).

그러므로 감독은 책망할 것이 없으며, 한 아내의 남편이 되며, 절제하며 …

장로의 절제는 성도를 다스림으로 섬기는 왕적 역할입니다. 고귀한 성품이죠. 절제는 왕이 실천해야 하는 성품이라는 것을 기억하십시오. 절제는 영광된 성품입니다. 종에게는 '절제'가 비교적 덜 요구됩니다. 종에게는 '순종' 성품이 더 중요하겠지요.

절제의 방법

모든 성품이 다 그렇지만, 특히 절제 성품은 인간 스스로 행하는 품격品格입니다. 인간은 프로그램화된 로봇이 아닙니다. 인간은 스스로 판단하고 결정하는 인격적 존재입니다. 인간은 '셀프 컨트롤'(Self Control)이 가능합니다. 그것이 절제입니다. 인간에게는 무한한 자유가 있습니다. 스스로 먹을 수도 있고, 먹지 않을 자유도 있습니다. 무인 판매점에서 무엇을 먹을 것인가 스스로 결정합니다. 자신을 스스로 섬기는 것, 그것이 바로 '셀프 서비스'(Self-Service)이지요. 절제는 스스로 자신을 다스리는 성품입니다.

절제를 잘하기 위해서는 계획이 도움이 됩니다. 미리 규칙을 정하면 좋습니다. 절제를 배우고 훈련하는 것이죠. 어릴 때 잘 훈련된 절제는 어른이 되어서 편합니다. 어른은 성품 훈련이 어렵습니다. 아이에게 어릴 때부터 절제 훈련을 잘하면 좋습니다. 아이에게 원하는 것들(과자)을 맘껏 주지 마십시오. 자신의 욕구를 조절할 수 있도록 훈련하십시오. 절제 훈련을 해야 합니다.

'스텐포드 마시멜로 실험'(Standford Marshmallow Experiment)은 절제가 얼마나 중요한지 보여줍니다. 아이에게 마시멜로 하나를 주고 15분 동안 먹지 않으면 하나를 더 주겠다고 한 뒤 아이가 못 참고 먹는지 아니면 끝까지 참아내는지를 관찰하는 실험입니다. 이 실험에 의하면 15분을 참은 아이는 SAT 점수가 평균보다 높고, 직업적 성취도가 높고, 성공적이며, 문제해결 능력과 계획 수행 능력이 우수했다고 합니다. 15분을 못 참은 아이는 싸움에 쉽게 말려들고, 성적이 비교적 떨어지고, 충동적 성격이었다고 합니다. 절제의 영향이 한 사람의 인생에 어떤 영향을 미치는지를 보여주는 실험입니다.

성품은 우리가 훈련을 통해 발전시키고 개발할 수가 있습니다. 하나님께서 우리에게 주신 자유와 지혜의 영역에 속하기 때문입니다.

절제의 영역

그러면 우리가 절제해야 할 영역은 어디일까요? 일단 분명히 하고 지나가야 할 것이 있습니다. '절제'의 영역은 기본적으로 하나님이 허용한 부분입니다. 그러니까, 우리가 살아가는 모든 영역에 절제가 적용되지만, 기본적으로 악과 죄로 정의되는 곳에는 해당하지 않습니다. '죄의 영역'을 생각해 봅시다. 죄는 절제할 것이 아니라, 금해야 할 영역입니다. 그에 비해 절제할 영역은 삶에서 허용되는 모든 영역입니다. '사탕을 먹어도 된단다. 하지만, 지금은 안 돼!' 아이들에게 밥 먹기 전이나 잠자기 전에 단 음식을 주지 않죠. 식욕을 감퇴시키고 치아를 상하게 할 것이기 때문에 절제시키는 것이죠. 그렇게 절제해야 할 영역은 무엇일까요?

첫째, 말입니다. 입이 있다고 내뱉어 버리는 모든 말이 합당하지는 않습니다. 거짓이 아니라, 사실을 말할지라도, 장소와 시점에 따라 절제해야 합니다. 상황을 잘 살펴 가정, 친구, 학교, 직장에서 말을 절제하며 잘 조절하는 지혜가 필요합니다.

둘째, 행동입니다. 주의를 집중하지 못하거나 과잉 반응을 보이는 경우가 있습니다. 행동을 절제해야 합니다.

셋째, 미디어입니다. 요즘 청소년의 미디어 사용 실태는 매우 염려스럽습니다. 하루에 휴대폰을 사용하는 시간이 수 시간이라는 통계가 있습니다. 미디어 자체는 악이 아닙니다. 그것은 잘못 사용하는 것이 문제이지요. 여기에 절제가 필요합니다. 물론 좋은 내용을 제공하는 미디어도 많습니다. 건강한 TV 프로그램도 많습니다. 좋은 영화도 있습니다. 인터넷에도 볼만한 것이 있습니다. 스마트폰은 아주 유용한 내 손 안의 컴퓨터로 필수품이 되었습니다. 페이스북, 유튜브, 쇼핑, 게임, 스포츠, 예능 등 유익한 것이 있습니다. 이런 것을 얼마든지 자유 함으로 누릴 수 있습니다. 하지만, 과유불급입니다. 절제해야 합니다. 미디어를 절제합시다.

넷째, 놀이와 운동입니다. 놀음이나 사행성 게임, 혹은 카지노 같은 것을 멀리해야 합니다. 하지만, 건전한 놀이나 게임, 그리고 운동은 권장해도 됩니다. 누리십시오. 하지만, 절제가 필요합니다. 그 좋은 것도 과하면 해가 됩니다. 절제해야 합니다.

다섯째, 경제생활입니다. 돈과 재물 자체는 악이 아닙니다. 경제활동 또한 당연히 허용됩니다. 우리는 생업을 위해 일합니다. 하지만, 성도의 직업은 생업을 넘어서는 차원이 있습니다. 직업을 통해 하나님 나라를 이룰 수 있습니다. 거기에 절제의 삶이 요구됩니다. 뱀 같은 지혜가 필요합니다. 경제생활에도 절제가 필요합니다.

여섯째, 문화생활입니다. 옷을 입는 것, 음식을 먹는 것, 음악을 듣는 것, 그래픽 작업을 하는 것, 책을 읽는 것에도 절제가 필요할까요? 물론입니다. 뭐든지 정도에 지나치면 문제가 됩니다. 미국에서는 '절제운동'이 기독교인을 중심으로 유행했습니다. 금주 운동이 있었죠. 술이 가정을 망치고 인간 생활

을 마비시킨다고 본 것입니다. 사회계몽 운동의 효과가 있었습니다. 미국 의
회는 수정헌법 제18조를 만들어 1920년 '금주법'을 통과시켰습니다. 술을 즐
기는 사람은 아주 불행하게 되었죠. 술을 마음대로 즐길 수 없게 되었으니까
요! 사회 문제가 많이 줄었습니다. 술주정뱅이가 사라지고 가정 파괴가 현격
히 줄었습니다. 술 회사와 술집이 문을 닫아야 했습니다. 효과는 컸습니다.
하지만, 풍선효과처럼, 다른 방식으로 술을 거래하기 시작했습니다. 몰래 밀
주를 만들어 비싸게 파는 어둠의 시장(Black Market)이 생겼습니다. 그 금지법으
로 인해 마피아가 암시장에서 번창하는 아이러니한 세상이 펼쳐졌습니다.

미국의 절제운동의 역사는 강제할 때 의미가 퇴색되었습니다. 절제는 강
제가 아니라, 자원할 때 효과가 있습니다. 결국 금주법은 1933년 폐지됩니다.
절제는 자유로움 속에 있을 때 진가를 발휘합니다. 절제를 강제하면 효과가
반감하고 의미가 상실됩니다.

일곱째, 성적 욕구입니다. 성(性)은 하나님이 주신 선물입니다. 그런데, 성
생활은 혼인이라는 범위 안에서만 누릴 수 있습니다. 혼인의 범위 밖에서는
성생활을 절제해야 합니다. 만약 성적 욕구를 절제할 수 없다면, 반드시 혼인
해야 합니다. 혼인의 관계 밖에서의 유사 성행위도 죄입니다. 물론 혼인 안에
서도 성생활의 절제는 필요합니다. 기도 생활을 위해 절제할 수 있습니다.

절제의 파라독스

절제라고 무조건 좋은 것은 아닙니다. 절제를 잘못 사용하면 문제를 일으킬
수 있습니다. 아름답고 품위 있는 절제는 여유롭고 자유롭게 누릴 수 있습니
다. 하지만, 강제된 억압과 압박에 의한 절제는 부작용과 반작용을 일으킬 수
있습니다. '절제운동', '금주운동', '금연운동'이 나쁘다는 것이 아니라, 강제할
때 생기는 부작용을 말하는 것입니다. 어쩌면 절제는 공산국가에서 잘하고
효과도 좋겠지요. 그러나, 그것은 진정한 의미의 절제가 아닙니다.

절제는 은혜와 풍요로운 마음에서 나오는 여유이며 자유이며, 자연스럽고 아름다운 것이며 감동을 줍니다. 하지만, 강요된 절제는 부자연스럽습니다. 여유로움보다는 경직을 생산할 뿐입니다. 그런 경우 절제보다는 오히려 자유와 여유를 맘껏 누리라고 할 필요도 있습니다. 충분한 사랑을 받지 못한 자는 사랑을 할 여유도 없습니다. 충분히 받아 보지 못하고 누려 보지 못한 사람은 절제하기 어렵습니다. 진정한 절제는 부유한 사람만이 누릴 수 있는 여유입니다.

우리는 영적으로 가난한 자입니까? 부유한 자입니까? 영적으로 가난 한 자는 절제하기가 쉽지 않습니다. 하지만, 영적 부요함을 누리는 자는 절제할 수 있습니다. 우리는 어느 정도 절제해야 할까요? 기준이 무엇일까요? 그 판단의 기준은 소요리문답 1문에 나옵니다. 하나님의 영광과 그분을 즐기는 차원입니다. 하나님을 즐기는 사람은 그분의 영광을 위해, 그분의 일을 위해, 나의 일을 내려놓고 절제할 수 있는 여유가 있습니다. 은혜를 맛보지 못한 사람에게 무조건 참고 억누르는 절제를 요구하면 심각한 문제를 일으킬 수 있습니다.

절제(節制)의 의미는 "정도를 넘지 않도록 알맞게 제한하여 조절함"입니다. 그러면 '정도'가 무엇일까요? 기준이 무엇이냐는 말입니다. 당연히 그리스도인에게는 성경이 '정도'이고 '기준'입니다. 성경의 기준 아래 해야 할 것인지 하지 않아야 할 것인지 판단해야 합니다. 사람마다, 나이마다, 환경과 처지마다 그 정도가 다를 수 있습니다. 아이에게 요구되는 정도와 어른에게 요구되는 정도가 다를 수 있지요. 어떤 것은 쉽게 구분되지만, 어떤 것은 구별하기 어렵습니다. 우리가 절제한다고 하지만, 기준과 판단이 개인마다 다릅니다. 신앙의 정도와 문화에 따라 신앙 양심도 각각 다릅니다.

만약 한 공동체 안에 같은 것을 공유하고 있다면, 서로 비슷한 기준을 가질 수 있겠지요. 하지만, 다원사회를 살아가는 우리에게는 절제의 기준이 각각 다를 수 있음을 인정하고 받아들여야 합니다. 그래서 자기 기준을 다른 사람에게 일방적으로 적용하거나 판단하기를 조심해야 합니다.

절제의 능력

우리는 절제하고 싶습니다. 하지만, 쉽지 않습니다. '절제'와 '욕구'가 싸웁니다. 누가 이길까요? 욕구가 절제를 이깁니다. 욕구는 당장 달콤한 기쁨을 제공하기 때문입니다. 절제는 한 참 지나서야 결과를 누릴 수 있으니, 늘 절제가 집니다. 우리는 어떻게 절제로 승리를 맛볼 수 있을까요? 바울은 빌립보 교회에서 이렇게 썼습니다.

> 내게 능력 주시는 자 안에서 내가 모든 것을 할 수 있느니라.(빌 4:13)

절제는 인간의 과업입니다. 하나님은 절제할 필요가 없습니다. 하지만, 하나님은 우리가 절제할 수 있도록 힘을 주십니다. 모든 힘과 능력의 근원은 하나님입니다. 우리에게 능력 주시는 자 안에서 우리가 절제할 수 있습니다. "절제는 영적 시험을 통과하게 하시는 성령 하나님의 능력이다." 절제는 자신을 기쁘게 하려는 욕망을 하나님을 기쁘게 하려는 욕망으로 바꾸는 것입니다. 우리는 우리 자신을 정복해야 합니다. 그렇지 않으면 자기의 노예가 되고 말 것입니다. 절제는 온순함 그 이상입니다. 절제는 자기 방종을 중단하는 확고한 결심이며 행동입니다. 성령의 능력으로 절제할 수 있도록 기도합시다. 바울은 이렇게 말했습니다.

> 이 모든 일에 전심전력하여 너의 진보를 모든 사람에게 나타나게 하라.(딤전 4:15)

절제함으로 하나님이 주신 은혜와 평강을 누리며 사시기 바랍니다.

읽고 나누기

❶ 읽고 배운 것을 자기 말로 요약해 봅시다.

❷ 바울이 절제를 강조한 이유와 절제의 삶을 통해 얻는 것을 적어 봅시다.

❸ 성도는 어떤 영역에서 절제를 해야하나요?

❹ 절제를 잘못 사용했을 때 일어날 수 있는 문제를 말해 봅시다.

용서

용서는
나에게 잘못한 사람에 대해
원한을 품지 않고
회개하면 덮어주는 것

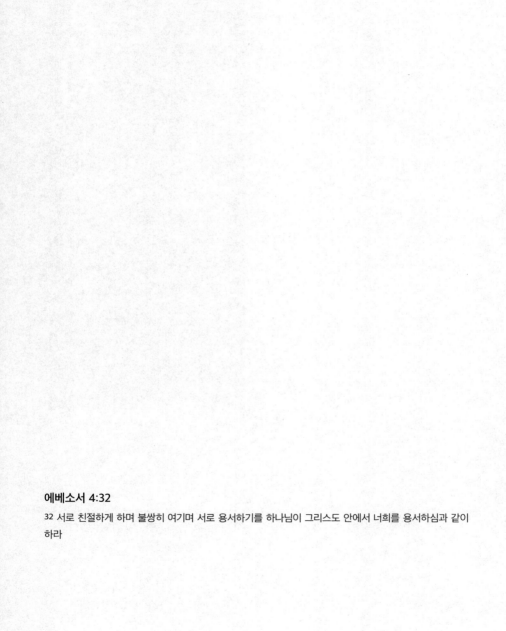

에베소서 4:32
32 서로 친절하게 하며 불쌍히 여기며 서로 용서하기를 하나님이 그리스도 안에서 너희를 용서하심과 같이 하라

하나님만이 용서하신다

성경 엡 4:32 **찬송** 363장 내가 깊은 곳에서

'용서', '용서'만큼 많은 사람으로부터 사랑받는 단어도 없습니다. 용서받는 것은 언제나 좋으니까요! 하지만, '용서'만큼 어렵고 싫고 힘든 것도 없습니다.

아미쉬의 용서

2006년 10월 2일 오전 미국 펜실베니아(Pennsylvania) 주 랭카스트 카운디(Lancaster County) 웨스트 니켈 마인즈(West Nickel Mines)라는 시골 마을 아미쉬(Amish) 학교에 수십 발의 총성이 울렸습니다. 찰스 칼 로버츠(Charles C. Roberts)라는 한 남성(47세)이 초등학교 1-8학년 아이들이 모여 함께 공부하는 교실에 침입해 총기를 난사한 것입니다. 그 자리에서 5명이 즉사하고, 5명이 중상을 입는 비극이 일어났습니다. 범인은 그 자리에서 자살했습니다. 미국 사회는 큰 충격에 빠졌습니다. 아미쉬 공동체는 평화를 사랑하는 기독교 그룹 가운데 하나로 총을 소지하지 않을 뿐만 아니라, 전쟁을 반대하고, 자동차, 전기, 심지어 텔레비전과 컴퓨터 등, 문명의 이기를 사용하지 않는 것으로 유명합니다. 그들은 하나님을 잘 믿기 위해 문명의 이기를 최대한 멀리하며 가능한 자연 상태에서 농사, 목축, 목공을 하며 살아갑니다.

　나중에 밝혀진 범인의 범행 동기는 적개심과 심리적 강박이었다고 합니

다. 우유 배달원이었던 범인은 9년 전 낳은 첫 딸이 출생 후 20분 만에 죽은 것을 하나님의 저주라고 생각하며 강박에 시달렸습니다. 죽은 딸 나이의 자기 마을 가까이 사는 아미쉬 아이들의 평화로운 모습을 보았을 때 하나님에 대한 복수심이 끌어올랐고, 무고한 아이들을 죽였던 것입니다.

사망 사건도 큰 뉴스거리였지만, 더 큰 관심거리는 총기 난사 후 아미쉬 피해자들이 범인 가족에게 보인 행동이었습니다. 자녀를 잃은 아미쉬 피해자들은 당일 가장을 잃고 남은 두 딸과 함께 죄책감으로 망연자실해 있을 범죄자의 집을 방문하여 위로의 말을 전했습니다. 직접적 피해자가 살인자의 가족을 위로한 것입니다. 심지어 가해자의 장례식 참여자 절반이 아미쉬 공동체 사람들이었다고 합니다. 미국 전역으로부터 아미쉬 공동체에게 성금이 모여들었습니다. 4백만 달러가 넘는 기부금은 학교를 이전하는 비용, 피해자 가족의 생계와 피해 아동의 치료와 회복을 위해 사용했습니다. 그런데, 눈에 띄는 부분은 범인의 가족에게도 아미쉬 피해자들과 같은 비율로 전달했다는 점입니다. 일부 아미쉬 가족은 범행자의 미망인을 자기 집으로 초대해 식사를 대접하며 위로했고 친교를 나누었다고 합니다. 미국 매스 미디어는 아미쉬가 보여 준 행동을 '용서'(Forgiveness)의 좋은 본보기라며 일제히 감동적 스토리를 전하며 공유했습니다. 이처럼 '용서'는 위대하고 숭고하며 아름답습니다.

그로부터 6개월 뒤, 펜실베니아(Pennsylvania)에서 그리 멀지 않은 버지니아 공대(Virginia Tech.)에서 한국인 조승희씨의 총기 난사 사건(2007.4.16)이 터졌습니다. 32명이 사망하고, 29명이 중상을 입었습니다. 전 미국이 발칵 뒤집혔습니다. 버지니아 공대에 아미쉬 공동체가 'Comfort Guilt'라는 퀼트(자수 작품)를 전달했습니다. 퀼트 작품에는 "We Are Blessed"라는 문장이 새겨있습니다. 이것은 오하이오(Ohio) 주 페어론(Fairlawn)에 있는 세인트 힐러리(St. Hilary) 학교 여학생들이 2001년 '미국 9.11테러' 때 부모를 잃은 아이들을 위로하기 위해 만든 작품입니다. 이 작품은 나중에 허리케인 카트리나(Hurricane Katrina)로 부모를 잃은 아이들에게 전달되었다가, 아미쉬 총기 사고가 있었던 '니켈 마인즈'에 전달되었는데, 아미쉬 공동체가 이것을 버지니아 공대에 건넨 것입니다.[19]

세상에는 가해자가 있고 피해자가 있습니다. 가해자가 피해자에게 어떻게 처신해야 하며, 피해자는 가해자에게 어떻게 대해야 할까요? 피해자는 가해자에게 앙갚음하고, 가해자는 피해자를 피해야 할까요? 그러다가 피해자가 가해자가 되기도 합니다. 우리는 이런 악의 순환고리를 어떻게 끊을 수 있을까요? 대체로 가해자가 악한 사람인 경우가 많으니, 피해자가 가해자를 용서하는 방법이 최고일까요? 아미쉬가 취하는 방법처럼 말입니다. 그런 용서가 아름다워보이기도 합니다. 우리는 그렇게 무조건 용서해야 할까요? 가해자가 회개의 모습을 보이지도 않는데 말입니다.

용서의 어려움

아미쉬 그리스도인이 보여준 '용서'는 마음에 깊은 울림을 줍니다. 감동입니다. 우리도 저렇게 숭고한 용서를 하고 싶습니다. 저런 용서가 있는 세상은 천국이 아닐까요!

용서는 쉽지 않습니다. 영화 속에나 나올 법한 그런 용서는 찾아보기 어렵습니다. 용서는 무척 어렵습니다. 혹 용서하더라도, 며칠을 가지 못하고 다시 적개심에 불타오르기 일쑤입니다. 한순간 용서할 수 있지만, 용서를 지속하기는 어렵습니다. 용서가 어려운 까닭은 복잡한 관계 때문입니다. 사람의 관계는 얽히고설켜 있습니다. 누가 가해자인지, 피해자인지 분별하기도 쉽지 않습니다. 사건이 명확하지 않은 경우가 그렇습니다. 피해자는 있는데, 가해자는 없습니다. 가해자가 사람이 아니라, 비인격체일 수도 있습니다. 제도나, 단체, 국가일 수도 있습니다. 그런 경우 누가 누구에게 용서해야 할까요? 애

---

19 https://www.newsnjoy.or.kr/news/articleView.html?idxno=25998

매합니다. 시간이 지나면 잊히기도 합니다. 용서가 필요 없어집니다. 긁어 부스럼 만들지 말라고 합니다.

용서해야 할 대상이 명확해도 용서는 여전히 어렵습니다. 우리에게 이런 경우가 많습니다. 용서해야 할 명백한 대상이 있는데, 용서하지 못해 괴로워하는 경우 말입니다. 용서가 어려운 우리에게 아미쉬 기독교 공동체는 큰 도전입니다. 우리는 어떻게 했을까요? 저들처럼 가해자의 가족을 용서할 수 있을까요?' 깊이 생각해 보십시오.

우리는 스데반의 순교와 그의 용서의 기도를 잘 알고 있습니다. 그리고 한국 교회사에 나타난 사랑의 원자탄 손양원 목사는 두 아들을 죽인 원수 같은 살인자를 용서하고 양자로 삼았습니다. 그런 아름답고 숭고한 용서를 하고 싶지만, 용서는 어렵습니다. 베드로가 바로 이 용서에 대해 질문했습니다. '하루에 일곱 번 용서하면 되겠냐?'(마 18:21)고 말입니다.[20] 그때 예수님은 무한 용서를 요구하셨습니다. '이번만 용서하고 나중에 절대 용서하지 않을 거야!' 이런 용서가 아닙니다. 완전한 용서를 명령하셨습니다.

> 예수께서 이르시되 네게 이르노니, 일곱 번뿐 아니라 일곱 번을 일흔 번까지라도 할지니라. (마 18:22)

한두 번 용서는 어쩌면 누구나 할 수 있지만, 무한한 용서는 어렵습니다. 불가능해 보입니다. 용서는 이룰 수 없는 기도 제목 가운데 하나가 되었습니다. 예수님은 주기도문에서 용서를 지속해야 한다고 가르치셨습니다. 우리가 죄를 용서받으려면, 다른 사람의 죄를 먼저 용서해야 한다고 하셨습니다.

---

20 누가복음 17장 4절에 의하면 예수님은 '일곱 번 용서하라'고 명령하셨습니다. 일곱 번이라는 표현은 완전하게 용서하라는 뜻입니다.

우리가 우리에게 죄 지은 자를 사하여 준 것같이, 우리의 죄를 사하여 주시옵고

이 기도의 의미는 우리가 용서받기 위해 다른 사람을 열심히 용서해야 한다는 뜻입니다. 그러니, 우리가 지속적으로 다른 사람을 용서할 수 있게 해 달라는 기도인 셈입니다.

아미쉬 그리스도인이 버지니아 공대에 전달해 주었던 퀼트 작품에 새겨진 "We Are Blessed"라는 문구를 주목해 봅시다. '우리는 복 받은 자입니다'라는 문장의 뜻을 생각해 봅시다. 이 문장에는 '누구, 언제, 무엇, 어떻게, 얼마나, 왜'라는 조건이 없습니다. 정황을 보고 유추해 보면, 이 문장에서 말하는 '복'은 바로 '용서'입니다. '우리는 용서의 복을 받았습니다.'라는 뜻입니다. 괄호 안에, '그러니, 우리도 용서합시다'라는 의미일 것입니다. 하지만, 이것을 강요할 수는 없습니다. 스스로 용서받은 자로서 그 용서를 소유한 자만이 용서를 할 수 있습니다.

하나님의 용서

그러면 누가 누구에게 용서했고, 누가 누구로부터 어떻게, 언제, 왜 용서의 복을 받았다는 뜻일까요? 그 답은 말할 것도 없이 하나님이 죄인에게 주신 용서입니다. 세상에 존재하는 모든 용서는 하나님의 용서에서 시작됩니다. 인간의 용서는 하나님으로부터 온 것입니다. 인간은 하나님으로부터 용서를 받았습니다. 하나님의 죄 용서를 선물로 받지 않았다면, 인간은 서로 용서할 수 없습니다. 용서는 하나님이 베푸시는 복이고 은혜입니다.

온 우주에서 죄인을 용서할 수 있는 권한을 가진 분은 창조주 하나님밖에 없습니다. 그분은 구원자이십니다. 모든 용서는 하나님에게서 옵니다. 바로 이 진리를 아는 자가 하나님으로부터 무한하고 지속적인 용서를 공급받을 수 있습니다. 하나님으로부터 용서받은 자만이 용서를 베풀 수 있습니다.

사도 바울은 용서할 수 있는 비법을 우리에게 알려 줍니다.

> 서로 친절하게 하며 불쌍히 여기며, 서로 용서하기를 하나님이 그리스도 안에서 너희를 용서하심과 같이 하라. (엡 4:32, 골 3:13)

바울은 서로 용서할 것을 권면하면서, 그 용서의 힘과 기원은 하나님에게 있음을 알려 줍니다. 하나님 나라 시민이 피차 서로 용서하며 살아가기를 명령하십니다. 명령이니 강요인가요? 아닙니다. 이것은 마땅한 요구입니다. 용서를 경험하고 소유한 자에게 용서를 나누어주라는 명령은 정당합니다. 오히려 성도의 의무입니다. 그 이유는 하나님께서 먼저 죄인을 용서해 주셨기 때문입니다. 하나님으로부터 용서의 복을 받은 자가 용서를 베풀 수 있다는 평범한 진리입니다. 용서의 혜택을 누려 본 자가 용서할 수 있는 능력이 있습니다.

종종 하나님의 사랑을 오해하고 '하나님은 용서만 하시는 분'이라고 생각합니다. 다시 말하면, '하나님은 절대 벌하지 않고 심판도 하지 않는 분'이라는 것이죠. 무조건 용서하는 하나님! 인간이 바라는 신의 모양이며 모습입니다. 자기중심적이고 이기적인 우상입니다. 소위 '내로남불'(내 것은 로맨스이고 남의 것은 불륜)과 '님비'(NIMBY: Not In My Back Yard) 현상이 그렇습니다. 나의 죄는 용서받고 싶지만, 남의 죄에는 잔인한 정죄의 칼을 휘두릅니다.

하나님은 '용서의 신'이십니다. 동시에 '심판의 신'이십니다. 하나님은 인간을 "남자와 여자로 지으시되, 자기의 형상대로 지식과 의와 거룩함으로 창조하시어 피조물을 다스리게 하셨습니다."(WSC 10문) 그리고 하나님은 "사람을 창조하신 후에 완전한 순종을 조건으로 생명 언약을 맺으시고, 선악을 알게 하는 나무의 열매 먹는 것을 사망의 벌로써 금하셨습니다."(WSC 12문) "우리 시조는 의지의 자유를 받았으나, 하나님께 범죄함으로써 창조 받은 지위에서 타락하였습니다."(WSC 13문) 그래서 인간은 '하나님의 율법을 완전하게 순종하지 못하고 그 법을 고의적으로 어기는 죄'(WSC 14문)를 짓고 있습니다. "타락으로 말미암아 인류는 죄와 비참한 처지에 떨어지게 되었습니다."(WSC 17문) "사람이 그 타락한 처지에서 죄 되는 것은 아담의 첫 범죄의 죄책과 원시의가 없는 것과 온 성품이 부패한 것인데, 이것이 보통 원죄라 하는 것이고, 아울러 이 죄로 말미암 나오는 모든 자범죄입니다."(WSC 18문) "모든 인류는 타락함으로 말미암아 하나님과 교제가 끊어졌고, 하나님의 진노와 저주 아래 있으며, 그로 말미암아 이 세상에서 온갖 비참함을 겪다가, 결국 죽음에 이르고, 영원히 지옥의 고통에 떨어집니다."(WSC 19문)

아름답게 시작했던 하나님과 피조 인간의 관계는 파괴되고 말았습니다. 하나님은 그런 인간의 범죄를 그냥 넘어가지 않으십니다. 하나님은 인간을 에덴동산에서 내쫓으셨습니다. 인간 책임입니다. 인간이 죄를 지었습니다. 인간의 죄는 창조주 하나님 책임이 아닙니다. 그리고 단순히 사탄의 책임만도 아닙니다. 사탄이 죄를 짓도록 유혹했지만 인간을 강압하지 않았습니다. 세상 책임도 아닙니다. 인간 스스로 죄를 지었고 책임을 져야 합니다. 그러니 인간은 하나님의 심판을 피할 수 없습니다.

> 네 악이 너를 징계하겠고, 네 반역이 너를 책망할 것이라. (렘 2:19)
> 살아 있는 사람은 자기 죄들 때문에 벌을 받나니, 어찌 원망하랴. (애 3:39)

하나님은 인간이 진 빚을 아무런 조건 없이 탕감하지 않으십니다. 사람들은 종종 '하나님은 사랑이시기 때문에 그 모든 악한 인간의 죄를 그냥 용서하여 주신다'라고 착각합니다. 아닙니다. 그 반대입니다. 하나님은 사랑이시기 때문에 오히려 죄를 벌하십니다. 사랑은 공의가 없이는 성립될 수 없습니다. 범죄를 봐주기만 하는 통치자가 있다면, 그 사회가 어떻게 될까요? 그것이 국민을 진정 사랑하는 것일까요? 공의가 없는 사랑은 허구입니다. 하나님은 철저하게 죄를 벌하십니다. 하나님은 죄를 미워하실 뿐만 아니라, 처벌하십니다. 모든 인간이 죽는 이유가 바로 그것입니다. 죽음으로 끝나는 것이 아니라, 그 심판은 영원히 이어집니다.

하나님과 인간의 끊어진 관계를 잇는 방법이 있을까요? 막힌 담을 없애는 방법은 무엇일까요? 인간은 피조물로서 창조자 하나님을 배신해 쫓겨났고 고귀한 지위에서 떨어졌습니다. 그야말로 타락(墮落)했습니다. 인간은 스스로 그 간격을 메울 수 없습니다. 인간은 자기 죄를 해결할 수 있는 능력이 없습니다. 하나님과의 관계 회복은 인간이 해결할 수 없습니다. 능력도 없고 자격도 없습니다. 이것이 인간의 절망이고 비참입니다. 마치 사형선고를 받고 침대에서 죽어가는 절망에 빠진 시한부 환자와 같은 상태입니다.

타락한 인간은 자기를 스스로 구원하려고 여러 방법을 고안하고 창작합니다. 자기를 창조한 신이 어디에 있는지도 모르기 때문입니다. 그러니, 인간이 만든 온갖 신들이 생겨났습니다. 태양, 달, 나무, 자연, 그리고 급기야 인간 자신을 신처럼 모십니다. 세상에 존재하는 온갖 미신과 종교들이 그것입니다. 하지만, 그 어느 신이나 종교도 인간의 죄 문제를 해결할 수 없습니다. 모든 종교는 하나같이 인간 스스로 문제를 해결하려 하기 때문입니다.

그런 절망적 인간에게 희망과 소망의 복음이 있습니다. 바로 창조주 하나님께서 무너지고 파괴된 관계를 회복시키기 위해 모든 계획을 마치시고, 그 계획을 실행하시고, 하나님께 돌아와 회개하는 자, 곧 하나님이 얼마든지 부르실 자들에게 구원을 주신다는 기쁜 소식이 전해졌습니다.

회개하라! 천국이 가까이 왔느니라.(마 4:17; 마 3:2)

예수님의 복음과 사역의 핵심 내용입니다. 세례 요한도 외친 것이 "회개하라! 천국이 가까이 왔느니라"(마 3:2)였습니다. "회개하라"라는 말씀이 인간에게 희망이고 복음입니다. '회개하라'는 요청에는 '용서한다'는 은혜가 숨어 있기 때문입니다. 하나님께서 영적으로 죽은 인간에게 용서할 마음이 있다는 소식입니다. 아버지가 아들의 죄를 용서해 주기 위해 '잘못했다고 해!'라며 '회개'를 요구하는 것과 같습니다. 하나님은 죄인을 용서하고 싶으십니다. 하나님은 인간이 죄 가운데 멸망해 가는 것을 마음 아파하십니다.

그런데, 하나님은 우리를 그냥 '용서'하지 않으십니다. 엄청난 '대가'(代價)를 요구하십니다. 죗값은 죽음입니다. 누군가 죽어 대신 죗값을 치러야 용서가 됩니다. 그것이 '대속'(代贖)입니다. 노예를 대속하기 위해 지불하는 속전(贖錢, Ransom)은 주인이 지불하는 돈을 말합니다. 그러면 노예는 전 주인에게서 해방되어 새 주인에게 속합니다. 우리가 심판받아 죽어야 하는데, 하나님은 아들 예수 그리스도를 속전으로 내어 주셨습니다. 하나님의 공의에 의하면 '죄의 삯은 사망'입니다. 우리가 받을 그 벌을 하나님의 아들 예수 그리스도에게 뒤집어씌운 것입니다. 예수 그리스도께서 우리 대신 저주를 뒤집어쓰신 것입니다. 우리 대신 죽었습니다. 보십시오. 용서는 절대로 공짜로 되지 않습니다. 우리의 용서를 위해 엄청난 대가가 지불되었음을 알아야 합니다. 그러므로 하나님이 우리를 용서하셨다는 것은 그야말로 '복'(Blessing)입니다.

하나님만이 우리를 용서할 수 있습니다. 예수 그리스도를 믿음으로 용서의 은혜를 선물로 받으십시오. 그럴 때 다른 사람을 용서할 수 있는 능력을 소유하게 될 것입니다. 우리에게 죄 용서의 복을 주기 위해 하나님은 사랑하는 아들을 저주의 죽음으로 내몰았다는 사실을 깊이 묵상하고 기억하며 잊지 맙시다. 바로 여기에 용서의 비밀이 있습니다. 우리가 이웃을 용서하려면, 먼저 하나님의 용서를 받아야 합니다. 그것은 우리를 대신해 십자가에서 저주의 죽음을 죽었던 예수 그리스도 덕분에 용서를 선물로 받았다는 사실을 믿는 것입니다. 예수 그리스도 안에 있는 '용서'를 묵상합시다. 그럴 때 비로소 다른 사람을 용서할 수 있을 것입니다.

누가복음 17:3-4

3 너희는 스스로 조심하라 만일 네 형제가 죄를 범하거든 경고하고 회개하거든 용서하라 4 만일 하루에 일곱 번이라도 네게 죄를 짓고 일곱 번 네게 돌아와 내가 회개하노라 하거든 너는 용서하라 하시더라

마태복음 18:21-22

21 그 때에 베드로가 나아와 이르되 주여 형제가 내게 죄를 범하면 몇 번이나 용서하여 주리이까 일곱 번까지 하오리이까 22 예수께서 이르시되 네게 이르노니 일곱 번뿐 아니라 일곱 번을 일흔 번까지라도 할지니라

마태복음 18:35

35 너희가 각각 마음으로부터 형제를 용서하지 아니하면 나의 하늘 아버지께서도 너희에게 이와 같이 하시리라

용서는 조건적이지만, 무한히

성경 눅 17:3-4 마 18:21-22, 35 **찬송** 276장 아버지여 이 죄인을

에덴동산을 상상해 보세요. 거기서의 삶은 어떠했을까요? 에덴동산에는 용서가 전혀 필요 없었을 것입니다. 죄가 없으니까요. 용서는 죄를 지은 곳에 필요합니다. 그러니까, 최초의 용서는 어디에서 시작되었을까요? 용서는 죄가 시작된 아담과 하와에게서 시작되었습니다. 죄가 아담과 하와의 삶을 지배했을 테니까요. 하와가 잘못하면, 아담에게 '미안하다'라며 용서를 구합니다. 그러면, 아담이 '용서'하는 형태였겠지요. 하지만, 그게 잘 안 될 때도 있었을 것입니다. 아담이 잘못하고 '미안하다'라고 하는데도 하와는 용서할 마음이 없을 수도 있습니다. 그래서 부부 간에 싸움과 긴장이 있을 수도 있습니다. 부부 싸움은 아담과 하와로부터 시작되었지요. 어디에서요? 그렇습니다. 에덴동산 밖에서 그런 일이 시작되었고, 오늘 우리에게까지 이어지고 있습니다. 그러고 보니, 용서의 역사는 꽤 기네요.

하지만, 인간 상호 간의 용서 이전에, 더 이른 용서가 있었습니다. 그것은 하나님의 용서입니다. 아담과 하와의 죄에 대한 하나님의 용서가 시작되었기 때문입니다. 하나님의 용서는 인간의 타락 후에 그 편린을 발견할 수 있습니다. 뱀을 향해 저주를 퍼부으실 때 원시복음을 선포하신 것(창 3:15)이 그렇습니다. 아담과 하와에게 가죽으로 된 옷을 지어 준 것(창 3:21)이 그렇습니다. 용서

는 하나님이 인간에게 베풀어주는 시혜입니다. 그러니 엄밀히 말하면, 용서는 하나님에게서 시작된 것이죠.

참 하나님의 용서는 예수 그리스도 안에서 확정됩니다. 하나님의 아들 예수 그리스도의 십자가에서 발견할 수 있는 하나님의 용서는 놀랍고 신기합니다. 하나님의 용서를 묵상하면 할수록 얼마나 감격스럽고 행복한지요! 바로 이 하나님의 용서에서 인간의 용서가 가능합니다. 예수 그리스도께서 우리를 용서하셨으니, 우리도 형제를 용서할 수 있습니다. 우리는 모두 하나님으로부터 용서라는 귀한 선물을 받은 자들이기에 용서를 시여할 수 있습니다.

하나님으로부터 용서를 받은 자는 어떤 모습일까요? 얼굴 이마에 '용서받은 자'라는 낙인이 쓰여 있지 않습니다. 옷에 '용서 받은 자'라는 글귀가 새겨있지도 않습니다. 누가 용서받은 자인지 구별할 길이 없습니다. 하지만, 방법이 없는 것은 아닙니다. '다른 사람을 용서하는가, 아닌가'를 보면 됩니다. 만약 다른 사람을 용서한다면, 그는 용서받은 자일 것입니다. 만약 다른 사람을 용서할 줄 모르는 사람이라면, 그는 용서받은 자가 아닐 것입니다. 물론, 이것은 일반화의 오류를 감안하고 하는 말이긴 합니다.

그리스도인이라면 하나님으로부터 죄를 용서받은 자입니다. 그러면, 모든 그리스도인이 용서를 잘 할까요? 우리의 현실을 보면 암담한 현실에 직면합니다. 교회 현장에 들어서면 용서가 얼마나 어려운지 맞닥뜨리게 됩니다. 용서하지 못할 사람이 있습니다. 용서하지 않아야 할 대상이 너무나 많습니다. 용서하지 못할 조건들이 너무나 많습니다. 용서하기 어렵습니다. 아니, 용서하고 싶지 않습니다. 우리는 용서를 어렵게 만드는 한 장애물을 찾아 제거하고 싶습니다. 제목은 '용서는 조건적이지만, 무한히!'입니다. 첫째, '용서는 무조건적인가?', 둘째, '회개 없는 용서 가능한가?', 셋째, '용서할 수 없으면, 어떻게 하나?'입니다.

용서는 무조건적인가?

결론부터 밝히면, 용서는 무조건적이지 않습니다. 방정열 목사라는 분이 쓴 『용서, 그 불편함에 관하여』(세움북스)라는 책이 있습니다. 방정열 목사는 거짓 용서에서 벗어나 성경적 바른 용서를 찾아가자고 주장했습니다. 특별히 용서는 무조건적이지 않고 조건적이어야 한다는 점을 성경에 근거해 조목조목 밝히고 있는데, 그의 주장은 설득력이 있고 성경적입니다.

'용서'는 무조건적이지 않고, 조건적입니다. 성경은 무조건적 용서를 가르치지 않습니다. '아미쉬의 용서', 그리고 '손양원 목사의 용서', 그리고 '스데반의 용서'를 생각해 보십시오. 우리도 그런 용서를 하고 싶습니다. 하지만, 용서는 생각만큼 쉬운 것이 아닙니다. 용서는 너무 힘듭니다. 그래도 무조건 용서해야 하는 것일까요?

그러면, 용서의 조건이 무엇일까요? 당연히 용서의 조건은 회개입니다. 회개하는 자를 용서할 수 있습니다. 회개하지도 않는 사람은 용서할 수 없습니다. 상대방이 용서해 달라고 말하지도 않습니다. 가해자가 회개하지도 않습니다. 그래도 용서해야 할까요? 회개 없는 용서는 어불성설입니다. 그런 용서는 억지춘향이와 같습니다. 회개가 없는 용서는 용서한 것 같지만, 나중에 아니었다는 것이 드러나고 말 것입니다. 그리고 그런 용서는 너무 힘듭니다. 회개라는 조건이 충족되어도 용서하기 쉽지 않은데, 회개하지도 않는 자를 용서하라고요? 그것은 더욱더 어렵습니다.

그러니, 용서가 너무 힘들어 아예 포기하기도 합니다. 용서를 체념하거나 질책하기도 합니다. 용서하지 못하는 자신의 수준을 미워하며 질책하며 죄책감을 가집니다. 잘못되어도 한 참 잘못된 것이지요. 용서의 공식을 완전히 오해한 것입니다. 용서는 무조건적이지 않습니다. 용서는 조건적입니다. 용서의 조건이 무엇일까요? 용서의 조건은 회개입니다. 회개가 있어야 용서할 수 있습니다. 회개하지도 않는 사람에게 무조건 용서하라고 다그칠 수 없습니다.

먼저 가해자에게 회개하라고 권고해야겠지요. 그리고 회개하는 자를 용서하라고 권고해야겠지요. 이것이 순서입니다. 아직 회개하지 않는데, 용서할 수 없습니다. 회개하지도 않은 사람에게 찾아가서 '내가 당신을 용서합니다'라고 선포하는 것도 좀 경우에 맞지 않습니다.

한 직장인이 있습니다. 그는 직장 동료의 질투로 심각한 피해를 받습니다. 동료의 질투는 적개심으로 악화합니다. 거짓으로 모함을 해 이 남자는 진급에서 탈락하고 마침내 회사를 떠나야 합니다. 그가 입은 피해는 되돌릴 수 없습니다. 가해자 동료도 나중에 회사에서 쫓겨나고 맙니다. 하지만, 이미 피해는 일어났고 돌이킬 수 없습니다. 피해 남성은 교회의 신실한 신자이지만 가해자를 용서할 수 없습니다. 상처가 너무 크기 때문입니다. 예배 때마다 용서하지 못하는 자신을 질책하며 하나님께 용서를 구합니다. 죄책감만 더 커갑니다. 교회에 오면 늘 하나님 앞에 눈물의 회개 기도를 쏟아 놓곤 하지만, 문제가 해결되지 않습니다. 이 신자가 생각하는 용서가 과연 옳은 것일까요?

또 다른 경우를 봅시다. 일본이 일제강점기에 한민족에게 엄청난 악행을 저질렀습니다. 그런 일본이 자신들이 저지른 악행을 인정하지도 않고 회개하지 않는데, 한국인이 그들을 용서할 수 있을까요? 어떤 경건한 그리스도인은 말합니다. '이제 용서할 때도 되었지 않은가! 지금 대부분의 일본인은 가해자 당사자도 아닌데. 용서해야지!' 용서를 여기에 적용해도 되는 것일까요? 용서가 정말 귀한 것이지만, 회개가 없는 곳에 용서를 말해야 하는 것일까요?

하나님은 용서를 명령하지만, 그 조건이 충족될 때라는 조건을 주십니다. 회개하는 자에게 용서하라고 가르칩니다. 용서는 반드시 회개라는 조건이 전제되어야 가능합니다. 가해자의 회개가 없는 용서는 불가능합니다. 그런데 교회 현장에는 이런 유(類)의 용서가 많이 통용되고 있습니다. '그냥 용서하고 툴툴 털어버리세요!' '그냥 용서하면 되는 것을 고집을 부리십니까?' 회개해야 할 사람은 아직도 버티고 있는데, 피해를 입은 자에게 용서를 강요하고 있으니 말이 되지 않습니다. 교회 안에서 이런 분위기를 느끼게 될 때 참 힘들고 어렵습니다.

왜 무조건 용서해야 한다고 생각하는 것일까요? 그것은 '범주의 오류'(Category Mistake)가 이유일 수 있습니다. '용서'와 '사랑'의 범주를 혼동(混同)하기 때문입니다. '사랑'의 범주를 '용서'에 적용한 것입니다. 성경이 말하는 사랑에는 조건이 없습니다. 사랑은 무조건적입니다. 하나님의 사랑이 무조건적입니다. 그리고 그리스도인도 원수까지 사랑해야 할 정도로 조건 없는 사랑을 보여야 합니다. 사랑은 무조건적 명령입니다. 네 이웃을 네 몸과 같이 사랑하라는 명령에는 조건이 없습니다. 회개하지 않으면 사랑하지 않아도 된다는 조건이 없습니다. 사랑은 무조건적입니다. 하나님의 사랑은 죄인이 회개하지도 않은 상태에서도 발산되기 때문입니다.

용서는 사랑과 범주가 다릅니다. 용서에는 회개라는 조건이 전제됩니다. 하나님은 무조건 사랑하시지만, 무조건 용서하지 않으십니다. 반드시 회개를 요구하십니다. 회개하는 자를 용서하십니다. 용서에는 회개라는 조건이 반드시 존재합니다. 사랑은 용서보다 훨씬 큰 범주에 속합니다. 사랑에 용서가 포함됩니다. 사랑을 원으로 그리면, 그 안에 여러 가지가 포함됩니다. 사랑에는 공의, 회개, 긍휼, 은혜, 용서 같은 것들이 있습니다. '하나님의 사랑'은 무조건적으로 우리에게 주어졌지만, '하나님의 용서'는 조건적으로 우리에게 적용됩니다. 용서는 회개라는 조건으로 주어지는 하나님의 선물입니다. 예수님의 명령을 들어 보세요.

… 만일 네 형제가 죄를 범하거든 경고하고 회개하거든 용서하라. 만일 하루에 일곱 번이라도 네게 죄를 짓고 일곱 번 네게 돌아와, 내가 회개하노라, 하거든 너는 용서하라 하시더라. (눅 17:3)

예수님은 형제를 " … 용서하라"고 명령하십니다. 그런데 조건이 있죠. "회개하거든 …"이라는 조건 말입니다. 용서는 회개가 있을 때 시작됩니다. 성경 여러 곳에 회개의 조건 없이 용서하는 것 같은 인상을 주는 구절들이 있지만, 그 용서는 회개가 이미 전제된 개념이라는 것을 잊지 말아야 합니다.

그리고 가해자가 회개하더라도 피해자가 용서할지 말지는 아직 결정되지 않습니다. 회개한다고 자동으로 용서가 작동하는 것은 아닙니다. 회개는 용서가 조건일 뿐이라는 것이죠. 회개한 자가 용서의 선물을 받으면 큰 선물을 받는 것과 같습니다. 상대가 용서해 주지 않아도 불평할 수 없습니다. 상대가 용서를 늦추어도 불만할 수 없습니다. 용서는 회개에 따라오는 당연한 결과가 아닙니다. 회개에 주어지는 용서는 선물이고 은혜이고, 복입니다.

하나님 앞에서 우리의 죄도 그렇습니다. 우리가 하나님을 떠나 탕자처럼 내 맘대로 살던 것을 회개한다고 합시다. 눈물을 흘리며 회개해도 하나님이 용서하지 않는 것에 대해 우리는 불평할 자격이 없습니다. 우리는 우리의 원죄와 자범죄 때문에 지옥에 가도 아무런 불평을 할 수 없습니다. 눈물로 반성하고 뉘우쳐 용서를 구할 때 하나님께서 용서해 주지 않아도 할 말이 없습니다. 그런데 하나님께서 회개를 받아 주시고 용서해 주신다면 큰 은혜입니다. 그런데 놀라지 마십시오. 정말 감사하게도 하나님은 회개하는 자를 용서해 주신다고 약속하셨습니다.

그러므로 너의 이 악함을 회개하고 주께 기도하라. 혹 마음에 품은 것을 사하여 주시리라. (행 8:22)

하나님은 불의한 이스라엘과 유다가 회개하고 돌아오면 너그러이 용서하실 것이라고 약속하십니다.

> 악인은 그의 길을, 불의한 자는 그의 생각을 버리고 여호와께로 돌아오라. 그리하면 그가 긍휼히 여기시리라. 우리 하나님께로 돌아오라 그가 너그럽게 용서하시리라. (사 55:7)

회개하는 자에게 용서라는 놀라운 선물이 약속되어 있습니다. 예수님은 분명히 "회개하거든 용서하라"고 명령하셨습니다. 이것이 성경의 원리입니다. 회개가 있어야 용서가 가능합니다. 회개하지도 않는 사람을 용서할 필요도 없고, 또 용서할 수도 없습니다. 이 용서의 공식을 적용하면 이렇습니다. '회개하지 않는 사람을 용서하지 마십시오. 그렇게 할 필요도 없고 할 수도 없습니다.' 그러면 반대 경우도 말해야 합니다. '회개하는 자에게는 반드시 용서를 베푸십시오!' '회개하는 자에게 또 다른 조건을 부과하며 용서를 늦추지 마십시오!'

회개 없는 용서, 가능한가?

성경을 읽다 보면 회개 없이도 무조건 용서하라는 것처럼 보이는 성경 구절을 발견합니다.

> 서로 친절하게 하며 불쌍히 여기며, 서로 용서하기를 하나님이 그리스도 안에서 너희를 용서하심과 같이 하라. (엡 4:32, 골 3:13)

이 용서의 권유와 명령에는 회개라는 조건이 명시되어 있지 않습니다. 하지만, 용서의 공식을 적용해야 합니다. 용서에는 회개가 전제됩니다. 한번은 예수님이 제자들에게 이렇게 말씀하셨습니다.

> 서서 기도할 때에 아무에게나 혐의가 있거든 용서하라. 그리하여야 하늘에 계신
> 너희 아버지께서도 너희 허물을 사하여 주시리라, 하시니라. (막 11:25)

회개하지 않아도 용서하라는 말씀일까요? 아닙니다. 용서의 공식을 적용해
보십시오. '만일 회개하면, 그때는 반드시 용서해 주라'는 뜻입니다. 예수님이
십자가 위에서 이렇게 기도하셨습니다.

> … 아버지 저들을 사하여 주옵소서. 자기들이 하는 것을 알지 못함이니이다. 하시
> 더라. (눅 23:34)

예수님의 위대한 용서 기도입니다. 예수님은 회개 없이도 용서해 주시는 분이
라는 뜻일까요? 아닙니다. 용서의 공식은 변함이 없습니다. 용서는 반드시 회
개할 때 이루어집니다. 예수님의 기도는 사도행전 2장 오순절 성령 강림 때 성
취됩니다.

> 그들이 이 말을 듣고 마음에 찔려, 베드로와 다른 사도들에게 물어 이르되, 형제
> 들아! 우리가 어찌할꼬, 하거늘, 베드로가 이르되, 너희가 회개 … (하라) (행 2:37-
> 38)

오순절 성령 강림절 참석자들은 베드로의 복음을 듣고 회개했습니다. 그래서
죄 용서를 받은 것입니다. 곧이어 세례를 받았습니다. 예수님의 용서 기도는
그들이 회개할 때 성취된 것입니다. 스데반의 기도는 어떻습니까!

무릎을 꿇고 크게 불러 이르되, 주여! 이 죄를 그들에게 돌리지 마옵소서. 이 말을 하고 자니라. (행 7:60)

스데반의 용서 기도는 사울(바울)의 회심으로 성취됩니다. 바울(사울)이 회개했다는 표현이 없지만, 세례를 받았다는 것(행 9:18; 22:16)에서 그의 회개를 짐작할 수 있습니다. 예수님이 사울을 구원했다(행 26:17)는 것은 회심, 곧 회개의 과정이 있었다는 것을 전제합니다. 사울이 회개한 것은 "죄인 중에 내가 괴수"(딤전 1:15)라고 고백한 것에서도 알 수 있습니다. 회개는 자신의 죄를 발견하고 인정하고 하나님의 은혜와 긍휼로 용서받아야 할 존재임을 인식하고 믿는 것입니다. 바울은 회개를 통해 용서받은 자입니다.

탕자도 "아버지, 내가 하늘과 아버지께 죄를 지었사오니, 지금부터는 아버지의 아들이라 일컬음을 담당하지 못하겠나이다."(눅 15:21)라며 회개했습니다. 아버지는 회개하는 아들을 받아들이고 용서의 은혜를 베풀었습니다. 니느웨 사람들도 요나의 전도를 듣고 재 위에 앉아 회개하였고 죄를 용서받았습니다(욘 3:6; 마 12:41; 눅 11:32).

구약의 짐승 제사 제도를 생각해 보십시오. 그들도 죄인으로서 자기 죄를 양의 머리에 손을 얹고 고백하며 회개할 때 양이 대신 죽음으로 죄를 용서받았습니다. 다윗도 밧세바와 간음하고 남편 우리아를 전장에서 죽게 함으로 죄를 지었을 때, "내가 여호와께 죄를 범하였노라."(삼하 12:13)라며 회개할 때, 하나님의 용서를 받아, 그 일로 바로 죽지 않았습니다. 그 죄로 인해 징벌은 받았습니다.

여호와의 원수가 크게 비방할 거리를 얻게 하였으니 당신이 낳은 아이가 반드시 죽으리이다. (삼하 12:14)

요셉도 형들이 자기를 팔아넘겨 인신매매했던 나쁜 죄를 용서했습니다. 형들의 회개가 있었기 때문입니다.

> 당신들이 나를 이곳에 팔았다고 해서 근심하지 마소서! 한탄하지 마소서. 하나님이 생명을 보존하시려고 나를 당신들보다 먼저 보내셨나이다 … 나를 이리로 보낸 이는 당신들이 아니요, 하나님이시라. 하나님이 나를 바로에게 아버지로 삼으시고 그 온 집의 주로 삼으시며 애굽 온 땅의 통치자로 삼으셨나이다. (창 45:5-8)

참, 아름다운 용서의 모습입니다. 감격적 순간입니다. 하지만, 요셉이 형들을 그냥 단번에 용서했을까요? 그렇지 않습니다. 형들이 정말 회개했는지를 알기 위해 많은 과정과 시간을 보냈습니다. 그리고 회개를 확인한 후 용서했습니다. 이집트의 총리 요셉이 형들을 스파이로 몰아 죽이려고 해서 옥에 가두었을 때 형들의 고백을 들어 보십시오.

> 그들이 서로 말하되, 우리가 아우의 일로 말미암아 범죄하였도다. 그가 우리에게 애걸할 때에 그 마음의 괴로움을 보고도 듣지 아니하였으므로 이 괴로움이 우리에게 임하도다. (창 42:21)

용서할 수 없으면 어떡하나?

만약 가해자가 피해자에게 회개하지 않으면 어떡하나요? 회개하지 않으니 용서는 할 수 없지요. 그러면 용서하지 않으면 뭘 해야 하는 것일까요? 그런 경우는 참 어렵고 힘든 시간이 될 것입니다. 죄를 지었으면 마땅히 회개하고 용서받아야 하는데, 죄인은 회개하지 않는 것이 슬픈 특징이지요. 이럴 때는 어떻게 해야 할까요? 그를 미워하고 적대하고 가해해도 될까요? 그와 대화하지 않고 그를 정죄하며 적개심을 품어도 될까요? 그것은 그리스도인의 품성이 아닙니다.

그럴 때는 방법은 한 가지입니다. 용서를 회개할 때까지 연기하는 것입니다. 기다려야 합니다. 만약 그가 회개하면 용서하기 위해서입니다. 그러면 이런 현상이 생깁니다. 피해자가 그 문제를 해결하지 못해 고통스럽습니다. 회개할 때까지 피해자는 고통받아야 하는 것일까요? 그 고통은 어떻게 해결해야 할까요? 용서해 주지 않으면 양심이 미움과 절망과 실망감으로 괴로움이 더 클 텐데 말입니다. 예수님은 그런 경우 이렇게 하라고 명령하십니다.

> 오직 너희는 원수를 사랑하고, 선대하며, 아무 것도 바라지 말고 꾸어 주라. 그리하면 너희 상이 클 것이요, 또 지극히 높으신 이의 아들이 되리니, 그는 은혜를 모르는 자와 악한 자에게도 인자하시니라. (눅 6:35)

용서의 공식이 적용되기 어려우면 사랑의 공식을 적용해야 합니다. 사랑의 범주는 용서보다 더 넓습니다. 용서는 조건적이지만, 사랑은 무조건적입니다. 회개할 때까지 기다리며 사랑으로 선대하며, 아무 것도 바라지 말고 꾸어 주는 선행이 필요합니다. 용서는 불가능하지만, 사랑은 가능한 것이죠. 회개하지 않으면 용서할 필요가 없다니, '아싸, 잘 되었다! 용서하지 않아도 된다!'라며 뒷짐 지고 있어서는 안 됩니다. 우리는 더 큰 사랑이라는 명령을 받았기 때문입니다.

정리하자면, 먼저 우리는 서로 용서해야 합니다. 그러기 위해 서로 회개해야 합니다. 용서는 회개할 때 가능합니다. 서로 잘못을 고하며 회개합시다. 그곳에 하나님의 평화가 임할 것입니다. 그리고 서로 사랑합시다. 우리는 하나님으로부터 무한한 사랑을 받았습니다. 그러기에 서로 사랑할 수 있습니다. 만약 원수를 사랑하지 않으면, 우리 영혼은 점점 피폐해 갈 것입니다. 용서하고 사랑함으로 하나님 나라를 이루어갑시다.

마태복음 6:14-15

14 너희가 사람의 잘못을 용서하면 너희 하늘 아버지께서도 너희 잘못을 용서하시려니와 15 너희가 사람의 잘못을 용서하지 아니하면 너희 아버지께서도 너희 잘못을 용서하지 아니하시리라

너희도 이처럼 용서하라

성경 마 6:14-15 **찬송** 304장 그 크신 하나님의 사랑

그리스도인은 하나님으로부터 어마어마한 선물을 받았습니다. 도저히 갚을 수 없는 어마어마한 빚을 탕감받았습니다. 우리의 모든 죄를 용서받았기 때문입니다. 하나님의 사랑에서 시작된 회개하는 자에게 주어지는 용서의 복입니다. 이것이 용서에 대한 첫째 배움입니다. 그리스도인은 용서받은 자로서 살아가야 합니다. 어떻게요? 이웃을 용서함으로써 말입니다. 종종 우리는 회개가 없는데도 용서하는 강박에 빠지기도 했습니다. 용서는 조건적입니다. 회개 없는 용서는 성립될 수 없고, 그런 용서는 하나님의 명령도 아닙니다. 죄를 지은 자는 반드시 회개하고 용서를 구해야 합니다. 이것이 용서에 대한 둘째 배움입니다. 이제 용서에 대한 세 번째 배움에 도착합니다. 그것은 그리스도인은 회개하는 자에게 무조건 용서를 베풀어야 한다는 용서의 법입니다. 만약 회개라는 조건이 형성된다면, 무조건 용서를 베풀어야 합니다. 용서에는 회개라는 조건이 있지만, 회개가 있는 곳에는 조건이 없습니다. 회개에는 무조건적 용서가 적용됩니다.

회개라는 조건을 요구하는 용서가 '공의의 하나님'을 반영한다면, 회개의 조건이 충족되면 가동되는 용서는 '사랑의 하나님'을 반영합니다. 회개의 조건이 충족되면 무조건 용서해야 합니다. 그리스도인은 무한한 사랑을 하나님

으로부터 받기 때문에, 무한한 사랑을 베풀어야 하는 것은 당위입니다.

이제 우리는 용서 가운데 가장 어려운 단계에 도달했습니다. 용서의 두 가지 공식을 정리해 보겠습니다. 첫째 용서 공식은 '회개가 없는 곳에는 용서할 필요도 없고, 용서도 불가능하다'는 것입니다. 둘째 용서 공식은 '회개하는 자에게는 반드시 용서를 베풀어야 한다'입니다.

둘 중에 뭐가 힘들까요? 둘 다 어렵습니다. 하지만, 가만히 생각해 보면, 첫째 용서 공식은 '상대의 회개 조건 불충분'으로 용서가 어렵습니다. 상대 탓입니다. 하지만, 둘째 용서 공식은 그 반대입니다. 자신 탓으로 용서가 어렵습니다. '상대가 회개하고 용서를 요구하면 어떻게 하지?' '난 용서할 준비가 되어 있지 않은데!', '그가 벌을 받아야 하는데…회개하고 용서받으려고? 어림도 없지!' '저것은 악어의 눈물이야! 용서할 필요 없어!' '수 없이 반복되는 악한 행동을 또 용서해 주지 않을거야!' '용서하면 절대로 고치려 하지 않을 거야!' '저 회개는 가짜야' 이런 생각이 들면 용서가 어렵습니다. 용서하지 못할 수백 가지 이유가 보입니다.

이 단계의 용서에는 '나'와 관련됩니다. 여기에 용서 관련한 우리의 고민과 힘듦이 있습니다. 그 어려움은 우리만의 문제가 아닙니다. 성경에 세 가지 예를 찾아봤습니다. 첫째는 요나의 경우이고, 둘째는 탕자 비유에 나오는 맏아들이고, 셋째는 일만 달란트 빚진 자의 비유입니다.

요나의 경우

요나 이야기는 어린이들이 가장 좋아하는 스토리입니다. 요나는 하나님의 말씀에 불순종하다가 풍랑을 만나 거대한 물고기 배 속에 3일간 갇혀 죽을 고생을 합니다. 하지만, 반전이 일어납니다. 기적처럼 살아난 것입니다. 요나 이야기21는 이방 나라 니느웨를 향한 하나님의 은혜와 용서를 보여줍니다. 하지만, 사실 회개하지 않고 고집 센 이스라엘을 향한 심판의 메시지입니다. 하나님은 은혜와 자비가 풍성하고 노를 더디 하는 분이고 인애가 큼을 보여줍니다. 또 회개하는 자에게 용서를 베푸시며 재앙을 내리지 아니하는 분(출 34:6; 욜 2:13; 욘 4:2)임을 보여줍니다.

여기서 우리가 주목할 부분은 요나의 태도입니다. 요나는 "너는 일어나 저 큰 성읍 니느웨로 가서 그것을 향하여 외치라, 그 악독이 내 앞에 상달되었음이니라."(욘 1:2)라는 명령을 듣고도 불순종합니다. 요나는 하나님의 명령을 어기고 완전히 반대 방향인 다시스22로 도망가려 했습니다. 왜 그랬을까요? 회개를 외치다가 맞아 죽을까 두려워 도망갔을까요? 그런 것처럼 보이지만, 오히려 그 반대입니다. 요나가 하나님의 명령을 거절하고 도망간 것은 이방인을 사랑하고 용서하려는 하나님의 마음이 싫었기 때문입니다. 니느웨에 가서 회개를 외치면, 그들이 죄를 회개할 것을 요나는 알았던 것입니다. 죄인이 회개하면 하나님은 용서하신다는 사실이 싫었습니다. 죄인을 위한 하나님의 사랑과 용서가 싫다니요! 참 이기적이고 나쁜 마음입니다. 요나 4장 2절을 읽어봅시다.

> 내가 빨리 다시스로 도망하였사오니, 주께서는 은혜로우시며 자비로우시며 노하기를 더디하시며 인애가 크시고 뜻을 돌이켜 재앙을 내리지 아니하시는 하나님이신 줄을 내가 알았음이니이다. (욘 4:2)

---

21 요나서에는 사건만 있고 예언은 없습니다. 그런데도 예언서, 곧 (소)선지서로 분류됩니다. 요나는 아모스와 같은 시대, 여로보암 2세 통치시기에 활동한 선지자입니다(왕하 14:25).

22 구약성경에서 '다시스'는 먼 나라를 여행하는 배가 가는 종착지를 의미합니다. 사 66:19; 시 72:10; 사 23:1 등을 참조하십시오.

요나는 니느웨가 용서받는 것이 싫었습니다. '저 이방인이 하나님의 복을 받는 것을 받아들일 수 없어'라는 나쁜 마음이었습니다. '저 악한 사람들은 지구상에서 없애 버려야 해'라는 생각이 있었습니다. '지옥 갈 악인이 구원받다니요!' 도저히 받아들일 수 없었습니다. 자신의 죄가 용서받는 것은 당연하고, 타인의 죄는 마땅한 대가를 치러야 한다고 생각한 것이죠. 자기 눈의 들보는 보지 못하고, 타인의 눈에 있는 티를 빼야 한다고 난리입니다.

이 점에서 우리는 요나와 닮지 않았나요? 요나를 향해 정죄의 화살을 쏠 수 있을까요? 우리가 미워하는 사람을 생각해 보세요. 그가 복 받아 잘 된다고 생각해 보세요. 받아들이기 힘들 것입니다. 사람들로부터 지탄받는 악한 사람이 예수를 믿고 회개하여 신자가 되었다고 합시다. 그것을 받아들일 수 있을까요? 어려울 것입니다. 시기와 질투의 마음이 발동할 수도 있습니다. '저 나쁜 놈은 사형받아 지옥에 가는 것이 마땅해!' '저런 사람은 절대로 용서받지 못해!' 하지만, '나는 예외이지 … 용서받는 것이 마땅해!'라고 생각하는 것이 우리의 모습이 아닐까요?

탕자 비유에 나오는 맏아들

'탕자 비유'(눅 15장)의 핵심 메시지가 무엇일까요? 혹자는 탕자의 회개와 용서라고 생각합니다. 이 비유의 초점은 탕자의 회개와 용서보다는 '탕자를 향한 아버지의 태도'와 '형의 동생에 대한 태도', 그리고 '아버지의 형에 대한 메시지'가 핵심입니다. 그것은 탕자 비유가 포함된 누가복음 15장 전체의 문맥을 보면 더 잘 알 수 있습니다. 15장에는 세 가지 비유가 등장합니다. 첫째 비유는 그 유명한 '잃어 버린 양을 찾은 목자 비유'(3-7절)입니다. 100마리의 양 가운데, 길 잃은 1마리를 찾고 기뻐하는 목자의 모습을 그린 것입니다. 둘째 비유는 '잃은 드라크마를 찾은 여인 비유'(8-10절)입니다. 열 드라크마 가운데 1개의 드라크마를 잃었다가 다시 찾은 여인의 기쁨을 그린 것입니다. 셋째 비유는 '잃은 아들을 되찾은 아버지 비유'(11-32절)입니다. 세 비유에 등장하는 '목자·여인·아버지'는 모두 작은 것(가치 없어 보이는)을 잃어버렸다가 다시 찾아 크게 기뻐(잔치를 벌임)합니다. 잃어버린 것은 '1마리 양·1개 드라크마·둘째 아들'입니다. 보잘것없어 보이지만, 소중하고 결핍에서 완전하게 본래 대로 회복됩니다. '양·드라크마·탕자'는 상대적으로 가치가 덜합니다. 99마리 양에 비하면 1마리 양은 존재감이 아주 작습니다. 1개의 드라크마도 9개에 비해 적습니다. 재산을 탕진한 둘째 아들도 용서받을 자격이 없음을 보여 줍니다. 얼마든지 무시할 수 있는 존재입니다. 하지만, 비유에서 말하고자 하는 메시지는 작은 것들이 '목자·여인·아버지'의 기쁨입니다. 그 기쁨이 반복적으로 언급됩니다. 누가복음 15장 7절과 10절을 읽어보세요.

> 내가 너희에게 이르노니, 이와 같이 죄인 한 사람이 회개하면 (하늘에서는 회개할 것 없는 의인 아흔아홉으로 말미암아 기뻐하는 것보다 더하리라), 하나님의 사자들 앞에 기쁨이 되느니라. (눅 15:7, 10)

이 비유의 핵심 메시지는 '회개'와 '기쁨'입니다. 물론 회개하는 당사자도 용서받아 기쁘겠지요. 하지만, 비유는 그 점에는 침묵합니다. 오직 죄인과 죄인의 회개를 용서하시는 하나님의 기쁨에 초점이 맞추어집니다. 참으로 하나님은 회개하는 자에게 용서를 베푸시는 선한 분입니다. 하나님의 사랑은 언제나 달콤합니다. 용서도 감사하죠. 하지만, 내 주변의 악인이 그 혜택을 받는 것도 좋을까요? 인간 마음은 그리 선하지 않습니다. 뒤틀려 있는 악한 모습이 숨어 있습니다. 특히 집안 가까이 있는 사람에 대한 태도에서 나타나기도 합니다. 그 대상이 형제이기도 합니다. 사랑해야 할 형제를 잃었다가 다시 찾았는데, 아버지의 용서와 환대를 받아들이지 못하는 맏아들을 봅니다. 둘째 아들과 아버지의 관계가 정리되고 해결되었지만, 그것을 받아들이기 힘든 맏아들입니다. 맏아들의 마음은 아버지에게 한 말에 잘 드러납니다.

> 아버지의 살림을 창녀들과 함께 삼켜 버린 아들이 돌아오매, 이를 위하여 살진 송
> 아지를 잡으셨나이다.(30절)

사실 확인이 필요한 부분이 있습니다. 둘째 아들이 "허랑방탕하여 그 재산을
낭비"(13절)했다고 하니, 그 속에는 "창녀들과 함께 삼켜 버린 아들"일 수도 있
겠지요. 하지만, 동생을 만나 대화를 나눠보지도 않은 형이 어떻게 그런 사실
을 알았을까요? 막연한 상상일 수도 있습니다. 가짜 뉴스를 듣고 안 것일 수
도 있습니다. 혹 그것이 사실일지라도 아버지는 회개하고 돌아온 아들을 받
으십니다. 아버지는 둘째 아들에게 자비와 사랑과 은혜를 베푸셨습니다. 당
연히 그런 아버지의 결정과 실천을 환영해야겠지요. 하지만 큰아들은 그렇
게 하지 않습니다. 맏아들은 아버지의 그런 마음을 싫어합니다. 맏아들은 동
생의 구원, 곧 회개를 받아들일 마음이 전혀 없습니다. 아버지의 용서를 받아
들일 마음도 없습니다. 아버지의 긍휼과 사랑과 은혜를 멸시합니다. 형은 "이
네 동생은 죽었다가 살아났으며 내가 잃었다가 얻었기로 우리가 즐거워하고
기뻐하는 것이 마땅하다."(눅 15:32)라고 말하는 아버지의 마음에 동의하지 않
습니다. 기쁨은커녕 시기와 분노가 가득합니다.

우리 자신에게 눈을 돌려 봅시다. 맏아들의 생각과 말과 태도는 먼 이야
기에 불과한가요? 우리에게는 그런 모습이 없을까요? 우리도 교회 형제들을
판단하지 않습니까? 사회적 지위나, 정치적 성향, 그리고 성격의 차이로 시기
하거나 질투하거나 무시하지는 않나요? '만약 천국에 그런 자들도 있다면, 나
는 그런 천국에 가지 않을거야!'라고 생각하지 않나요? '왜 하나님은 저런 사
람을 좋아하고 용서하고 사랑하시는 것일까?' '나는 도저히 이해할 수 없어!'
이런 생각과 자세를 가지고 있는 것을 아닙니까? 그렇다면, 우리도 맏아들과

다름없는 사람입니다.

일만 달란트 빚진 자의 비유

마지막으로 '주기도문'에 등장하는 '용서'에 관한 말씀을 살펴보겠습니다.

> 우리가 우리에게 죄 지은 자를 사하여 준 것 같이 우리의 죄를 사하여 주시옵고
>
> (마 6:12; 눅 11:4)

이 한글 문장의 순서는 정반대로 되어 있습니다. 앞 부사절이 너무 길다 보니, '용서해주세요'라는 기도가 약화 되는 측면이 있습니다. 그리고 "주시옵고"라고 함으로 '주십시오'라며 끊어 번역하지 않고, 다음으로 금방 넘어가 버리니, 의미가 약화하는 면이 있습니다. 영어 번역을 보면 그 차이를 느낄 수 있습니다.

> And forgive us our debts, as we forgive our debtors.

다시 번역하면 이렇습니다. '우리 죄를 용서해주십시오! 마치 우리가 우리에게 죄 지은 자를 용서해 준 것처럼 말입니다.'

이제는 좀 다른 측면에서 이 기도를 조명해 봅시다. 기도를 직역해 보겠습니다. 본래 의미를 이해하는 데 도움이 될 것입니다. 본래 마태복음 6장 12절에는 '죄를 사해 달라'가 아니라, '빚을 탕감해 달라'(ἄφες…ὀφειλήματα)로 되어 있습니다.[23]

---

23 누가복음 11장 4절에는 "우리 죄도 사하여 주시옵고"라는 표현에서 분명하게 "죄"(ἁμαρτίας)라고 하고 "사하여"(ἀφίομεν)이라고 합니다. 물론 "우리가 우리에게 죄 지은 모든 사람을 용서하오

'우리 빚을 탕감하여 주십시오! 마치 우리가 우리에게 빚진 자를 탕감해 준 것처럼 말입니다.' 죄를 빚으로 비유합니다. 빚을 탕감해 주는 것을 죄 용서로 표현한 것입니다. 빚 탕감과 관련된 좋은 예가 마태복음 18장에서 예수님이 말씀하신 '일만 달란트 빚진 자의 비유'입니다.

'일만 달란트 빚진 자의 비유'는 우리가 너무나 잘 알기 때문에 군이 반복하지 않으려 합니다. 10,000달란트(Talents, 6조원 16만 4천 일을 일해야 갚을 금액), 곧 어마어마한 빚을 탕감받은 자가 100데나리온(Denarii, 노동자 하루 품삯 예, 10만 원) 빚진 자를 탕감해 주지 않음으로 일만 달란트 빚 탕감이 취소된다는 비유입니다. 일만 달란트 빚을 탕감받은 사람은 백 데나리온 빚진 자를 탕감해 주지 않음으로 일만 달란트 탕감이 헛되게 됩니다.

그리스도인도 마찬가지입니다. 이웃의 작은 잘못을 용서해 주지 않음으로 하늘의 별처럼 많은 죄를 용서받은 것을 잃지 말아야 할 것입니다. 그리스도인은 자기 죄로 인해 사탄의 노예로 있다가 하나님 나라의 시민과 하나님의 집에 사는 아들딸로 입양되었습니다. 우리는 영원히 불타는 지옥에서 고통을 면제받고 예수 그리스도를 믿음으로 죄를 회개하고 용서받은 자가 되었습니다. 우리는 하나님으로부터 1만 달란트보다 더 많은 엄청난 빚을 탕감받은 자입니다. 그렇다면, 우리는 우리에게 죄지은 자의 잘못을 용서해 주는 것이 너무나도 당연합니다. 만약 그들이 회개하고 용서를 구한다면, 당연히 용서해 주는 것이 맞습니다.

그런데 용서가 쉽지 않습니다. 용서는 어렵습니다. 그래서 예수님이 가르쳐 주신 주기도문에 '우리에게 죄지은 자를 사하여 준 것 같이 우리 죄를 사하여주십시오'라는 기도가 포함된 것입니다. 이 기도를 보면, 마치 우리가 우

니..."에서는 "죄 지은...사람"은 '빚진 사람'(ἄφες)이라고 합니다. 누가복음에는 빚과 죄가 섞여 있지만, 마태복음에는 둘 다 빚으로 되어 있음을 봅니다.

리에게 죄지은 자를 용서하기가 쉬운 것처럼 보입니다만, 오히려 반대입니다. 앞에서 확인한 세 종류의 예를 볼 때도 용서가 얼마나 힘든지 알 수 있습니다. 용서는 힘듭니다. 용서는 어렵습니다. 그러면 어떻게 해야 할까요? 주님의 명령을 들어 봅시다. 다시 주기도문 본문으로 돌아와 봅시다. 마태복음 6장에 주기도문을 마무리 하면서 15-16절에 예수님은 이렇게 말씀하셨습니다.

> 너희가 사람의 잘못을 용서하면 너희 하늘 아버지께서도 너희 잘못을 용서하시려니와, 너희가 사람의 잘못을 용서하지 아니하면 너희 아버지께서도 너희 잘못을 용서하지 아니하시리라. (마 6:15-16)

누가복음 6장 37절에도 분명하게 용서를 명령하셨습니다.

> … 용서하라. 그리하면 너희가 용서를 받을 것이요.

1만 달란트 빚진 자가 100데나리온 빚진 자를 용서하지 않은 것이 생각납니다. 만약 용서한다면 주인에게 불려가 옥에 갇히는 일은 없을 것입니다.

주기도문의 다섯 번째 기도인 '죄 용서의 간구'는 '다른 사람이 회개할 때 내가 용서할 수 있도록 해 주십시오!'라는 뜻입니다. 주기도문에 나오는 여섯 가지 기도는 모두 우리가 삶에서 행동해야 할 것에 대한 간구입니다. "이름이 거룩히 여김을 받으시오며"는 '내가 하나님의 이름을 거룩히 여겨야 한다'는 뜻입니다. "나라가 임하시오며"는 '내가 하나님 나라를 만들어 가게 해야 한다'는 뜻입니다. "뜻이 하늘에서 이루어진 것처럼 땅에서도 이루어지이다"는 '내가 하나님의 뜻에 순종해야 한다'는 뜻입니다. "일용할 양식을 주시옵고"는 '내가 양식을 위하여 일해야 한다'는 뜻입니다. "우리 죄를 사하여 주시옵고"는 '내가 나에게 죄 지은 자를 용서해야 한다'는 뜻입니다. "시험에 들게 하지 마시옵고 악에서 구하시옵소서"는 '내가 시험을 이기고 악을 이겨야 한다'는 뜻입니다.

우리의 엄청난 죗값을 예수님이 탕감해 주셨습니다. 예수님은 우리에게 명령하시기를 '너희도 이처럼 용서하라' 하십니다. 용서합시다. 다른 사람이 회개하고 용서를 구할 때 조건 없이 용서합시다. 용서하고 싶지 않은 수많은 이유와 예외적인 일들이 있을 것입니다. 하지만, 용서를 훈련합시다. 용서하면 할수록 하나님께서 우리를 용서하신 것을 확신하며 누릴 수 있을 것입니다.

하나님의 용서는 절대로 당연한 것이 아닙니다. 우리가 회개하는 자를 용서할 때 우리가 하나님의 사랑과 용서를 받은 자임을 확인하게 될 것입니다. 반대로 용서하지 못할 때 우리는 용서 받지 못한 자와 같은 비참함을 경험하게 될 것입니다. 하나님의 구원으로부터 멀어진다고 느끼게 될 것입니다. 결국 믿는 우리의 삶이 피폐해지고 팍팍하고 말라 갈 것입니다. 용서받은 자의 얼굴은 회개하는 자를 용서하는 모습입니다. 용서를 통해 하나님의 용서를 경험하는 여러분이 되시기 바랍니다.

읽고 나누기

❶ 읽고 배운 것을 자기 말로 요약해 봅시다.

❷ 용서의 어려움에 대해 생각해 보고, 완전히 용서하라는 예수님의 명령을 묵상합시다.

❸ 용서에는 회개가 전제되어야 합니다. 만약 가해자가 회개하지 않아 용서할 수 없을 때는 어떻게 해야 하나요?

❹ 주기도문에 '용서'에 대한 간구가 있는 이유를 말해 봅시다.

크리스천르네상스 도서 목록

미우라 아야코의 길 따라
아사히카와 문학기행
권요섭(지은이)
168쪽
16,000원

스물한 가지, 기독교강요
21가지 주제로 읽는 해설집
박동근(지은이)
732쪽
38,000원

목회서신
디모데전서 / 디모데후서 /
디도서
송영찬(지은이)
496쪽
27,000원

한 권으로 읽는
튜레틴 신학
이신열, 권경철, 김은수,
김현관, 문병호, 유정모,
이은선(지은이)
344쪽
25,000원

성품
하나님의 형상을 찾아서
임경근(지은이)
296쪽
21,000원

신학은 삶이다(개정판)
서창원(지은이)
272쪽
16,000원

**웨스트민스터 신앙고백,
삶을 읽다(상)**
웨스트민스터신앙고백
해설서
정요석(지은이)
540쪽
27,000원

기욤 파렐과 종교개혁
16세기 스위스 로망드 지역
종교개혁사
권현익(지은이)
806쪽
50,000원

**웨스트민스터 신앙고백,
삶을 읽다(하)**
웨스트민스터신앙고백
해설서
정요석(지은이)
548쪽
27,000원

수난당하시는 그리스도
클라스 스킬더 설교집 1
클라스 스킬더(지은이)
손성은 (옮긴이)
647쪽
34,000원

칼빈의 예정론과 섭리론
그의 중간개념(medium
quiddam)을 중심으로
김재용(지은이)
300쪽
20,000원

시편 강해 1
그 아들에게 입맞추라
신　혁(지은이)
264쪽
19,000원

기독교역사 이해를 돕는 <안경말 시리즈>

**언더우드와 함께 걷는
정동 - 시리즈 1**
양신혜 (지은이)
388쪽
24,000원

**<워크북>
언더우드와 함께 걷는
정동 워크북**
양신혜 (지은이)
80쪽
8,000원

**아담스와 함께 걷는
청라언덕 - 시리즈 2**
양신혜 (지은이)
352쪽
24,000원

말씀 이해를 돕는 <XR 성경강해>

민수기 - 시리즈 1
이광호 (지은이)
424쪽
24,000원

예배를 돕는 <찬송가>

시편찬송가
크리스천르네상스(지은이)
448쪽
25,000원